教育部人文社会科学重点研究基地2009年度重大研究项目
"中国马克思主义教育与传播研究——马克思主义大众化的重要课题"
（2009JJD720024）
资助

李萍 谭毅 等◎著

当代中国马克思主义大众化的
历史与前瞻

·广州·

版权所有　翻印必究

图书在版编目（CIP）数据

当代中国马克思主义大众化的历史与前瞻/李萍，谭毅等著 . —广州：中山大学出版社，2015.8

ISBN 978 - 7 - 306 - 05507 - 1

Ⅰ. ①当… Ⅱ. ①李… ②谭… Ⅲ. ①马克思主义—思想政治教育—研究—中国 ②马克思主义—传播—研究—中国 Ⅳ. ①A81 ②D61

中国版本图书馆 CIP 数据核字（2015）第 257066 号

出 版 人：	徐　劲
责任编辑：	周建华
封面设计：	林绵华
责任校对：	王延红　陈　芳
责任技编：	何雅涛
出版发行：	中山大学出版社
电　　话：	编辑部 020 - 84110771，84110283，84111996，84110779
	发行部 020 - 84111998，84111981，84111160
地　　址：	广州市新港西路 135 号
邮　　编：	510275　　　传　真：020 - 84036565
网　　址：	http://www.zsup.com.cn　E-mail:zdcbs@mail.sysu.edu.cn
印 刷 者：	广州中大印刷有限公司
规　　格：	787mm×1092mm　1/16　16.375 印张　278 千字
版次印次：	2015 年 8 月第 1 版　2015 年 8 月第 1 次印刷
定　　价：	48.00 元

如发现本书因印装质量影响阅读，请与出版社发行部联系调换

前　言

本书是我在"十二五"期间主持的教育部人文社会科学重点研究基地2009年度重大研究项目"中国马克思主义教育与传播研究——马克思主义大众化的重要课题"的研究成果。我和我的团队同道们选择这个主题，并迈出探索的第一步，是由共同责任与使命感所驱使的——在社会日益多元化，世界进入全球化的新的历史条件下，中国马克思主义的教育如何才能实现大众化的需要？毫无疑问，这也是我们面临的严峻、紧迫的挑战和考验。

众所周知，马克思主义作为人类伟大的文明成果，在中国具有特殊的历史意义和价值，它不仅是中国共产党的理论基础，而且是中国社会主导性、指导性的意识形态。在世界历史进程发生了深刻变化、中国社会主义探索经过30多年改革开放伟大实践的背景下，马克思主义大众化的问题凸显了出来。中共十七大报告提出了"推动当代中国马克思主义大众化"的命题，中共十八大更是明确了"要坚定中国特色社会主义道路自信、理论自信和制度自信"，这也是马克思主义教育的使命。

其实，这是一个相当复杂的难题，它不但涉及具体的教育内容、方法等，更重要的是我们需要对中国特色社会主义发展趋势与价值变迁有更深刻的认识，为此，我们把马克思主义大众化问题置于建设中国意识形态新文化的格局中思考，进而对中国马克思主义大众化的历史路径与经验、主要特点、基本规律、教育手段、传播方式、发展趋势等方面进行梳理、研究和分析。

我们必须理性地看到，正是基于中国社会及其意识形态发生了如此巨大、深刻的变化，主流意识形态要继续发挥"主导"

作用，为最广大人民群众提供核心价值指导，成为引领社会的主要精神力量，就必须具有更宽厚的胸襟、更非凡的气度，最大限度地尊重差异和包容多样，扬弃发展；要真正发挥意识形态在诸多社会重大问题上的"整合"作用，主流意识形态必须善于与其他各种意识形态进行沟通、对话，吸取和借鉴其有益的、合理的思想资源，不断发展和完善自己的理论；主流意识形态的运作，必须要善于区分和运用政治权威与理性权威的不同方式，通过不断吸取自然科学、人文社会科学等理论研究的新成果，通过贴近人民群众的生活实践来获得创新的源泉，以增强主流意识形态自身的理论彻底性、内部建构的自洽性和理论的感召说服性。

中共十八大强调，文化是民族的血脉，是人民的精神家园。建设社会主义文化强国，关键是增强全民族文化创造活力，增强文化整体实力和竞争力。我想，要在多元开放的历史前提下实现中国马克思主义的大众化，有三个重要的思考维度是不能忽略的：历史的长度、包容的宽度和视野的高度，即以世界文明格局的高度，创新意识形态研究方式，把握意识形态的历史连续性与文化特性，反对历史虚无主义和历史复古主义；以包容并蓄的宽度拓展、丰富意识形态研究的视角与内容，在研究创新中优化主导地位，克服居高临下的意识形态傲慢和无力失语的意识形态虚弱症状；以秉承开放学习的历史远见对多元意识形态进行比较研究，在交流借鉴中维护国家主流意识形态的安全，增强文化的竞争力，克服封闭自语和盲目崇外的意识形态套路，真正创造无愧于我们时代的中国社会主义意识形态新文化。

以此思考作为这部著作的前言。

李　萍

目 录

第一章 马克思主义理论的本质与当代意识形态发展规律 …………（1）

一、马克思主义的本质及其本真的大众化诉求 ………………（3）
 （一）问题的浮现：何为马克思主义大众化的客体…………（3）
 （二）三维一体向度：马克思主义的整体构架及其内在关联……（5）
 （三）整体性视域：马克思主义内在的精神实质 ………………（6）
 （四）大众化：马克思主义本质诉求的现实表达………………（9）

二、多元理性融合视域：当代中国马克思主义的大众化 …………（11）
 （一）科学发展与当代中国马克思主义的科学合理性 …………（11）
 （二）以人为本与当代中国马克思主义的价值合理性 …………（14）
 （三）中华文明复兴与当代中国马克思主义的民族合理性 ……（16）

三、马克思主义大众化的原则和路径：基于意识形态与马克思主义本真精神的双重考量 ………………………………………（18）
 （一）意识形态的内涵 …………………………………………（18）
 （二）当代意识形态发展的新趋势 ……………………………（21）
 （三）作为科学的意识形态的马克思主义大众化的基本规定 ………………………………………………………………（25）
 （四）建构当代中国马克思主义大众化的复合式路径 ………（27）

结语 ……………………………………………………………………（37）

第二章 马克思主义大众化的历史经验 …………………………（39）

一、马克思主义大众化的历史经验综述 …………………………（39）
 （一）研究思路 …………………………………………………（39）
 （二）大众化的四个条件 ………………………………………（40）
 （三）中国马克思主义大众化历史经验的几点总结 …………（42）

二、与时俱进：在时代背景下推进马克思主义大众化……………（47）

（一）马克思主义大众化首先要满足不同时代的大众心理 …… (47)
　　（二）马克思主义大众化需要满足不同时代民众的理论需要 …… (50)
　　（三）马克思主义大众化需要满足不同时代民众的现实需要 …… (51)
三、对话与大众化：在对立斗争中推进马克思主义大众化 ……… (56)
　　（一）马克思主义早期传播中的论争与大众化推进 ………… (56)
　　（二）新中国成立初期政治运动中的马克思主义大众化工作 … (69)
　　（三）新时期社会分化、思想纷争与马克思主义大众化的推进
　　　　 ……………………………………………………………… (71)
四、马克思主义大众化与党的"三大法宝" ……………………… (75)
　　（一）马克思主义大众化构成同心圆模式 …………………… (76)
　　（二）马克思主义大众化与武装斗争（人民军队建设）…… (79)
　　（三）马克思主义大众化与统一战线 ………………………… (83)
　　（四）马克思主义大众化与党的建设 ………………………… (85)

第三章　马克思主义大众化进程中主体接受性研究
　　——以知识阶层作为主要考察对象 ……………………… (92)

一、民主革命时期知识阶层接受和传播马克思主义的心路历程
　　 ………………………………………………………………… (94)
　　（一）从被动接受到主动追求 ………………………………… (94)
　　（二）马克思主义何以赢得知识阶层的认同 ………………… (95)
二、社会主义建设初期知识阶层认同和追求马克思主义的逆向分化
　　 ………………………………………………………………… (97)
　　（一）知识阶层主体接受性的嬗变轨迹 ……………………… (98)
　　（二）主体接受性嬗变的原因反思 …………………………… (99)
三、改革开放新时期知识阶层马克思主义主体接受性的多元裂变
　　 ………………………………………………………………… (102)
　　（一）幻梦：知识阶层主体接受性发生裂变的历史过程 …… (102)
　　（二）失落：知识阶层主体接受性裂变的原因 ……………… (104)
四、增强知识阶层对马克思主义接受效果的几点思考 ………… (108)
　　（一）从宏观层面更好地推进马克思主义的中国化、时代化和
　　　　 大众化 ……………………………………………………… (109)
　　（二）从微观层面更好地解决有助于知识阶层接受马克思主义
　　　　 的具体问题 ………………………………………………… (111)

五、马克思主义大众化主体接受性的作用机理及其应用对策 … (114)
  （一）马克思主义大众化主体接受性的作用机理 …………… (114)
  （二）提升马克思主义大众化接受效果的几点对策 ………… (125)
结语 …………………………………………………………………… (134)

第四章　当代中国马克思主义教育的特点与规律研究 ……… (135)

一、当代中国马克思主义教育的返本归真 ………………………… (142)
  （一）回归马克思主义的人文关怀 …………………………… (144)
  （二）回归马克思主义的批判精神 …………………………… (147)
  （三）回归马克思主义的实践原则 …………………………… (150)

二、当代中国马克思主义大众化思维转换的新视角 ……………… (154)
  （一）"以理服人"的现代境遇 ………………………………… (154)
  （二）"以学养人"的提出 ……………………………………… (157)
  （三）"以学养人"的实现方式 ………………………………… (161)

三、当代中国马克思主义大众化的文化维度 ……………………… (163)
  （一）当代中国马克思主义大众化是文化形态的转化过程 …… (165)
  （二）当代中国马克思主义大众化是先进文化的认同过程 …… (168)
  （三）当代中国马克思主义大众化是文化软实力的提升过程
  ………………………………………………………………… (170)

四、论大众化取向下的马克思主义理论教育 ……………………… (172)
  （一）"为何教"：社会性政治认同与个体性精神提升的统一 …… (172)
  （二）"教什么"：理论的科学性与价值性的辩证 …………… (174)
  （三）"如何教"：处理好他教与自教、说理与情感、学术性
    与通俗性之间的关系 ……………………………………… (177)

五、"回归人"：马克思主义理论教育的价值归属 ………………… (179)

第五章　当代中国马克思主义传播的特点与方式研究 ………… (187)

一、当代中国马克思主义大众化的早期传播 ……………………… (191)
  （一）路径：五四运动前马克思主义从日本到中国的传播 …… (191)
  （二）视野：从科学发展史角度看中国人接受马克思主义的原因
  ………………………………………………………………… (199)
  （三）影响：马克思主义促使了五四后期国民性改造思想的分化
  ………………………………………………………………… (208)

二、当代马克思主义传播的"文化化"理路 …………………(215)
　　（一）"文化化"：意识形态在全球化时代的发展诉求与选择
　　　　………………………………………………………(216)
　　（二）认同：意识形态"文化化"的核心与目标 …………(218)
　　（三）文化全景：意识形态"文化化"在当代的发展理路 …(222)
三、当代马克思主义大众化传播的特点与方式 ………………(227)
　　（一）当代马克思主义大众化传播要契合大众传媒的"感性化"
　　　　………………………………………………………(227)
　　（二）当代马克思主义的传播要契合传播对象的"层次化"
　　　　………………………………………………………(237)

参考文献 ………………………………………………………(243)
后记 ……………………………………………………………(250)

第一章 马克思主义理论的本质与当代意识形态发展规律

马克思主义能否以及在多大程度上"化大众",既取决于人们如何去"化",更取决于拿什么去"化"。前者关系到如何根据意识形态传播规律对马克思主义大众化的路径和策略做出选择,后者关系到如何理解马克思主义的真精神。谨防把"马克思主义大众化"看作是纯粹外在于马克思主义的简单客体化传播或向大众"灌输"的过程。马克思主义基于实践的科学性和人本性的内在禀赋,不仅使马克思主义内在地蕴含着大众化的诉求,而且,马克思主义自身也内蕴着马克思主义大众化应该遵循的核心精神气质。马克思主义基于科学和意识形态的双重身份,使得马克思主义大众化原则和路径的建构,既要遵循当代意识形态发展的新规律,又要秉承马克思主义内在精神气质。否则,就是悬浮在马克思主义之外的、脱离马克思主义本真精神的庸俗且非科学的"大众化"。

基于上述认识,从整体性视域准确认识马克思主义的原初形态及其延展,深刻领悟马克思主义的本质和真精神,成为马克思主义大众化成功与否的基本前提和重要保障。然而,对于马克思主义大众化这一前提和关键性问题,学界众说纷纭,莫衷一是。有的提出马克思主义整体性的四个角度,一是从马克思主义的形成过程研究和把握其整体性,二是从马克思主义各个组成部分的内在联系和马克思主义基本著作的内容研究把握其整体性,三是从马克思主义的革命性与科学性统一研究和把握其整体性,四是从马克思主义的创新性和实践性研究和把握其整体性;[①] 有的认为马克思主义整体性是马克思主义的固有特性,它实质上是个如何正确认识和对待马克思主义的问题。弄清"什么是马克思主义,怎样坚持马克思主义"是理解马克思主义整体性的前提,坚持科学认识马克思主义的方法论原则

[①] 参见逄锦聚:《研究和把握马克思主义整体性的四个角度》,《南开学报》(哲学社会科学版),2008年第4期,第1-3页。

是理解马克思主义整体性的关键，把握马克思主义科学结构及其内在联系是理解马克思主义整体性的途径。① 有的则把马克思主义整体性区分为三个层次：马克思主义理论的整体性和马克思主义理论学科的整体性、思想政治理论课的整体性。②

本章在学界已有认识和成果的基础上，尝试一种历史、逻辑和诠释多维合一的整体路向，来呈现整体性视域下马克思主义的本真内涵，试图进一步澄明马克思主义基于理论内核之上的价值诉求，使得马克思主义大众化获得基于马克思主义自身本真精神的内在规范。

一般地说，历史、逻辑、诠释构成马克思主义理论本身固有的基本向度。尤其值得关注的是，在同一个范畴体系内，这三者则呈现为具有内在关联的结构复合体，这成为我们窥视马克思主义整体性的重要切入口。在此意义上，马克思主义的整体性，不是其历史整体性、逻辑整体性和诠释整体性的简单叠加，而是由本质性的内在因素把三者贯穿黏合在一起，形成"一种艺术的整体"。当然，如果无视历史整体贸然闯入马克思主义的文本世界，这就形同丢掉整个马克思主义的基础和根源，难免断章取义；如果放逐马克思主义逻辑的整体就等于抽除其经脉，马克思主义系统性的原创理论建树就会湮没在碎片化的思想火花之中；如果忽略诠释的整体，就可能遮蔽马克思主义蕴含的无数潜在的开放因子，就不可能统摄马克思主义作为一个完整体系所呈现的多维面向。马克思主义的本质和真精神，渗含在历史、逻辑和诠释多元复合的宽广向度中，渗含在整合"人的自由全面发展"的人本诉求和科学逻辑之禀性的新唯物主义中，批判性、人本性、科学性、实践性和开放性也就构成了马克思主义的核心特质。马克思主义大众化内嵌于马克思主义、是马克思主义本真精神外显的重要方式和表征。因此，马克思主义的本质和真精神，不仅使得马克思主义的大众化成为马克思主义自身的必然诉求，而且规定马克思主义大众化的原则和实质。

当代中国马克思主义作为马克思主义世界化过程的重要结晶，同样符合上述特征。尽管中国革命和建设的历程和成就一再昭示当代中国马克思

---

① 参见张耀灿、刘伟：《关于马克思主义整体性的几点思考》，《福建师范大学学报》（哲学社会科学版），2006年第3期。

② 参见张雷声：《马克思主义整体性的三个层次》，《思想理论教育导刊》，2008年第2期。

主义大众化的必然性和合法性，但是，新时期以来，我们处在一个急速变动的社会转型期，社会结构多元、群体利益分化、人们的观念和行为日趋多样，当代中国马克思主义大众化遇到新的问题和挑战。为了应对挑战，巩固和彰显马克思主义大众化的内在本质，当代中国马克思主义不断自觉探索和夯实科学性、价值性和民族性特质。

当然，尽管大众化是马克思主义理论本质的内在蕴求，但是，马克思主义大众化如何成为可能，即马克思主义大众化的原则和路径，并非自动生成抑或不言自明的问题。对于作为科学的意识形态的马克思主义，我们在推动其大众化过程中，既要兼顾马克思主义的意识形态身份，又不能忽略马克思主义对于一般意识形态的超越性。这就要求既要结合当代意识形态发展的新趋势分析马克思主义大众化应当遵循的时代原则，又不能脱离马克思主义内在的本真精神。新时期当代中国的马克思主义大众化，就要围绕这一要旨，既要顺应全球化以来当代意识形态发展的新趋势，又要结合当代中国意识形态构建和传播的历史，不能盲目抛弃传统的大众化路径，要在传承中创新马克思主义大众化复合式路径，才能有效提升马克思主义的凝聚力、影响力和辐射力，切实推动当代中国马克思主义大众化蓬勃开展。

一、马克思主义的本质及其本真的大众化诉求

什么是马克思主义、如何理解马克思主义是马克思主义大众化过程中的"阿基里斯之踵"。经由"历史、逻辑和诠释"三位一体整体性向度重构而出的新唯物主义，是马克思主义大众化的理论基石，为马克思主义大众化向纵深发展提供了诸多必要的启示。

（一）问题的浮现：何为马克思主义大众化的客体

党的十七大提出了一个战略性任务："开展中国特色社会主义理论体系宣传普及活动，推动当代中国马克思主义大众化。"[①] 借此战略机遇，马克思主义大众化由隐性走向显性热题。虽然历经了长时间的推动工作，但是马克思主义大众化的开展依然存在极大空间。其中的重要原因在于，人们对于马克思主义大众化的前提性问题尚未达到完整、成熟的认识。

---

① 《中国共产党第十七次全国代表大会文件汇编》，人民出版社2007年版，第33页。

马克思主义大众化的前提是什么？这个问题可以直接地转化为"何为马克思主义大众化的客体"，即把"什么样的马克思主义"大众化？这里的核心问题是"什么样的马克思主义"，从历史发展的角度，是经典马克思主义，或是整体发展了的马克思主义，抑或是马克思主义在当代中国的最新发展成果；从内容上，是马克思主义哲学，或是马克思主义政治经济学，抑或是科学社会主义等；从禀质上，是科学马克思主义，或是人本马克思主义，抑或是兼容科学逻辑和人本诉求内禀的马克思主义。对这个核心问题的思考和回答，学界略显急躁和草率，或认为马克思主义大众化就是中国特色社会主义理论的大众化，目前这一观点得到大多数研究者的赞同。这种观点似乎遗忘了置身其中的现实背景，当马克思主义原初内涵与本义尚且被遮蔽而无法澄明其本真状态的境遇下，被误以为实证化、意识形态化、精英化了的中国特色社会主义理论还有什么说服力。或认为"马克思主义大众化"，狭义指中国特色社会主义理论体系的大众化，广义指在当代中国条件下的马克思主义大众化，不仅包括中国特色社会主义理论体系的大众化，还包括马克思主义基本原理，以及其他方面的马克思主义研究的大众化。这一观点，与前一观点基本处于相同的处境。另有观点指出马克思主义大众化既是整个马克思主义的大众化，更是中国化马克思主义特别是中国特色社会主义理论体系的大众化。这一观点，几乎言中马克思主义大众化的客体——整个马克思主义，但精准地说，又问题重重：何为"整个马克思主义"之"整个"？何为"马克思主义"？所以，我们在"大众化"进程中遇到的问题多半与在这一前提性问题上存在着困惑相关。而这一核心问题的"阿基里斯之踵"却是对"什么是马克思主义及其体系与本质"的理解，这个问题不解决或解决不好，构建起来的马克思主义大众化大厦犹如抽取夯实根基的空中楼阁，直接导致马克思主义大众化流于空疏。

那么，究竟什么是马克思主义？它的体系是怎样的，本质何在？这是马克思主义大众化一切争论的基础。然则，"什么是马克思主义""如何理解马克思主义体系"在学界也不是一个不证自明、形成共识的命题，对这个问题的理解也是莫衷一是，纷争繁芜。但总体上仍囿于某种单线索或单向度解读的思维原则和理论窠臼，面临着无法真正体现马克思主义"整体性"的困境。

犹如生态链或食物链，马克思主义整体性与马克思主义大众化是一对关系密切的理论链或学术链，破除思维僵局，基于一种"历史、逻辑和诠释"相统一的三维整体向度，来呈现马克思主义整体性内涵，对于澄明马克思主义大众化的客体，夯实马克思主义大众化的理论根基，推动马克思主义大众化向纵深发展具有重要启示。

（二）三维一体向度：马克思主义的整体构架及其内在关联

马克思主义"整体性"作为其自身固有的形态与禀质，很久以来都被漠视。历经学界几代研究者长久艰辛的探索，"整体性"适才凸显为马克思主义理论界显性话题，并在某些层面或向度取得研究新进展，但总体上仍囿于某种单线索或单向度解读的思维模式和理论窠臼，面临着无法真正体现马克思主义"整体性"的困境。

在马克思主义整体性研究热潮中，我们试图摆脱止于内容整体性的形态学困扰，也不打算将马克思主义整体性仅仅构筑于逻辑与历史相统一的传统格式上，而是在继承前人和吸收时人研究成果之上去探索一种能够既忠于原初马克思主义整体，又要像原初马克思主义一样具有普遍的理论兼容性的整体性。因此，在这种意义上，整体性研究必须首先要克服单线索或单向度解读因素和倾向，而立足于一种整体性向度和界域，使得研究本身具有整体性结构和逻辑。

从马克思主义理论的"来源""发展过程"等方面来看，一种历史的整体性是必须考量的；在此基础上，需要考察交织在历史线索中的逻辑，进而涉及这种逻辑的整体性；但由此出现一个近似悖论的现象，即表现在马克思主义理论历史形态中的逻辑，或逻辑串联的历史——其自身是诠释的，即它的诞生和发展都从属于诠释历程，这表明马克思主义理论自身存在着一个诠释的向度。作为马克思主义理论本身固有的向度要素，从本质上说，历史、逻辑、诠释本身是单结构性或单向度的，当三者走到同一个范畴体系之时，则呈现为具有内在关联的结构复合体。当然，马克思主义理论整体性，不是其历史整体性、逻辑整体性和诠释整体性的零散堆积和拼凑；如是，这和传统马克思主义三个组成部分所构成的整体模式并无本质区别。这里，历史的、逻辑的、诠释的整体性，不是作为"个体元素"孤立地存在，而是由本质性的内在因素贯穿黏合在一起的有机整体。因此，关于马克思主义理论的"整体性"，必须从历史、逻辑和诠释这三个不能割裂和孤立存在的范畴整体关系中去发端，马克思主义理论的整体性也应当从这三维向度及其整体关系中发现、修复和重构。

历史整体性向度，是马克思主义学说体系形成发展的历史及其整体性，是马克思主义理论整体性的基础向度。在马克思主义形成发展过程中，可以将奠基人的活动从一般构成上划分为理论思辨活动、社会批判活动和革命实践活动三项活动或理论思辨、文本著写、思想转变、革命实践四个过程。正是在这"三项活动"或"四个过程"的交叉性展开的过程中，奠基人的思想逻辑不断发生转换和飞跃，最终形成了马克思主义体系。

如果说历史整体性研究主要侧重事实梳理和史实陈述，那么，逻辑整体性就侧重于马克思主义理论中思想和范畴的逻辑剖析。因为在整体性研究中，如果要深入马克思主义体系的内部结构，就必须研究马克思主义理论的逻辑，而逻辑本身能够表征马克思主义内在结构和图景。不仅如此，马克思主义理论的内在向度——逻辑整体性，还包含着两种交互作用的逻辑：一是理论形成的逻辑（外部逻辑），蕴含着思想演变的逻辑、批判推进的逻辑和实践展开的逻辑；二是理论本身的逻辑（内在逻辑），主要是马克思主义理论重点范畴和理论内涵的逻辑。

通常，诠释是从被诠释对象本身引申出来的，被诠释对象是构成诠释的重要前提和元件。现实地看，诠释本身是马克思主义理论整体性的内在要素，它不仅包括奠基人对现实世界的理解、揭示和诠释，也纳含包括奠基人在内以及奠基人之外的其他理论研究者对马克思主义的诠释。

通过历史整体性、逻辑整体性、诠释整体性的研究，不难发现，历史、逻辑、诠释三者内部是圆融贯通、不可分割的，它们通过对现实资本主义的理解和批判交融为整体的马克思主义的立体形象和完整体系。如果不研究历史的整体，形同丢掉了整个马克思主义的基础和根源，凭空介入文本世界，这就难免舍本逐末、断章取义；如果不研究逻辑的整体，就等于将马克思主义体系抽除了经脉，面对的将是一个散作流沙、没有血脉和精神实质的思想荒地，结不出符合原创理论实质的果实；如果不研究诠释的整体，就可能不会发现马克思主义纳含着无数潜在的开放因子，就不可能全面统摄马克思主义作为一个体系所呈现的多面体形象。故此，历史整体性、逻辑整体性和诠释整体性，启开了一种新整体性视角，展开了新整体性结构，构成了马克思主义理论之"三维一体"整体性，呈现了原初的、现实的和开放的马克思主义的整体内涵。在新"三维一体"结构中，马克思主义将走向新的整体。

（三）整体性视域：马克思主义内在的精神实质

总体来说，整体性研究需要反对和澄明那种由单向度或单线索分延造成的遮蔽和谬误，以及由它带来的波及甚广的误导和纷争，它们旷日持久地占据着理论时空，消耗了大量思想资源，扭曲了马克思主义的实质和镜像。因此，历史、逻辑和诠释"三维一体"整体向度之重构，一定程度上呈现了马克思主义整体性的真实意蕴，对复原马克思主义体系原始镜像具有根基性意义，对马克思主义理论整体性研究也能提供某种借鉴及启示，首要的也是最关键的即要基于整体性向度来定义马克思主义，基于整体性向度来理解马克思主义的内涵和本质。

历史地看，那种完全游离或没有意识到整体性而进行定义"马克思主义"的做法，显然产生了偏执和弊病，而目前学术界仍执着于这种偏执，对究竟什么是马克思主义、如何定义马克思主义并没有统一的理解，"世界观方法论体系"说①、"人的自由全面发展"或"人的解放"说②、"普遍规律"说③、"无产阶级革命"说④、"社会发展"说⑤……莫衷一是，由此而引发的对马克思主义的诠释和争议也历时弥久地占用了大范围理论空间和思想资源，由此而造成的现实影响，即那种使得人们对马克思主义产生误解、反感和嗤鼻，以至于理论界自身也产生怀疑、失望的情形，给马克思主义涉入现实和群众观念而走向大众化布下了障碍。

然而，此种现象并不能单纯归咎于研究者或诠释主体群因素。虽然研究者所处的不同文化背景、自身所据有的不同理论资源和意识场域、社会现实的不同环境变迁等都是造成马克思主义本质属性被多元诠释的因素，但更要看到马克思主义自身所固有的那种从千万种理论中汇集迁流而终成洪荒、通过革命性实践变革而铸造成的整体本性；而尤为独特的是，它筑造了思辨和实践、观念和现实的双向度转入机制，把人类命运和社会现实的问题、思辨与实践问题融合在同一个革命体系之内，这同一般理论或实践体系相比，乃是一种新质跃变。在不被澄明的状态下，误解便伴此种新质左右。据恩格斯在 1890 年 8 月 5 日给康·施米特的信中记载，马克思

---

① 参见梁树发：《马克思主义整体性与马克思主义定义问题》，《党政干部学刊》，2005 年第 3 期。

② 参见高放：《马克思主义没有三个组成部分吗——兼谈马克思主义教研体系改革问题》，《江汉论坛》，2005 年第 5 期。

③ 参见梁树发：《马克思主义整体性与马克思主义定义问题》，《党政干部学刊》，2005 年第 3 期。

④ 参见张耀灿，刘伟：《关于马克思主义整体性的几点思考》，《福建师范大学学报》（哲学社会科学版），2006 年第 3 期。

⑤ 参见郝敬之：《论马克思学说的整体性》，《山东社会科学》，2005 年第 2 期。

在生前（面对19世纪70年代末的法国"马克思主义者"时）就宣称"我只知道我自己不是马克思主义者"①；同样，还有一段出自马克思本人对一位断章取义者的颇具代表性的抗议："我要请他原谅。他这样做，会给我过多的荣誉，同时也会给我过多的侮辱。"②

那么，究竟什么是马克思主义？什么是马克思主义的理论本质？从生存论角度而言，且不论此问题本身是否有问题，单从马克思主义整体性的三维向度就不能企图用一个判断或一个命题来概括马克思主义丰富而整体的内涵及其系统性本质。任何简单的概括都会由于片面性而陷入无休止的争论。我们可以不同意"世界观方法论体系"说，但我们不能取消"世界观方法论"之于马克思主义的基础性地位；我们可以不赞成"人的自由全面发展"或"人的解放"说，但我们不能否认"人的自由全面发展"或"人的解放"之于马克思主义的价值旨趣或最高目标之内蕴；同样，对于"普遍规律"说、"无产阶级革命"说、"社会发展"说皆是如此，我们可以不同意、不赞成其中任何一种界定，但我们都无法否定任何一种界定所包含的合理性。所以，马克思主义理论是一个包括诸多重大问题的问题域。例如，人、自然、物质、社会、实践、异化、无产阶级革命、人的解放、共产主义社会等，都是它的重要范畴，我们岂能把它们对立或割裂开来抽取其中某一元素去定义马克思主义的理论内涵与本质整体呢？

诚然，我们并不打算用一个判断或一个命题来约化整体性马克思主义给其以定义，但至少可以给出一个可供讨论的描述提纲：在发展历程上，不仅要涉及马克思主义思想、逻辑、文本等自身要素演历过程，也要涉及马克思主义形成的时代变迁历程；在逻辑上，不仅要关注马克思主义理论形成的逻辑，也要关注马克思主义理论自身内在的逻辑；在诠释上，不仅要看到原生诠释和衍生诠释之别，也要看到诠释马克思主义理论过程中形成的不同解读模式和发展路径；在性态上，要认清马克思主义的思辨和实践、观念和现实双向互转性态；在内在禀质上，要看到马克思主义的人本诉求和科学逻辑相统一的禀性等。因而，此处着重提出定义和描述马克思主义概念、范畴、内涵、实质、属性和体系的基本原则——那就是基于整体性，一种基于"历史、逻辑和诠释"相统一的整体性，唯有如此，才可能免于再度陷于分延和隔膜的困境，以及理论纷争的重演。

―――――――

① 《马克思恩格斯全集》（第37卷），人民出版社1971年版，第432页。
② 《马克思恩格斯选集》（第三卷），人民出版社1995年版，第342页。

如果一定要用语言来界定马克思主义本质的话，不妨称之为纳含着历史、逻辑和诠释的宽广向度，在"为人类的幸福而奋斗"，为"人的自由全面发展而解放"驱动下，以人为逻辑的起点、实践为基本范畴、社会为本质范畴、共产主义为终极范畴，以及异化劳动、人本主义和无产阶级革命为中介范畴汇集而成的，经由人本诉求和科学逻辑辩证统一之禀性整合而出的新唯物主义，批判性、人本性、科学性、实践性和开放性是其应有的特性。于是，马克思主义的主旨与核心便也赫然展现。

（四）大众化：马克思主义本质诉求的现实表达

根据马克思主义的整体构架及系统本质和整体内涵，大众化是马克思主义的本质属性和本质诉求的现实表达。

首先，马克思主义指向现实的实践特质是马克思主义大众化开展的基本依据。实践范畴是马克思主义的基本范畴，是贯穿马克思主义的生命线索；实践性是马克思主义最重要的本质特征，是区别于旧思想体系的最根本标志。马克思所谓"社会生活在本质上是实践的。凡是把理论引向神秘主义方面去的东西，都能在人的实践中以及对这个实践的理解中得到合理的解决"①，所谓马克思主义"不是在每个时代中寻求某种范畴，而是始终站在现实历史的基础上，不是从观念出发来解释实践，而是从物质实践出发来解释观念的东西"②之寓意，旨在指明马克思主义不是束之高阁的纯理论，而是必须走向现实付诸实践，变为群众的行动，化作改造世界的物质力量。

其次，马克思主义蕴含深厚的人学底蕴，是马克思主义大众化蓬勃开展的恒久内在动力。马克思主义一定意义上是人学。驱使马克思主义得以涌动和萌生的原始基因是"为人类的幸福而奋斗"，马克思说："在选择职业时，我们应该遵循的主要指针是人类的幸福和我们自身的完美。"③这里凸显的价值主体是"人类"，没有彰显马克思本人人生抱负和理论期望的意志和倾向，马克思主义理论的实质内涵有不是它本真存在之状态的可能性。马克思主义整个理论体系或系统的生成就是对这个问题的探索、充实和扩展，以及演绎、论证和解答。如果说在《青年在选择职业时的考虑》时，马克思尚未明确"为人类的幸福而奋斗"此一抱负中之"人

---

① 《马克思恩格斯全集》（第1卷），人民出版社1972年版，第18页。
② 《马克思恩格斯全集》（第1卷），人民出版社1972年版，第43页。
③ 《马克思恩格斯全集》（第1卷），人民出版社1995年版，第458页。

类"的具体内容和指向,那么,作为马克思主义理论起点范畴的"人",已是"现实的个人"①,并具体化为贫困的下层民众。正如有学者所言:"在《莱茵报》时期,马克思已经开始具有明显的为贫民辩护的倾向。这种倾向主要表现在《第六届莱茵省议会的辩论》(第三篇论文)和《摩塞尔记者的辩护》这两篇论文中。关于贫民,它有两层含义:第一,它是一个政治上无权的阶级;第二,它是一个在经济上贫苦的阶级。……尤其令人注意的是,马克思这时已经注意到特别是英、法两国的那个一无所有的工人'阶级'。"②自此,他开始把关心的焦点锁定在穷困的下层民众身上,关注他们的物质生活和经济利益。不仅如此,马克思主义的最终目的是实现共产主义,使全人类得到真正解放和自由。而且,马克思主义认为,要解放全人类首先要解放无产阶级自己,"工人阶级的解放只能是工人阶级本身的事情,首先解放工人阶级,然后解放全人类;整个社会解放了,工人阶级才能彻底解放"③。历史与现实表明,马克思主义找到了实现无产阶级乃至全人类解放和自由发展的条件和途径。马克思主义作为无产阶级乃至全人类解放和自由的人学思想,理应为广大人民群众所理解、认同和掌握,成为他们认识世界和改造世界的强大思想武器。

最后,马克思主义对理论和现实的批判性,为合理推动马克思主义大众化提供了方法论指导。批判性是马克思主义另一个本质特性,它是马克思主义形成的现实路径。理论上,马克思主义是革命导师马克思、恩格斯在批判地继承人类文明发展的先进成果的基础上,对广大人民群众的实践经验进行科学总结的产物。现实上,童年时代目睹了贫民的悲惨状况,激发了革命导师批判现实社会的情绪,滋生了拯救人类的伟大抱负,他们不满君主政体"轻视人、蔑视人,使人不成其为人"④的原则,终身致力于批判和改造现实社会,探寻改变贫苦农民现状与处境的理想社会形态。同时,马克思认识到,对于贫困的下层人民而言,政治的解放并不能消除其不平等的经济地位,"政治的解放解放不了贫民,贫民的解放在于经济的解放"⑤。马克思主义对现实和理论双重批判的特性,不仅内在蕴含了马

---

① 马克思、恩格斯:《德意志意识形态》(节选本),人民出版社2003年版,第10-11页。

② 郝敬之:《整体马克思》,东方出版社2002年版,第103-104页。

③ 《马克思恩格斯全集》(第4卷),人民出版社1958年版,第312页。

④ 《马克思恩格斯全集》(第1卷),人民出版社1995年版,第411页。

⑤ 郝敬之:《整体马克思》,东方出版社2002年版,第107页。

克思主义大众化的诉求，而且为马克思主义大众化提供了方法论指导。

二、多元理性融合视域：当代中国马克思主义的大众化

（一）科学发展与当代中国马克思主义的科学合理性

当代中国马克思主义的大众化不单纯是马克思主义的通俗化，更重要的是运用当代中国马克思主义真理和逻辑的力量说服和凝聚大众。正如邓小平所说："马克思主义是打不倒的。打不倒，并不是因为大本子多，而是因为马克思主义的真理颠扑不破。"① 如果说，在以民众动员为主要目标的革命年代，能否正确估计革命形势、能否寻求正确的革命路线和革命道路，是马克思主义科学性的重要内涵，那么，在以建设和发展为第一要务的新时期，能否依照人类发展规律和社会主义建设规律，对我国社会发展道路和执政方式做出科学选择、实现科学发展，则是当代中国马克思主义科学性的重要追求。新时期，当代中国马克思主义对于什么是社会主义、如何建设社会主义的探索已具成效，在经济发展、社会建设、执政领域和生态文明建设方面提出了具有中国特点的规律性认识，从而为马克思主义大众化提供了科学的保障。

第一，当代中国马克思主义提出了着眼于和谐社会建设的中国特色现代化进程规律。人类现代化的发展历程已经表明，基于政党、国家和社会三者功能分化意义上的领域分离是现代化的必然趋势。然而，由于历史的原因，中国长期处在党、国家和社会高度合一的状态。新时期，当代中国马克思主义审时度势，适时提出和谐社会建设的新议题，社会机制建设被提到与市场机制和政府机制建设相并列的地位。改革开放以来，党领导中国现代化的成功，不仅在于推动生产力的发展，把中国推向世界第二大经济体，还在于有效推动中国和谐社会的培育和发展。② 当代中国马克思主义日渐认识到，一个独立发展的社会不仅具有协调均衡的经济发展价值，而且具有社会主义的目标价值。社会建设作为推动中国这一后发现代化国家崛起的关键环节而被提上日程。改革开放30余年的发展和经验也表明，这种基于世界现代化规律和中国本土国情的，先有政党动员，后有国家建

---

① 《邓小平文选》（第三卷），人民出版社1993年版，第382页。
② 参见王云骏：《合法性生长的土壤：共产党执政体系的社会基础》，《探索与争鸣》，2010年第10期。

设,再有社会发展的中国特色现代化历程,既富中国特色,又符合现代化的基本规律。

第二,当代中国马克思主义提出经济、社会、政治、文化和生态协调发展的科学发展规律。改革开放以来,如何实现科学发展是中国马克思主义思考的核心问题。中国共产党先后提出"发展是硬道理""发展是执政兴国的第一要务"等重要命题。尤其是在提出全面建设小康社会的建设目标之后,党对这一问题的认识愈来愈深入。党的十六大报告指出,全面建设小康社会,就是要在党的领导下,发展社会主义市场经济、社会主义民主政治和社会主义先进文化,不断促进社会主义物质文明、政治文明和精神文明的协调发展。① 党的十七大进一步提升了对社会全面发展的科学认识,对发展的内涵做了更全面的概括,提出全面建设中国特色社会主义社会,就必须要实现经济、政治、文化、社会和生态的全面发展和进步。科学发展观对经济发展与政治、文化、社会以及生态协调发展的强调,是要把中国引入生产发展、生活富裕、民主法制完备、生态良好的文明发展道路,蕴含当代中国马克思主义对人与社会和人与自然协调发展这一时代趋势的把握和践行。

第三,当代中国马克思主义提出着眼于"权为民所赋,权为民所用"的党治、民治和法治三位一体的党的执政规律。改革开放30余年中国取得了令人瞩目的成就,中国人民也正在为追求幸福生活而努力。但国家的繁荣、富强和稳定不仅取决于经济发展,也取决于政治制度的合法性和有效性。尤其是新时期肇始于经济体制改革的社会变革,已经导致社会结构、社会观念和社会行为的分化和多样化,面临新的执政形势,党的执政合法性需要做出与时俱进的拓展。利普塞特指出:"合法性危机产生于向新社会结构过渡的时期,新社会结构建立以后,如果新制度在足够长的时期内不能满足主要群体的期望以便在新基础上树立合法性,就会产生新的危机。"② 党的十六届四中全会适时做出加强党的执政能力建设的决定,做出"无产阶级夺取政权不容易,执掌好政权尤其是长期执掌好政权更不容易",以及"党的执政地位不是与生俱来的,也不是一劳永逸的"的重要论断,及时提出在社会转型时期不断拓展党的执政合法性的重要

---

① 参见《江泽民文选》(第三卷),人民出版社2006年版,第574页。
② [美]利普塞特:《政治人:政治的社会基础》,刘钢敏、聂蓉译,聂崇信校,商务印书馆1993年版,第53-54页。

课题。

新时期以来,中国共产党相继在党政分开、权力下放、精兵简政等方面进行了尝试和探索,尤其注重对党的领导制度和组织制度进行变革。邓小平指出:"领导制度、组织制度问题更带有根本性、全局性、稳定性和长期性。这种制度问题,关系到党和国家是否改变颜色,必须引起全党的高度重视。"① 为响应广大人民群众对于社会自主发展、个体自由追求幸福的诉求,建构人民当家作主的具体实现机制,党顺应现代民主政治关于公共权力的来源、行使和监督的基本要求,在党的领导与社会主义民主和法制的关系问题、执政党与国家政权机关以及社会团体等主体的关系问题、执政党的领导方式与执政方式等一系列问题上,开始全面探索基于社会主义现代化建设的共产党执政规律。

在总结多年的实践经验的基础上,党的十六大第一次比较完整地对党执政的核心做出明确表述:"发展社会主义民主政治,最根本的是要把坚持党的领导、人民当家作主和依法治国有机统一起来。党的领导是人民当家作主和依法治国的根本保证,人民当家作主是社会主义民主政治的本质要求,依法治国是党领导人民治理国家的基本方略。"党的十六届四中全会又提出"必须坚持科学执政、民主执政、依法执政,不断完善党的领导方式和执政方式"的原则和要求,同时,将党内民主视为执政党的根本价值,将人民民主视为社会主义的根本价值,将依法治国视为社会主义国家的根本价值。至此,从制度体系、实现机制和价值取向三个层面,一个比较完整的党治、民治和法治三合一的执政体系基本形成。② 2010年,党的领导同志提出马克思主义权力观的命题,指出马克思主义权力观概括起来就是"权为民所赋,权为民所用""前一句话指明了权力的根本来源和基础,后一句话指明了权力的根本性质和归宿"③。执政体系的形成及权力观的提出,既为当代中国特色社会主义的探索开拓广阔的制度空间进而提供强大的发展动力,又从理论和实践层面深化了对党执政规律的认识,进一步夯实了党执政的合法性和科学性。

---

① 《邓小平文选》(第二卷),人民出版社1994年版,第333页。
② 参见唐亚林:《马克思主义权力观——共产党执政体系的制度基础》,《探索与争鸣》,2010年第10期。
③ 习近平:《领导干部要树立正确的世界观权力观事业观》,《学习时报》,2010年9月6日。

当代中国马克思主义大众化的历史与前瞻

当然,当代中国马克思主义不是凝固的理论体系,它正以开放的姿态,立足民情、国情和世情,不断汲取世界一切优秀文明成果,不断研究改革发展中凸显的紧迫问题,不断回应民众合理的利益诉求。马克思主义大众化的历史经验也已经表明,每个时代都有属于它自己最迫切的问题。只有紧紧抓住时代发展的重大课题,马克思主义才能既融入大众情境,获取民众的广泛认同,又通过理论创新永葆其科学性和生命力。

(二) 以人为本与当代中国马克思主义的价值合理性

让民众了解、掌握进而以马克思主义作为工作和实践的指导,是马克思主义大众化的重要目标。实现这一目标的基本前提,就是马克思主义要观照大众的社会生活实践,反映大众的利益诉求和价值追求。马克思说:"理论在一个国家实现的程度,总是决定于理论满足这个国家的需要的程度。"① 科学发展观强调"以人为本",表明当代中国马克思主义对人民群众的实践主体地位的认同,对人民群众价值和利益诉求的体认。这是当代中国马克思主义大众化的价值性前提。

当代中国马克思主义的开展过程,蕴含了对"以人为本"真精神的不断诠释和追求,历年来党的执政理念和方针政策证明了这一点。毛泽东总结中国革命和社会主义建设的基本经验,从认识论的高度提出"人民,只有人民,才是创造世界历史的动力"②,并且把"为人民服务"的思想确立为党的基本宗旨。新时期以来,邓小平根据国际国内形势的变化,及时提出以经济建设为中心,在领导中国改革开放的现代化建设过程中,着重从生产力发展的向度凸显"以人为本";当前中央领导集体不仅强调树立全面、协调、可持续的科学发展观,构建社会主义和谐社会,而且提出"权为民所用,情为民所系,利为民所谋",表征对于以人为本已经达致更为立体和理性的认识。当代中国马克思主义的发展史,在一定意义上就是从不同角度和层面诠释以人为本,既一脉相承,又各有侧重和发展。

在人类文明史上,以人为本的理念源远流长。当代中国马克思主义视域中的以人为本,其重要特色在于强调人民在价值主体、价值目标和价值评价上的主体地位。马克思认为,"人们自己创造自己的历史"③。当代中国马克思主义认为,人民群众是物质文明和精神文明、政治文明和生态文

---

① 《马克思恩格斯全集》(第1卷),人民出版社1995年版,第11页。
② 《毛泽东选集》(第三卷),人民出版社1991年版,第1031页。
③ 《马克思恩格斯全集》(第1卷),人民出版社1995年版,第585页。

明的实践者和推动者，是改革开放和中国特色社会主义事业的力量保证。在突出人民实践和价值主体地位的同时，当代中国马克思主义又以最大限度地实现最广大人民群众的根本利益作为基本的价值目标。邓小平曾指出："我们要想一想，我们给人民究竟做了多少事情呢？我们一定要根据现在的有利条件加速发展生产力，使人民的物质生活好一些，使人民的文化生活、精神面貌好一些。"① 能否真正实现和保障人民在价值主体和价值目标上的主体地位的关键在于能否坚持以人民利益作为价值评价的标准。在当代中国马克思主义理论体系形成过程中，无论是"实践是检验真理的唯一标准""生产力标准"和"三个有利于"标准，实质都是以人民利益为根本在不同历史阶段的具体诠释和表述。因此，坚持人民在价值主体、价值目标和价值评价上的主体地位，是当代中国马克思主义"以人为本"理念的基本诉求与特质。新时期中国特色社会主义的实践已经证明，如果一种理论所倡导的经济发展方式和社会管理制度，能够让最广泛民众的权益得到最大程度的保障和改善，那么这种理论势必深入人心，获得广大民众的理解和认同。

尤其是，当代中国马克思主义视域中的"以人为本"着眼于主、客体之间的依存关系，强调"人"与"民"的对接，实现了对中国传统民本思想和近代西方启蒙时期以个人为本位的"以人为本"理念的双重扬弃。马克思主义认为，只存在具体的人，不存在脱离社会关系和实践的抽象的人。同样，当代中国马克思主义视域中的"以人为本"，其中的"人"，既包括个体意义上的具有主体性的人，又指涉类存在意义上和社会群体意义上的人。因此，当代中国马克思主义视域中的"以人为本"理念，既强调人民在社会历史和社会实践中的重要功能和基本地位，又肯定个体意义上的具有独立主体性的人；既强调发挥人民首创精神，走人民共同富裕道路，倡导发展为了人民、发展依靠人民、发展成果由人民共享，又重视在实践中努力促进个体的自由全面发展；既重视保障社会发展成果惠及全体人民，又尊重每个个体的合法权益和创造个性。当代中国马克思主义视域中的"以人为本"，不仅仅是由孤立的人向现实的人转型，由虚幻的社会关系向现实的社会关系转型，而且也是由主客对立的思维形式向关注主客依存关系的交互主体式思维范式的转型。从历史发展的逻辑来看，当代中国马克思主义视域中的"以人为本"思想是对传统民本思

---

① 《邓小平文选》（第二卷），人民出版社1994年版，第128页。

想和近代西方单子式的以人为本理念的双重扬弃，实现了马克思主义由大众性传播向理论本身的大众性诉求的转换，夯实了马克思主义大众化的价值合理性。

（三）中华文明复兴与当代中国马克思主义的民族合理性

根据现代接受理论，认知主体的认知框架制约着接受主体对客体信息接受的速度、广度和深度。① 在马克思主义大众化过程中，大众的认知框架同样起着选择器和过滤器的作用。大众能否顺利接受马克思主义，除了受到大众知识结构的限制，还受到马克思主义理论内容与大众的认知框架能否以及在多大程度上契合的制约。作为生于斯长于斯、长期浸淫于中华文明的广大民众，其接受图式必然受到民族风俗和习惯、民族心理和民族情感的制约。因此，要顺利推进当代中国马克思主义大众化，不仅要求当代中国马克思主义在范畴和话语上贴近中国人的习惯，而且要求当代中国马克思主义契合民众的民族心理和民族情感，也就是说，当代中国马克思主义要体现中华民族意识，要具有民族性。

当代中国马克思主义一贯重视马克思主义的民族化。毛泽东指出："马克思主义必须和我国的具体特点相结合并通过一定的民族形式才能实现。"② 新时期的发展也表明，当代中国马克思主义不仅注重用中华民族优秀文化传统来表述和诠释马克思主义，更着力于用中华民族优秀文化传统和民族精神来丰富乃至发展马克思主义，形成了体现中华民族特点的富有成效的中国特色社会主义建设道路，自觉承担中华文明复兴的伟大历史使命。当代中国马克思主义的民族性，不仅表现在它是当代中国建设、改革与发展实践的理论升华，而且表现在它是中华民族智慧、民族精神、民族文化的当代传承，是马克思主义与民族优秀文化传统的有机结合。这是当代中国马克思主义大众化的民族合理性前提。

首先，当代中国马克思主义传承和发展了中国传统文化的精髓。不同的国家、地区和民族，具有不同的文化特点。以西方文化为母体的马克思主义，能够扎根于中国，形成中国的马克思主义，既因缘于中国文化实有适宜马克思主义在中国生根发芽的土壤，更重要的是，中国马克思主义主动传承中华民族的优秀精神。事实上，揆诸当代中国马克思主义，不论从

---

① 参见陈娱：《接受图式与马克思主义大众化》，《华中科技大学学报》（社会科学版），2010年第4期。

② 《毛泽东选集》（第二卷），人民出版社1991年版，第534页。

话语、思维方式，还是从精神和内涵上，不难发现中国传统文化的精髓已经内嵌其中。实际上，当代中国马克思主义无论是对改革开放的强调，对以人为本的期许，还是对实事求是精神的倡导，对小康社会的追求，对构建社会主义和谐社会的重大战略构想，都不难从中国传统文化中找到它的思想源头。①

其次，自觉承担构建中华民族共有精神家园，赋予当代中国马克思主义民族凝聚力。邓小平指出："中国一向被称为一盘散沙，但是自从我们党成为执政党，成为全国团结的核心力量，四分五裂、各霸一方的局面就结束了。"② 这既指国家政权的统一，又指中国人民在文化和心理上对中国马克思主义的认同。实际上，中国共产党自成立之日起，随时根据不断变化的客观实际，根据本国的国情，实事求是地推动马克思主义中国化。马克思主义中国化的进程不仅体现在革命、建设和发展的实践中，同时也体现在文化建设领域。这是一个有机交融的统一过程。一定程度上，当代中国马克思主义已经内化到整个国家以及各民族的文化心理和文化价值中，马克思主义已经成为中华现代文化建构中的重要元素和关键部分。党的十七大和十七届六中全会更是明确提出要建设中华民族共有精神家园，承担中国传统文化现代化的重任，从而赋予当代中国马克思主义民族凝聚力。

第三，中国特色社会主义道路是卓有成效的民族富强与复兴之路，赋予当代中国马克思主义时代性的民族内涵。马克思、恩格斯曾经指出："一切划时代的体系的真正的内容都是由于产生这些体系的那个时期的需要而形成起来的。"③ 由于晚清以来中华民族长期遭受列强的欺压和蹂躏，致使实现民族的独立和富强成为近代以来中华民族的强烈诉求。中国化马克思主义正是在解决这一民族诉求时的历史产物。在民族存亡的危难之时，中国先进分子在众多的思潮当中选择了马克思主义。以毛泽东为代表的中国第一代共产党人对在中国这样一个半殖民地半封建社会如何进行社会主义革命做出了成功探索，走出了符合中国实际的新民主主义道路，形成了极富民族特色的毛泽东思想这一中国化马克思主义。如果说，毛泽东

---

① 参见姜义华等编：《港台及海外学者论近代中国文化》，重庆出版社1987年版，第35页。
② 《邓小平文选》（第二卷），人民出版社1994年版，第266页。
③ 《马克思恩格斯全集》（第3卷），人民出版社1960年版，第544页。

思想是作为马克思主义与中国革命实践相结合的理论成果而获得合法性,那么,当代中国马克思主义则是在中国社会主义建设和改革的过程中进一步使这种合法性得到认同与巩固。改革开放和建设的实践已经表明,把党的建设、社会主义的发展和民族复兴的历史使命紧紧联系在一起的中国特色社会主义道路,是卓有成效地指引中华民族摆脱近代以来积贫积弱状态的民族复兴之路。当代中国马克思主义丰富了人类对社会发展规律和发展道路的认识,坐实了中华民族的现代复兴,从而赋予当代中国马克思主义时代性的民族内涵,进一步拓展了当代中国马克思主义的民族认同基础。

三、马克思主义大众化的原则和路径:基于意识形态与马克思主义本真精神的双重考量

(一) 意识形态的内涵

"意识形态"是社会科学中讨论最多,但也是分歧最多的概念之一。美国文化人类学家克利福德·格尔茨曾经非常确切地概括了意识形态在理论上的尴尬状态,他写道:"'意识形态'这个词本身被意识形态化了,这是现代知识史上的一个小讽刺。"[1] 麦克莱伦也认为,意识形态是整个社会科学中最难以理解的概念,对其定义本身及其应用,充满了激烈的争论。格尔茨指出,由于不加区分地把意识形态视为偏见、成见和情绪化意见等狭隘性思维的产物,使得"意识形态"充满了贬义色彩,人们也因此为自己的观点被描述为"意识形态"的观点感到沮丧或悲伤。不过,尽管如此,"意识形态"这个词并没有被轻易地抛进垃圾桶,听令其落得像"迷信"一词那样的命运。原因在于,眼下似乎没有什么词可以替代"意识形态",它在社会科学术语中至少已经被部分承认,因此我们所能做的似乎只能是继续努力使之变得无害。[2]

通常认为,法国哲学家特拉西是使用"意识形态"概念的第一人。19 世纪初,特拉西在对启蒙时代的系统研究中使用了"意识形态"这一概念。"意识形态"被看作是对观念形成过程的研究,因此可以称之为

---

[1] [美]克利福德·格尔茨:《文化的解释》,韩莉译,译林出版社 1999 年版,第 231 页。

[2] 参见[美]克利福德·格尔茨:《文化的解释》,韩莉译,译林出版社 1999 年版,第 239 页。

"观念的科学"。特拉西认为，观念是受物理环境产生的，因此经验学习是知识的唯一来源。虽然特拉西的思想重点在于心理学方面，但是他对意识形态的理解有两点值得注意：第一是唯物主义，即思想的产生来自物质的刺激，观念的形成过程是一种物理过程，因而并不玄奥神秘。在"意识形态"这一概念中，唯物主义此后成为一个支配性的主题。特拉西思想的第二个重要方面是以社会和政治的改良为意识形态的主要目标。①

马克思、恩格斯反驳了特拉西的意识形态观点，在《德意志意识形态》一文中，他们认为，"意识形态"并非什么"观念的科学"，意识形态中的概念是主观的，是用来为统治阶级辩护的。因此，意识形态本质上是统治阶级的思想。需要指出的是，马克思、恩格斯被认为是在意识形态史上提供了最为丰富理论成果的作家，他们对意识形态的理解还存在很多争议，根据米尔斯（C. W. Mills）的概括，马克思、恩格斯对意识形态的理解存在以下几种看法：①马克思、恩格斯基本上以轻蔑的方式使用"意识形态"概念，把它当作"虚假的"、非科学的阶级观念。②马克思、恩格斯——或者说仅仅马克思——在某种意义上把"意识形态"当作一个中性的、描述性概念，理解为一般阶级概念，他们的认识立场无论如何是没有偏向的。③马克思、恩格斯在两种不同的意义上使用"意识形态'概念，一种是轻蔑的方式，一种是中性的含义，因此必须根据他们使用的语境来区分出不同的含义。② 不过，总体而言，把意识形态当成"贬义的"说法被认为是马克思、恩格斯的主导性看法。马克思、恩格斯之后，有关意识形态的论述形成了一个强大的"马克思主义传统"。这一传统主要是在阶级斗争的视域中，以经济基础和上层建筑之间的关系、互动为基点，探讨意识形态在资本主义社会中的作用。在这个传统中，葛兰西、阿尔都塞、普兰查斯、马尔库塞以及哈贝马斯建树颇多，是值得我们重视的重要理论资源。

对非马克思主义学者来说，"意识形态"带有强烈的贬谪之意，这些学者认为，只有那些精心雕琢、自成一体和居于垄断地位的党派学说才属

---

① 以上特拉西对意识形态的理解参见［美］利昂·P. 巴拉达特：《意识形态：起源和影响》，张慧芝、张露璐译，世界图书出版公司2010年版，第7页。

② 以上观点转引自郁建兴：《马克思国家理论与现时代》，东方出版中心2007年版，第191页。

于意识形态的范畴。① 当然，其中也有不少学者试图重构"意识形态"概念，以扭转人们对"意识形态"的看法。比如，在《意识形态与乌托邦》（1929）一书中，德国学者卡尔·曼海姆（Karl Mannheim）对"意识形态"做了一种知识社会学的解读。曼海姆指出，意识形态和乌托邦一样，都是关于存在之超越的概念。意识形态落后于变动的实在或社会秩序，乌托邦则超前于实在的发展以及社会的秩序；两者的共同之处在于都要通过观念的力量来扭转实在的发展，以符合观念的内在要求。与此同时，曼海姆区分了两种不同的意识形态，一种是"特殊的意识形态"，一种是"总体的意识形态"。"特殊的意识形态"与作为派别利益表述的政治思想有关，其观念和表象可能是谣言，也可能是他人或自我的欺骗，以服务于掩盖事实真相或歪曲社会事实。但"整体的意识形态"只不过指称一个时代或一个团体的总的意识结构，它是一个描述性的概念，是一个知识社会学的概念。② 美国文化人类学家克利福德·格尔茨在1973年出版的《文化的解释》一书中，也反对对意识形态的贬损，主张以一种互动的符号体系来理解意识形态，建立一个中性的意识形态概念。在格尔茨看来，意识形态与宗教、哲学、美学和科学一样，都是一种文化系统，给人们提供组织社会和心理过程的蓝图。意识形态的功能是在社会失去正确导向、缺乏可用的模板、失去明确意义的情况下才发挥出来。意识形态的出现是由于"社会心理紧张的交互影响，及缺乏说明这种紧张的意义的文化资源，使得二者相互加剧，终于导致系统（政治、道德或经济）意识形态的出现"③。

这里我们也是在一般意义上使用"意识形态"概念，对"意识形态"做中性的理解，而不是把"意识形态"视为马克思意义上的消极和批判性概念。为此，这里采用《布莱克维尔政治学百科全书》的理解，把意识形态定义为"具有符号意义的信仰和观点的表达形式，它以表现、解释、评价现实世界的方法来形成、动员、指导、组织和证明一定的行为模

---

① 参见［英］戴维·米勒、韦农·波格丹诺主编：《布莱克维尔政治学百科全书》，邓正来译，中国政法大学出版社2002年版，第368页。

② 参见［德］卡尔·曼海姆：《意识形态与乌托邦》，黎鸣、李书崇译，周纪英、周琪校，商务印书馆2000年版。

③ ［美］克利福德·格尔茨：《文化的解释》，韩莉译，译林出版社，1999年版，第263页。

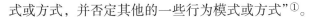

式或方式,并否定其他的一些行为模式或方式"①。

(二) 当代意识形态发展的新趋势

在意识形态研究领域,马克思主义无疑具有举足轻重的地位。在马克思主义的意识形态理论之后,意识形态理论又经历了两个重要的发展阶段。一是以20世纪二三十年代以卢卡奇和葛兰西等人为代表的西方马克思主义思潮兴起为标志,并在随后的法兰克福学派得到了充分展开。他们提供了诸多影响颇远的理论创见。如卢卡奇在《历史与阶级意识》中指出,意识形态是一种非经济的因素,但它又是以一定的经济关系在人们观念中的反映:"如果经济是社会的最重要的形式,是推动人们背后的社会演化的真正的驱动力,那么它必然会以非经济的、意识形态的方式进入人们的思想。"② 这种方式就是"物化",表现为人的碎片化、物对人的支配、主体的机械化。物化意识是资产阶级意识形态的普遍的、基本的表现形式,"无产阶级作为资本主义的产物,必然隶属于它的创造者的生存模式,这一生存模式就是非人性和物化"③。葛兰西也认为,尽管资本主义国家机器的暴力机制在维护资本主义国家的过程中起着非常重要的作用,但市民社会包括教会、工会、学校等各种组织以及公民团体,它们通过知识和道德等手段,取得了对大众的思想意识领导权,是维护资本主义国家统治的更为重要的机制。阿尔都塞则在1970年出版长篇论文《意识形态和意识形态国家机器》,提出了"意识形态国家机器"这一全新概念。在阿尔都塞看来,宗教、教育、家庭、法律、政治、工会和文化等都属于意识形态国家机器,他们是确保镇压型国家机器(军队、法庭、监狱)存在和发展的基本条件,"没有一个在意识形态国际机器之中并在它之上发挥作用的领导权,任何阶级都不可能在长时间内掌握国家权力"④。

马克思之后意识形态理论的第二个重要发展阶段,是以20世纪七八十年代以拉克劳、墨菲为代表的后马克思主义思潮的出现为标志。该时期意识形态理论出现了多重视角,人们围绕着意识形态的不同内涵展开了激烈的交锋与对话,产生了许多新的理论向度和主张,如伊格尔顿的新马克

---

① [英]戴维·米勒、韦农·波格丹诺主编:《布莱克维尔政治学百科全书》,邓正来译,中国政法大学出版社2002年版,第368页。
② 转引自俞吾金:《意识形态论》(修订版),人民出版社2009年版,第221页。
③ 转引自俞吾金:《意识形态论》(修订版),人民出版社2009年版,第224页。
④ 转引自俞吾金:《意识形态论》(修订版),人民出版社2009年版,第285页。

思主义意识形态理论、詹姆逊的意识形态分析理论和齐泽克的后意识形态理论，他们从阶级政治、文学审美、精神分析等多维视角，共同描绘了一幅多姿多彩的当代意识形态理论新图景。① 其中尤其值得关注的两大变化，是意识形态的主体归属从阶级向非阶级转换，以及意识形态的思维向度从认识论向本体论转换。

意识形态的主体归属指涉的是意识形态与阶级之间的关系问题，它是传统马克思主义意识形态理论的一个重要主题。根据这些理论，所有的社会主体都是阶级主体，所有的社会关系都可以还原为阶级关系，每个阶级都有自己的意识形态理论，政治和意识形态斗争归根结底是阶级斗争。②

葛兰西、阿尔都塞和普兰查斯等人首先对这种阶级还原论提出了质疑。葛兰西指出："在意识形态是历史所必需的这个意义上，它们是'心理学的'；它们'组织'人民群众，并创造出这样的领域——人们在其中进行活动并获得对其所处地位的意识，从而进行斗争。"③ 在葛兰西看来，意识形态主体不是预先设定的，而是社会实践的产物，是被作为社会实践的意识形态生产出来的。葛兰西详细地描绘了作为意识形态的表现形式的"集体意志"的形成过程：它从各个阶级和同盟者的熔炉里得到提炼，"具有异质的目的的、多种多样的分散的意志，在平等的共同的世界观的基础上，怀着同一个目的而焊接在一起"④。

在意识形态的主体归属问题上，阿尔都塞提出了两个重要的观点。一方面，他指出，意识形态的基本功能就是将个人召唤为主体，但"只是在一切意识形态具有把具体的个人'构成'主体的这一作用（作用规定了意识形态）这个范围内，主体范畴才构成一切意识形态。一切意识形态的作用都存在于这种双重构成的相互作用里，意识形态什么都不是，意

---

① 参见郁建兴、陈建海：《意识形态理论的当代新发展》，《哲学研究》，2007年第10期。

② 参见郁建兴、陈建海：《意识形态理论的当代新发展》，《哲学研究》，2007年第10期。

③ ［意］安冬尼奥·葛兰西：《狱中札记》，曹雷雨等译，中国社会科学出版社2000年版，第292页。

④ ［意］安冬尼奥·葛兰西：《狱中札记》，曹雷雨等译，中国社会科学出版社2000年版，第261页。

识形态只是以产生作用的物质存在形式方式出现的意识形态的作用而已"①。另一方面,"意识形态不是单纯的幻觉(谬误),而是在社会机构和社会实践中存在的表象群;它们属于上层建筑的一部分,并在阶级斗争中确立其地位"②。阿尔都塞之后,普兰查斯提出阶级划分的"多元决定"思想,反对阶级划分的纯粹经济标准,坚持把政治和意识形态一并纳入阶级划分中。普兰查斯的这种思想渊源于阿尔都塞的矛盾与社会发展的"多元决定论"。普兰查斯认为,阶级是由社会"结构"决定的,而在这个"结构"中,经济、政治和意识形态是整个"阶级结构决定"中不可分割的三大板块。"在一种生产方式或社会形态中,经济确实起着决定性作用,但政治和意识形态(上层建筑)也起着很重要的作用。事实上,每当马克思、恩格斯、列宁和毛泽东分析社会阶级时,他们远非把自己仅仅局限于考虑经济标准,而是明确地提到也要考虑政治和意识形态标准。"③

虽然葛兰西、阿尔都塞和普兰查斯对传统的阶级还原论进行了批判,但他们仍然没有完全摆脱对政治和意识形态的阶级还原主义理解。此后,随着以拉克劳和墨菲为代表的后马克思主义思潮的兴起,阶级还原论得到了彻底的消解。拉克劳和墨菲认为,随着社会结构的变迁和多元化,传统马克思主义意识形态理论的解释力正在日渐消逝,主要表现为马克思主义意义上的阶级斗争的衰落以及各种新社会斗争形式的出现,阶级意识在模糊,普遍主体在消失,出现了存在各种差异的多样性主体,意识形态和政治越来越趋向非阶级化。在拉克劳看来,摆脱意识形态与其阶级归属间的直接对应关系、创造性地发展马克思主义意识形态理论,应当提上当代马克思主义研究的日程。④ 他说:"对马克思主义来说,提出一种消除了阶级还原论这个最后污点的意识形态实践的精确理论,比以往任何时候都更

---

① [法]阿图塞:《列宁和哲学》,杜章智译,远流出版事业股份有限公司1990年版,第189页。"阿图塞"是台湾地区的翻译,即"阿尔都塞"。——编者注。
② [法]阿尔都塞:《保卫马克思》,顾良译,商务印书馆1984年版,第262—263页。
③ 普兰查斯:《当代资本主义中的阶级》,转引自李菁宣:《西方马克思主义的当代资本主义理论》,重庆出版社1990年版,第106页。
④ 参见郁建兴、陈建海:《意识形态理论的当代新发展》,《哲学研究》,2007年第10期。

加地必要了。"① 拉克劳指出："意识形态'要素'独立地看并没有必然的阶级内涵，这一内涵仅仅是这些'要素'在一种具体的意识形态话语中接合的结果。"② 显然，拉克劳认为存在着一种独立的、中性的、没有阶级特性的非阶级意识形态。虽然拉克劳提出非阶级意识形态的概念，但这并不意味着他反对作为生产方式结构关系承担者的阶级的存在。犹如艾伦·伍德指出："这种非阶级的意识形态总是与阶级意识形态相联合（接合）而一同出现；但因为它们是自主的、中立的、没有阶级特性的，它们能够从一种阶级意识形态中分离或'断开接合'并为另一种意识形态所同化。"③ 换言之，意识形态总是表现为阶级意识形态对非阶级意识形态的争夺，前者以后者为前提。正是在此意义上，拉克劳说："接合（articulation）要求非阶级内容（质询和反驳）的存在，它们构成了阶级意识形态实践赖以进行的原材料。"④

意识形态的思维向度从认识论向本体论转换。意识形态起初是一个中性的概念。从拿破仑批评特拉西等人为"意识形态家"之后，意识形态一词往往被赋予贬义色彩。马克思也曾用"不正确的""扭曲的""不真实的""抽象的""假象"和"障碍"等词汇评述过意识形态，自然地，一些学者便得出结论，"虚假意识"是马克思主义意识形态概念的基本内涵。实际上，"虚假意识"仅仅是在特定条件下意识形态概念的内涵之一，不能简单地把意识形态概念等同于虚假意识。马克思、恩格斯的意识形态概念包含三个层面：有时在贬义的意义上使用，这时的意识形态被看成是虚假的、非科学的阶级观念；有时是在中性的意义上使用，这时的意识形态被当作一个中性的、描述性的概念，其指涉一种没有立场偏向的一般阶级观念；有时在上述两种不同意义上同时使用，这时的意识形态概念需要根据上下文语境来确定具体的内涵。当然，如果我们总是停留在论争真与假、科学与非科学关系的知识论框架中来解读马克思的意识形态概

---

① 转引自郁建兴、陈建海《意识形态理论的当代新发展》，《哲学研究》，2007年第10期。

② 转引自郁建兴、陈建海《意识形态理论的当代新发展》，《哲学研究》，2007年第10期。

③ 转引自郁建兴、陈建海《意识形态理论的当代新发展》，《哲学研究》，2007年第10期。

④ 转引自郁建兴、陈建海：《意识形态理论的当代新发展》，《哲学研究》，2007年第10期。

念，那么我们就很难跳出意识形态是虚假还是科学的争论的窠臼。换言之，如果我们跳出传统的知识论框架，从存在论视角来解读马克思的意识形态概念，那么我们就会获得新的认识。从存在论的视角看，人本身就是意识形态的存在物，意识形态不应被预设为认识的结果，反而应被看成是认识的前提。马克思使用意识形态概念不是为了把虚假意识颠倒过来去获取真理性知识，也不是为了建构一个一般社会认识理论，而是为了通过意识形态批判来揭示人类生存的境况，并谋求改变这种境况，达至人类解放的通衢。① 上述意识形态发展的新趋势，无疑为考察马克思主义大众化提供了重要的理论资源。

（三）作为科学的意识形态的马克思主义大众化的基本规定

马克思主义作为科学的意识形态，它既具有一般意识形态的基本特性，又不囿于一般意识形态。马克思主义大众化，既要遵循和顺应当代意识形态发展的新趋势，又不能背离马克思主义的本真精神，方能真正推动马克思主义大众化向纵深发展。

1. 整体性：大众化的维度

马克思主义大众化，是马克思主义在中国现实背景和实践境遇下基于不同的受众主体而展开的马克思主义"大众化"和大众"马克思主义化"的现实过程，依据马克思主义三维向度的整体性逻辑构架及其人本诉求和科学逻辑辩证统一的禀质，马克思主义大众化，也不是一项孤立的活动和进程，而是一个整体性的活动和进程，也就是说，整体性，理应是马克思主义大众化的维度。这一整体性维度，体现在诸多方面：从大众化的客体而言，马克思主义大众化，是三维一体向度的新唯物主义大众化；从大众化的受众主体而言，马克思主义大众化，是马克思主义"整体群众"化；从大众化的路径而言，是思辨和实践、观念和现实双向度转入的科学机制；等等。即必须基于整体性原则考量马克思主义大众化，并且基于当代意识形态的非阶级化的发展趋势，彻底反思过去仅仅囿于政治维度对待意识形态的狭窄视域。

2. 现实的实践：大众化的场域

理论是在主体实践过程中形成并用来指导主体实践活动的。新唯物主义最大的特点是实践。马克思从"现实的人"的现实问题出发，揭示出

---

① 参见郁建兴、陈建海：《意识形态理论的当代新发展》，《哲学研究》，2007年第10期。

在"以物的依赖性为基础的人的独立性"的社会形态中"现实的人"之"非人"镜像,即"人的本质"的扭曲和异化,从而提出消灭私有制、消除异化,最终实现"人的自由而全面发展"。可见,马克思主义理论本身就是在解决"现实的人"的"问题"过程中形成的理论。因此,马克思主义大众化,就必须深化研究处于"现实实践领域"的"大众"的实际需要、根本利益和现实问题,以解决"大众"关心的重大现实问题为突破口,在解决中国实际"实践问题"中继承和发展马克思主义。

3. 重拾民众:大众化的受众主体

任何理论都是为特定主体服务的。马克思主义的出发点是"现实的人",是关于现实的人的学说,是无产阶级和人民大众的理论,这一理论尽管产生在西欧,但它基本的立场、观点和方法是我们必须继承和坚持的内核。在当代中国,推动"马克思主义大众化"就必须坚持马克思主义的大众性,抛弃一切形而上学的、高高在上的"马克思主义"。其实,马克思主义大众化隐含着一个前提,即只有"精英"才能够真正理解和掌握"马克思主义","大众"由于诸如认识能力、理解能力有限等不懂"马克思主义",而这个前提也恰恰说明了马克思主义"大众化"的现状、"大众化"的必要性,以及马克思主义大众化受众主体由"精英"延伸至"普通民众"、重拾"民众"的转变过程。"马克思主义"本身是"大众"的理论,没有"大众"就没有"马克思主义",马克思主义不能成为独立于"大众"之外的"精英"们的"精神盛宴"。因此,"马克思主义"必须与"大众"相结合,只有在"大众"中找到生长点,才能得到创新性发展。

4. 科学逻辑:大众化的理性机制

马克思主义大众化不仅是一种理论号召,更是一种"双向化"的实践活动,即马克思主义大众化和群众马克思主义化这一个双向对接的过程。合理处理二者之间的张力关系,有利于推进马克思主义大众化进程,同时也是探索马克思主义大众化现实的途径和方向。马克思主义人本诉求和学科逻辑的内在禀质,说明马克思主义不是人道主义的情感控诉,而是科学的人本唯物主义,深入现实生活和经济大厦去实践和论证的科学逻辑是其演绎的现实机制,因此,马克思主义大众化,必须遵循一套筑造于思辨和实践、观念和现实双向度转入的良性运行机制和科学展示模式去推进,顺应当代意识形态由认识论向本体论转换的趋势,从社会基本结构的视角对待马克思主义大众化,推动马克思主义大众化走向生活世界。犹如伊格尔顿所指出的，在当代西方社会，意识形态不再表现为教条或主义之类的东西，而是贯穿于日常生活中的一种物质逻辑。生活于现实社会之中的任何个体，包括那些主张意识形态终结的人，都不可能完全游离于意识形态而生存。在伊格尔顿看来，意识形态已被生活化，他说："意识形态，在长椅上，而不在人的头脑中。"①

从宏观上讲，马克思主义大众化至少要做到：第一，实现马克思中国化、时代化、大众化三位一体、有机统一。第二，树立实践的思维方式。第三，马克思主义信仰民众化。第四，观念的转变与实际利益的兑现相结合。从微观上讲，马克思主义大众化的途径是多样的，可以从理论建构、领导示范、制度安排、传播方式以及话语方式等层面探索和利用贴近实际、贴近群众、贴近生活、通俗易懂、喜闻乐见的方式，使马克思主义真正为人民群众所理解、接受和掌握。

5. 以人为本：大众化的旨归

一种"为人"的理论，无论多么艰深，都历久弥香，容易接受；一种"无人"的理论，无论多么奢华，都昙花一现，容易被遗忘。而对人的关注是贯穿马克思理论始终的意蕴，是整个马克思主义的核心。马克思批判资本主义，因为在资本主义制度中，"一些人靠另一些人来满足自己的需要，因而一些人（少数）得到了发展的垄断权"，从而造成了人的异化、生产的异化和社会的不平等；马克思主义决心改变资本主义的目的，实现人的解放和发展；马克思、恩格斯设想的社会主义和共产主义，其根本特征不是物质的丰富，而是社会的和谐和人的自由。因此，可以说，马克思主义蕴含着丰富的人学思想理念，是以人本诉求为核心禀质的科学理论，它宣称"人是人的最高本质"和"人的根本就是人自身"，将每个人自由而全面的发展作为最高的目标。马克思主义大众化必须对马克思主义"为了人""依靠人"和"尊重人"的人本思想予以足够的关注，以之为大众化的价值旨归，这样才能真正推进马克思主义大众化进程。

（四）建构当代中国马克思主义大众化的复合式路径

美国学者利昂·P. 巴拉达特曾经说意识形态无非是人们追求政治发展以因应工业革命所导致的经济和社会变化，自由主义、社会主义、法西

---

① 转引自郁建兴、陈建海：《意识形态理论的当代新发展》，《哲学研究》，2007年第10期。

斯主义和国家社会主义等无一例外。① 中国共产党早期是一个以自身意识形态为号召和旗帜的政治和军事集团，意识形态成为它维持自身合法性基础，维系自身统一和动员社会力量的重要途径。新中国成立后，意识形态更是成为它统合中国这一庞大"建筑物"的黏合剂②，其重要性不言而喻。

一般认为，意识形态要成为大众能够接收的特定意识形态，转化为大众自觉行为的心理基础，必须经过以下几个阶段：①符号化阶段：党政组织通过某种方式，把意识形态所揭示的理念、目标传递给大众。②去符号化阶段：党政组织通过某种方式，消除与这套意识形态相左的其他价值或符号系统。③典范化阶段：最终使意识形态成为大众生活的背景，成为他们思想行为的依据。我们把这个过程称之为意识形态的产生过程，也即理念、目标聚合为一个成熟系统的"意识形态"理论的过程。

上述分析同样适合中国。第二次世界大战后，世界总体划分为两个阵营：以美国为首的资本主义国家阵营和以苏联为首的社会主义国家阵营，两个阵营相互对峙，世界进入冷战格局。在冷战的二元格局下，政治斗争直接转化为意识形态的斗争，自由主义和社会主义相互攻讦，以攻击、打败对方为目的。为此，美国兴起麦卡锡主义，反共、排外，大肆讨伐马克思主义；苏联和中国则反美、反资本主义，清除自由主义思想的影响。在这样的历史背景下，意识形态不仅是处理国际关系的重要参照物，也是统合国家行使控制职能的重要"法宝"。

1978年之前，中国的政治结构被指称为全能主义政治，这是一种以单位制为细胞、以纵向组织为中介、高度集权的体制。这种制度的特点是以行政区划分割整个社会，社会组织呈现为一种蜂窝式状态，通过意识形态、组织结构以及有效的干部队伍来实现对社会生活方面的渗透和整合。③ 在这种高度组织化的国家形态中，国家几乎垄断了全部重要的物质财富和信息资源，并以此为基础，对社会进行严密和全面的控制。在这一阶段，社会主义意识形态是主流意识形态，占据着支配甚至是独尊地位。社会主义意识形态的内容主要来自马克思、恩格斯、列宁、斯大林和毛泽

---

① 参见［美］利昂·P. 巴拉达特：《意识形态：起源和影响》，张慧芝、张露璐译，世界图书出版公司2010年版。

② 参见 Franz Schurmann, *Ideology and Organization in Communist China*, University of California Press, 1969.

③ 参见李强：《后全能体制下现代国家的构建》，《战略与管理》，2001年第6期。

东思想,由执政党中国共产党制定阐发。由于社会管控严厉,1978年之前虽然存在一些零星的"异端思潮",但它们未能成为社会意识形态或次级意识形态,遑论对社会主义主流意识形态构成挑战。因此,在这一阶段,社会主义意识形态成为大众能够接收的意识形态,转化为大众自觉行为的心理基础,主要经过以下几个阶段:①符号化阶段:党政组织通过教育、舆论、传统媒体、政治运动等方式,把意识形态所揭示的理念、目标传递给大众。由于国家的严厉管控,以及对信息的垄断和控制,这种传递通常是单一式的通道,大众无法把自己的意见和诉求传递出去,因此造成1978年之前我国主流意识形态的"闭合性"。②去符号化阶段:党政组织通过教育、舆论、传统媒体、政治运动等方式,消除与这套意识形态相左的其他价值或符号系统。同样,由于国家对社会的全方位控制,1978年之前,国家通常能够借助舆论的高压甚至政治运动展开对与社会主义意识形态相左的价值进行批判,以维护社会主义主流价值的独尊地位。③典范化阶段:最终使意识形态成为大众生活的背景,成为他们思想行为的依据。借助上述做法,社会主义意识形态成功地占据着人们的心灵,成为人们思想行为的唯一"标杆"。

1978年之后,中国开始推行改革开放政策,以此为契机,国家逐渐从利用计划和行政手段进行社会整合、控制转变为有意识地"松绑",并在此过程中不断重构社会经济结构,培育发展市场经济。1992年之后,"社会主义市场经济体制"成为中国经济体制改革的目标,中国开始大踏步地走上市场经济的大道。2001年,中国成为世界贸易组织(WTO)的一员,同时也是多个世界组织的成员。由于改革开放和市场经济的发展,中国社会环境相对宽松,思想日益多元化。同时,改革的深化也引发了思想的激荡和分化,个人主义、消费主义、虚无主义等社会思潮兴起,各种社会意识形态或次级意识形态开始出现,它们对社会主义主流意识形态构成了巨大挑战。尤其值得指出的是,第二次世界大战后得到飞速发展的大众传播在当今全球化时代有了更加突飞猛进的发展,新的传媒技术和传播手段层出不穷。20世纪70年代美国加州硅谷出现的信息技术革命,正迅速地把人类社会带入一个信息化时代,"新信息技术正以全球的工具性网络整合世界。以电脑为中介的沟通,产生了庞大的多样的虚拟社群"[①]。

[①] [美]曼纽尔·卡斯特:《网络社会的崛起》,夏铸九等译,社会科学文献出版社2006年版,第3页。

这极大地冲击并改变了我们的交流和互动方式。因此，1978年之后，社会主义意识形态虽仍是主流意识形态，但意识形态在决策过程的作用发生了改变，意识形态现在成为一种事后为政策决策论证的辩护工具，其作用有所弱化。此外，与毛泽东时代相比，社会主义意识形态开始变得更加开放，具有了不断充实、发展和诠释的空间。在这一阶段，社会主义意识形态要成为大众能够接收的意识形态，转化为大众自觉行为的心理基础，主要过程和内容是：①符号化阶段：党政组织通过教育、舆论、传统媒体、新兴媒体、政治运动等方式，把意识形态所揭示的理念、目标传递给大众。1978年之后，由于改革开放和政策的"实用主义"转向，以及社会意识形态和次级意识形态的出现，社会主义意识形态的作用有所减弱；它们所传递的理念、政策目标对大众的影响也有所弱化。同时，在这一阶段，采用舆论、政治运动的方式来传递价值理念和政策目标的做法也明显减少，而是采用更为柔性和多元的方式来传递。尤其是，由于社会环境的宽松，思想的开放，大众获取信息的渠道更为通畅，意见和利益诉求能够得到表达，因此社会主义意识形态在传递给大众的过程就不再是一个"单通道"的过程，而是一个"双向通道"的过程。在这个过程中，社会主义意识形态由"闭合"开始走向"开放"。②去符号化阶段：党政组织通过教育、舆论、传统媒体、新兴媒体、政治运动等方式，尽量弱化与这套意识形态相左的其他价值或符号系统。如果说，1978年之前，社会主义意识形态的地位是靠压制和消除与社会主义意识形态相左的价值和符号系统来确立的，那么1978年之后，社会主义意识形态必须重构，并通过与各种社会意识形态或次级意识形态展开竞争，从而确立它的主流地位。因此，社会主义主流意识形态必须变得更加开放和包容。③典范化阶段：最终使社会主义意识形态成为大众生活的背景，成为他们思想行为的依据。由于各种社会意识形态或次级意识形态的出现，"观念市场"变得日益多元化，大众能否自觉地把社会主义意识形态作为自己思想行为的依据，关键依赖于社会主义意识形态的转型能否成功，依赖于社会主义意识形态的理念和价值观是否具有足够的"说服力"和"吸引力"。

从上可见，当代中国意识形态不断创新，经历了从"马克思列宁主义""毛泽东思想"到"邓小平理论"和"三个代表"重要思想，以及"社会主义和谐社会""科学发展观"的发展。社会主义主流意识形态虽然是支配性的意识形态，但是各种社会意识形态或次级意识形态也在不断涌现，它们打破了社会主义主流意识形态理论的一元格局，开始对社会主义主流意识形态形成挑战。其次,当代中国的意识形态变得越来越开放和柔性化,从"马克思列宁主义""毛泽东思想"到"邓小平理论"和"三个代表"重要思想,以及"社会主义和谐社会""科学发展观",社会主义主流意识形态有了更多发展和诠释的空间,也越来越能包容各种社会意识形态或各种次级意识形态,吸纳它们的一些"营养成分",从而不断完善自身。各种社会意识形态或次级意识形态由于有了接触和竞争,也有了更多的发展空间,极大地推动了中国思想版图的多元,使得"观念市场"有了健康发展的可能。

新时期马克思主义大众化,既要顺应全球化以来当代意识形态发展的新趋势,又要结合当代中国意识形态构建和传播的历史,要在传承中创新马克思主义大众化复合式路径。

1. 组织或单位的途径

1978年之前,由于国家的严厉管控,信息渠道闭塞,信息的获取并不容易。20世纪50—80年代,党组织、企事业单位以及社会团体一直坚持政治挂帅,以阶级斗争为纲,政治思想工作被认为是重中之重;组织和单位的政治学习,以及通过文件传达上级指示和精神成为人们获取信息的重要管道,也是主流意识形态传播的重要通道。1978年之后,随着改革开放和市场经济的发展,社会思想日益多元化,各种社会思潮逐渐兴起,它们挑战或动摇了人们对"一种制度""一种意识形态",即20世纪80年代的中国乃至当今世界其他国家存在的"社会主义制度"及其意识形态的坚守。[①] 20世纪80年代之后,以政治学习或文件传达来宣传政治信息或意识形态的方式开始遭遇挑战,主流意识形态的组织或单位传播开始弱化甚至失效,组织和单位传播已不再是主流意识形态传播的主要途径了。[②]

尽管如此,组织和单位仍然是意识形态传播的重要媒介之一。意识形态本身并非是僵化和固定不变的,而是会随着社会现实的变化而发生变化,是一种解释社会现实动态的体系。今天,虽然传统革命式意识形态式微,主流意识形态或官方意识形态在整个国家中的作用有所减弱,但转型

---

① 参见樊浩、刘桂楠:《"新传统"的建构与当代中国意识形态的辩证》,《江苏行政学院学报》,2011年第4期。

② 参见刘少杰:《新形势下意识形态传播方式的变迁》,《吉林大学社会科学学报》,2011年第5期。

后的意识形态依然是政权合法化,也是社会聚合的重要媒介之一。在过去的30多年里,意识形态在调节社会对转型的高度变化的认识方面仍然发挥了极其重要的作用。而且,即便是今天,有一个事实仍然无法忽视:中国的公开传播网络几乎都是官方的,其内容和管理都受到中央政治权威的控制。国家机构管理着最重要的媒体,比如新华社、电台、电视台、电影工业和大部分出版业,中国共产党及其支持的群众和社会团体组织也出版各种重要报纸和期刊,而且这些报纸几乎都由相应的党委直接管制。这些传播机构都受制于中共中央宣传部的总体控制和政策约束,确保所有传播机构的文字传播信息和观念必须遵循党中央的政策。① 更重要的是,中国是一个名副其实的"干部国家"②,在上述政治传播中,传播者主要是政府、政党、政治团体,信息源也主要来自这些政治性组织,因此,干部是政治传播的主体,"使传播方式得以实现的资源是一支政治干部和积极分子的大军,其数量大到足以渗透到中国的每个工作和居住单位"③。

2. 教育的途径

在所有意识形态的传播途径中,教育传播可能是最重要、最不为人所察觉,也是牵涉甚广的传播方式。据统计,2010年,我国有文化及相关产业机构313 342个,其中艺术业9 272个,公共图书馆业2 884个,群众文化服务业43 382个,艺术教育业151个,文化市场经营机构244 697个,文艺科研机构214个。此外,全国还有2 358所普通高等学校,85 063所中等教育机构,290 597所初等教育机构,150 420所学前教育机构。它们犹如一张庞大的网,遍布大江南北,成为传导社会主义意识形态的重要阵地。

20世纪二三十年代,葛兰西在《狱中札记》中就指出了学校等教育机构在争夺大众思想意识领导权、维护资本主义国家统治的重要性。阿尔都塞则提出"意识形态国家机器"概念,指出没有任何意识形态国家机器,能够像教育意识形态国家机器,能够像学校那样发挥那么大的作用,它们是资本主义社会中主体性建构的重要中介。

---

① 参见王海峰:《干部国家:一种支撑和维系中国党建国家权力结构及其运行的制度》,复旦大学出版社2012年版,第325-326页。

② "干部国家"的说法借用自王海峰,具体内容参见王海峰《干部国家:一种支撑和维系中国党建国家权力结构及其运行的制度》,复旦大学出版社2012年版。

③ [美]詹姆斯·R. 汤森、布兰特利·沃马克:《中国政治》,顾速、董方译,江苏人民出版社2003年版,第156页。

作为上述理论的补充，美国当代著名教育家迈克尔·阿普尔（Michael Apple）编著的《意识形态与课程》，对教育在当代意识形态传播中的作用有更为深入的思考。在阿普尔他们看来，"教育已经被深深的政治化……教育和不同的文化、经济和政治力量总是不可分的有机联系体"①。教育不仅是生产这种有机联系体的意识形态的场所，也是传播意识形态的重要场所和媒介：作为知识传播机构，现代教育机构的结构、组织原则、管理和职能等，正是现实政治、经济和文化所赋予的，学校会自觉和尽可能地生产技术文化"商品"，以维系统治阶层的控制。因此，学校并非隔绝于意识形态领导权之外的孤岛，而是在经济和文化再生产的权力机构中充当了重要角色。其次，文化领导权或意识形态领导权往往采取"共识"或"默认"的方式发生作用，贯彻体现于学校的课程设置上。最后，不论是文化领导权在教育中的运行，还是意识形态和课程的"同谋"，最终都要通过教育者起作用。"虽然教育者一贯试图把自己描绘为'科学的'。指出他们的活动是'科学的'（或技术的）并因而处于中立地位，以赋予其合法性。但他们……支持官僚化的假设和制度，否定个体和人们群体的尊严和重要选择……'中立的科学'术语成了掩盖这个事实的粉饰，因而比帮助性更意识形态化。"② 法国著名人类学家和社会学家布迪厄甚至认为，学校是各种社会力量相互竞争和角逐的重要场域。从资产阶级革命开始，一直到当代世界，资产阶级就非常注意学校教育系统的改革、调整及其重构，以便通过学校教育制度，通过培训、养成、熏陶和塑造有利于统治阶级的"心态结构"，从而保证社会各领域中权力的分配和再分配，确保资本主义社会权力统治的正当化。③ 教育同样应该成为当前马克思主义大众化的重要路径。

3. 传统媒体的传播

英国社会学家约翰·B.汤普森在《意识形态与现代文化》中指出，虽然大众传播不是意识形态运作的唯一场所，但现代社会中的意识形态分析必须把大众传播的性质与影响放在核心位置。大众传播的发展大大拓展

---

① ［美］迈克尔·阿普尔：《官方知识：保守时代的民主教育》，曲囡囡、刘明堂译，华东师范大学出版社2004年版，第10页。

② ［美］迈克尔·阿普尔：《意识形态与课程》，袁振国、徐辉等译，华东师范大学出版社2004年版，第150页。

③ 参见高宣扬：《布迪厄的社会理论》，同济大学出版社2004年版，第70－74页。

了意识形态在现代社会中运作的范围，它使象征形式能传输到时间上和空间上分散的、广大的潜在受众。作为用以建立和支撑统治关系的有意义的象征形式，当代社会的意识形态可以在各种不经意的场合下被大众传播所传递。"从朋友间的日常会话到总统或部长的讲话，从逗乐和玩笑到严肃的政策与原则宣言。"① 大众传播的主要媒介有两种：传统媒体（包括广播、电视、报纸、杂志等）与新兴媒体（网络媒体和手机媒体），这里先讨论传统媒体在意识形态传播中的作用。

我国传媒产业发展相对滞后，1978年才开始拉开大众传媒产业化的序幕。随着改革的推进和深化，大众传媒从单纯的文化、精神生产事业单位过渡为以传媒为主体的文化产业。就传统媒体而言，据统计，2010年我国共出版图书 328 387 种，新出版 189 295 种，期刊 9 884 种，报纸 1 939种；中、短波转播发射台 822 座，调频转播发射台 1.16 万座，电视转播发射台 1.60 万座，微波实有站 2376 座；广播节目综合人口覆盖率为 96.78%；电视节目综合覆盖率为 97.62%（参见图表）。可以说，包括广播、电视、报纸等在内的传统媒体已构建成一个强大的网络，成为各种信息传递的重要媒介。

2006—2010 年全国广播电视综合人口覆盖情况（全国合计）
来源：《2011 中国广播电视年鉴》

诚然，传统媒体通过象征形式传递的信息颇为混杂，并非所有信息都具有意识形态的内涵，即便有意识形态内涵，也不是一体化的，而是发生分化的。譬如，以报刊而论，在数量庞大的报刊中，既有各种党报党刊，也有各类小报小刊，以及介于两者之间的报刊。通常来说，党报党刊市场

---

① ［英］约翰·B. 汤普森：《意识形态与现代文化》，高铦等译，译林出版社 2005 年版，第 287 页。

化程度不高，它们被党政组织所专用，在"喉舌论"、无产阶级新闻媒介的"党性原则"以及所谓"政治家办报"的思想影响下，往往与政党、国家权力紧密地联系在一起，通常是主流意识形态或国家意识形态宣扬的重要载体。各类小报小刊的主题意识与意识导向则相对复杂，作为一种社会传播方式和大众表达的潜在论坛，它们可能琐碎、媚俗，直截了当地以市场为导向，生产容易消化的"文化快餐"。但小报小刊并非"只是"娱乐或"单纯"的文本。小报小刊虽然不会以政治劝导或意识形态说教作为其主要目标，但由于身处既定的社会体系之中，在那些看似离奇和偏离正常规范的故事或叙事之后，其实有着对社会共识和社会规范理所当然的假设。① 介于党报党刊以及小报小刊之间的报刊也比较复杂，它们市场化程度较高，为营利必须考虑读者的需求和阅读"口味"，但有时又必须兼顾国家的宣传政策，因此，它们必须小心翼翼地在市场与国家的宣传政策之间寻求平衡。其中，有些报刊只刊载普通社会新闻或娱乐信息，满足一般读者的需求；有些报刊，如《南方周末》《凤凰周刊》等，则会刊载一些有深度的报道访谈，或者严肃的时政评论，成为各种社会意识形态或次级意识形态传播的重要渠道。电视也大体如此，既有中央电视台和一些地方台对主流意识形态的宣扬和维护，甚至中央电视台的春节联欢晚会也是传送社会的和意识形态信息的重要场所。② 也有各种宣扬消费意识形态的休闲娱乐频道，当然，也不乏展示有别于"权力控制、单一话语、政治宣传"的传统意识形态的"新意识形态"的民生新闻等频道。要重视并继续发扬传统媒体在马克思主义大众化过程的作用。

4. 新兴媒体的传播

在传统三大媒体——报纸、广播、电视之后，互联网、手机等新兴媒体正迅速崛起和普及，它们对传统媒体构成了巨大挑战，成为信息传递的重要媒介。据中国互联网络信息中心统计，截至2010年12月，中国网民达到4.57亿人，比2009年底增加了7330万人；互联网普及率升至34.3%，较2009年提高了5.4个百分点。宽带网民规模为4.5亿户，有

---

① 参见赵月枝：《有钱的、下岗的、犯法的：解读20世纪90年代中国的小报故事》，《开放时代》，2010年第7期。

② 参见吕新雨：《仪式、电视与国家意识形态——再读2006年"春节联欢晚会"》，载《北京论坛（2006）文明的和谐与共同繁荣——对人类文明方式的思考："全球传播、媒介与创意产业对后工业文明的思考"新闻传播分论坛论文或摘要集（下）》。

线（固网）用户中的宽带普及率达到98.3%。外国手机网民规模达3.03亿人，较2009年底增加了6930万人。手机网民在总体网民中的比例进一步提高，从2009年末的60.8%提升至66.2%。农村网民规模达到1.25亿人，占总体网民的27.3%，同比增长16.9%。在互联网迅速发展的同时，手机这一通信工具也在迅速普及。2010年，中国手机用户达到7.4亿人。①

显然，网络和手机短信拓宽了意识形态的传播范围。网络传播具有及时性、交互性的特点。网络媒体可以进行全天候的信息传播和实时信息发布，信息的发布和获取及时、迅速，受众可以不受时间限制。同时，网络媒体通过网络论坛、个人网站、BBS、博客（blog）、维基（wiki）等平台，受众可以自由、及时和充分表达自己的观点，他们既是信息的接受者，又是信息的发布者，从而能够实现信息的双向互动。② 手机则短小轻便，易于携带，人们可以通过"便捷的短信传递着对时政时事的评说，表达着对公平邪恶的褒贬，形形色色的社会思潮在及时化、碎片化和生活化的信息传递中流动开来"③。

网络显然是意识形态争夺的重要场域，出于国家安全等原因，任何国家都会对网络施加限制，同时也会积极地利用网络来传递和宣扬主流的意识形态或国家意识形态。在我国，截至2003年底，获得国务院新闻办批准的具有新闻登载权的网站达到150多家，形成了一个以中央重点新闻网站为龙头、地方重点新闻网站为骨干、传统媒体网站与商业门户网站发挥积极作用的中国互联网新闻报道体系。其中，"强国论坛""观点频道"（人民网）、"发展论坛"和"新华论坛"（新华网）、"青年话题"（中青在线）、"管窥天下"（国际在线）、"东方评论"（东方网）就是主流意识形态宣传的重要阵地。④ 由于互联网的高度开放和分散，网络信息传递多元且难以控制。在为数众多的网站中，还有许多网站，比如"选举治理网""世纪沙龙""天益社区"等则成为社会意识形态阐发的集结地和传播者，一些公共知识分子经常借助这些网站，阐发宣扬一些不同于主流意

---

① 参见刘少杰：《新形势下意识形态传播方式的变迁》，载《吉林大学社会科学学报》，2011年第5期。
② 参见童世骏主编：《意识形态新论》，上海人民出版社2006年版，第201页。
③ 刘少杰：《新形势下意识形态传播方式的变迁》，载《吉林大学社会科学学报》，2011年第5期。
④ 参见童世骏主编：《意识形态新论》，上海人民出版社2006年版，第207页。

识形态的次级意识形态，以便传播并获得社会认同。尤其是，网络舆论以及对时政时事的热议和讨论，最终可能影响到政府的执政理念，并成为各种意识形态的"交汇争锋"之地。比如，孙志刚事件最终使国务院发布的《城市流浪人员乞讨收容遣送办法》被废止，并促进了有关依宪执政的讨论；2008年山西襄汾溃坝事故则在网络舆论上掀起问责风暴，涉及官员100多名；其他如2007年厦门的PX事件、2009年番禺垃圾焚烧事件等，都因网络舆论抵制，最终导致地方修改决议，促进了一些新的价值观念的传播。新兴媒体同样是推动马克思主义大众化不可小觑的重要途径。

结　语

革命、建设和改革的曲折发展历程，塑造了当代中国复杂的意识形态样态，既有革命和社会主义建设探索时期形成的反帝反资的社会主义意识形态旧传统，又有改革开放以来基于新的国内国际形势形成的意识形态创新，同时又面临由社会转型和市场改革深化及全球资本主义体系的融合带来的国内外政治、经济、社会和生态矛盾。当代中国既要慎重评价和对待传统社会主义意识形态的遗产，又要积极回应全球化浪潮造就的文化价值意识形态冲击，更要有策略地应对因利益阶层分化造成国内意识形态的多元化态势。就此意义上，当前中国马克思主义大众化，既要避免陷入自由主义的"宏大理论"叙事，过分渲染和批判政府对媒体的监督，对信息的垄断，鼓吹消解社会主义意识形态，又要警惕简单化地或者想当然地看待社会主义意识形态，从而无视民众复杂的社会利益和意识形态诉求及其与官方意识形态的隔阂和互动关系。实际上，当前中国面临复杂的世情、民情和党情，社会主义意识形态的形成和传播路径也已经发生了重大变化，社会主义意识形态的主导地位不断受到挑战，各种次级意识形态不断涌现，它们所传播的价值观念或是对主流意识形态的互补，或对主流价值观构成巨大挑战。因此，试图继续对社会主义意识形态做"脸谱化"的解读显然并不可行，必须突破非此即彼的思维模式，超越对社会主义意识形态的简单化肯认或简单化的批判。这意味着在考察马克思主义大众化时，要结合当下中国的复杂语境，在全球资本主义体系的大背景下，认识到国家、社会、市场领域发生的深刻变革，以及三者间相互渗透、相互规约的复杂关系，超越"国家／市场"和"国家／社会"的二元对立，从而顺应马克思主义大众化的社会和历史条件,既遵循当代意识形态发展的新趋势,又秉承马克思主义的本真精神,方能真正推动马克思主义大众化的纵深发展。

第二章 马克思主义大众化的历史经验

一、马克思主义大众化的历史经验综述

（一）研究思路

研究马克思主义大众化的历史经验的文章很多，博士、硕士论文也不少，都侧重于探讨某些具体做法和某些个人的贡献，比如：研究艾思奇与《大众哲学》在推进马克思主义大众化中的作用，研究毛泽东、邓小平、江泽民、胡锦涛等领导人不同时期的马克思主义大众化经验，研究陈云、刘少奇、萧楚女等早期中国共产党领导人在推进马克思主义大众化方面的贡献，等等。本章在研究推进马克思主义大众化的历史经验时不准备做全面的概括总结，不准备把不同历史时期的历史经验进行系统归纳，而是选定几个角度对我党在推进马克思主义大众化方面所做的工作进行专项研究，这样就更容易从某个视角看出马克思主义大众化的中国特色经验。按照这样的思路，我们选择了以下三个视角来研究中国推进马克思主义大众化的历史经验。

首先是从马克思主义大众化经验做法的历史演进来总结。考虑到马克思主义大众化本身就是一个具有层次性和历史性的工程，其标准和条件是不断随着历史发展而变化的，因此，我党一切工作都需要随着时间、地点和条件的变化而变化，马克思主义大众化也不例外。这样在不同历史时期，我党在推进马克思主义大众化方面的指导思想与具体做法是不一样的。由于马克思主义大众化本身就是不断发展的，因此，强调与时俱进、强调历史演进发展就成为第一个视角。需要指出的是，在这个部分，我们只是突出与时俱进的演进特征，并不是详细地总结不同历史时期马克思主义大众化的历史经验，而是希望总结不同历史时期与马克思主义大众化相关的标准、条件、要求、目的、指导思想、政策策略、具体实施方法等方面的变革。通过这个视角，使我们对中国共产党与时俱进的创新精神与紧

密联系实际的时代精神有了更深的认识,这本身也成为我国马克思主义大众化的主要历史经验。

第二个视角是从对立面的角度看马克思主义大众化。马克思主义的宣传传播可以有不同路径和方式,中国共产党如何推进和加大马克思主义大众化宣传教育的研究很多,我们则从对立面看马克思主义的大众化:早期马克思主义传入中国后,很多不相信甚至反对马克思主义的学者和政治家、很多其他思想流派都对马克思主义有过介绍和批评,这些介绍、反驳与批评对马克思主义走向大众化往往起了更大的作用,成为另一种传播方式。新中国建立后,无论是社会主义改造、建设时期还是改革开放时期,国内外的敌对势力往往都对我国进行各种各样的诋毁、污蔑、批评、围攻,而我党沉着应对,通过自身的努力与卓越表现、通过相应的思想政治斗争甚至群众运动,粉碎了这些对马克思主义、对我国的社会主义的各种攻击,而这些攻击无意之中为我党推进马克思主义大众化提供了另一种机会。因此,无论哪一种对立面对我国坚持马克思主义的攻击与批评都可能在被粉碎的同时为我们进一步推进马克思主义大众化提供平台。因此,善于利用对立面推进马克思主义大众化也就成为我党宣传思想建设的一条重要经验。这也符合马克思主义关于对立统一的辩证规律。

第三个视角是从马克思主义大众化与中国共产党的"三大法宝"之间的关系来研究我党在推进马克思主义大众化的历史经验。众所周知,中国共产党能够长期从胜利走向胜利的根本经验和主要法宝就是统一战线、武装斗争(人民军队建设)和党的建设。这"三大法宝"的形成和成熟是与马克思主义大众化分不开的,"三大法宝"既是马克思主义大众化的结果,也是马克思主义大众化的主要推手。我们将分别从马克思主义大众化推进与武装斗争和军队建设、统一战线、党的建设三者之间的互动关系进行研究,以进一步理解马克思主义大众化的历史经验与伟大意义。在这部分研究中,我们提出了一个同心圆模型,马克思主义大众化本身就形成了一个同心圆模型,而统一战线、武装斗争和党的建设也是同心圆模型,这个同心圆是一个不断内向凝聚的同心圆,也是外延不断扩展的同心圆,最后在内涵与外延上都急剧发展扩张,促进我党事业不断发展壮大。

(二) 大众化的四个条件

任何意识形态或者思想理论都必须能够为广大人民群众运用以凝聚社会、改造社会才具有价值,才能够转化成实践力量,这就要求社会思想必须走向大众化,就是要让普通民众能够认识、接触、理解、接受、掌握、践行、信仰、运用这种思想去影响或改变社会、改变主客观世界。马克思主义作为一个经过历史考验的科学理论，作为社会主义国家和马克思主义政党的指导思想的意识形态力量，同样需要为广大人民群众所认知、接受、掌握、践行和运用才能发挥出其巨大的影响力。因此，马克思主义只有走向大众化才能焕发出巨大的力量。

马克思主义具备一种社会思想能够实现大众化所必须具备的四个条件。

第一，这种社会思想必须是能够切实影响社会发展的理论，是具有可行性与操作性的社会思想理论，是符合一定的社会历史条件，具有严谨的科学性、强烈的时代性和鲜明的实践性特征的社会科学思想。这种思想绝不是一种空谈与幻想，更不是异端邪说，而是符合大多数民众利益和需求、能够切实解决某个历史时期的现实问题的灵丹妙药。因此，这种实践性是一种社会思想能够大众化的首要条件。马克思主义在一定历史时期的苏联等国取得成功，以及在中国不断取得成功都表明马克思主义能够改变社会，能够解决资本主义发展产生的诸多问题，尤其是能够解决社会矛盾特别突出的国家存在的问题，而且实践性确实是马克思主义的一个非常重要的特色，马克思主义本身就是劳苦大众的理论，是"穷人的哲学"，是关于广大民众组织、团结、斗争、革命、解放、现代化的理论，能够帮助广大穷人解决重大问题，因此，马克思主义完全可以走向大众化。

第二，这种社会思想在当时的社会思潮总体状况即思想格局中的地位。思想格局是指某一个历史时期社会上总共有多少种社会思想在发生影响、影响范围和程度有多大，以及其中影响最大的几种思想之间的影响力对比状态和相互影响状态。这种思想格局决定某个思想最终能否扩大自己的影响面，能否实现大众化。近现代史上中国引进了国外各种各样的社会思想，经过大浪淘沙般地比较、鉴别、竞争、淘汰、改造，形成共产党的马克思主义、国民党的三民主义和法西斯主义、第三条道路的民族资本主义等思想占据主导、其他思想逐渐式微的格局，马克思主义大众化就是针对其他几种主要思想的问题与缺点进行针锋相对的辩驳与斗争才得以实现的。

第三，这种思想主观上的可接受性与易接受性，体现为这种思想主要解决哪些群体的实际问题，或者说这种思想所服务的群体面大小、提出者与早期宣传者所提供的话语吸引力程度与通俗易懂程度。马克思主义博大精深，论证严密，体系性强，确实不是一般民众容易接受的。马克思主义传到中国后,先是在大学教授、青年学生等知识分子中间进行传播,影响范围有限,后来以毛泽东为代表的一批共产党人不断将马克思主义与中国具体实践相结合、通俗化,注重理解和运用马克思主义的精髓来解决中国自身的问题,因此,马克思主义逐步变得越来越能够解决中国的现实问题,越来越简明易懂,能够为广大民众所接受,迅速走向了大众化,从而实现了马克思主义的中国化。

第四,当时民众的学习愿望与学习能力,体现在广大民众是否迫切需要寻找某种思想以解决自己的问题、是否具有理解领会这种思想的文化水平与学习能力。大众化是一个主客观互动的过程,判断大众化的实现程度需要根据主客观情况决定。马克思主义中国化和通俗化使得马克思主义宣传客观上变得更容易、更实际、更有效,而主观上,近现代以来中国人苦苦求索国家的出路,追求国家民族的解放与现代化,实现中华民族的伟大复兴,这就需要一套科学理论来使中国完成现代化的转变,完成反帝反封建的历史任务,马克思主义正好是这个时期最能够帮助中国实现转变的思想理论体系,可以说中国民众的学习欲望强烈,学习能力也在不断提高,所以,马克思主义从通俗易懂的简单版大众化最终向越来越趋于科学严谨的原创版大众化方向发展,特别是新中国文化教育大发展之后,这种趋势发展日益加快。

(三) 中国马克思主义大众化历史经验的几点总结

1. 中国现代社会的思想与政治格局决定了马克思主义必须大众化,也决定了中国特色的革命道路

在五四运动前后,包括马克思主义在内的西方各种社会思潮伴随着新文化运动纷纷涌进中国,并通过加强宣传与竞争扩大自己的影响,形成颇为壮观的"思想繁荣"局面,而且各种社会思潮基本上处于一种完全自由的竞争状态。起初,马克思主义思想的影响迅速扩大,一方面是因为这种主张以社会革命的方式建设新中国的思想最能够让越来越无法容忍国家颓败的中国热血青年倾心向往,认为革命是中国最好的出路;另一方面也与诸位中国共产党创始人早期的很多普及宣传分不开,比如艾思奇创办的《大众哲学》、毛泽东的通俗著作等。但是,中国马克思主义真正走向大众化主要还是由当时中国的思想格局和政治格局决定的。

当时,由于中国整体文化水平低,民众识字率不到20%,因此,思想宣传与竞争其实主要是在城市特别是知识分子群体中进行的,广大乡村基本上是现代思想影响的不毛之地,在思想竞争和社会斗争中也长期处于被动状态和空白地带。马克思主义一开始就遭到各类反动派的打压，尤其在反动派集中的各个城市里，反革命势力非常强大，他们往往联合起来剿杀共产党人和马克思主义者。马克思主义红旗插不住，只能转向乡村，而在乡村里，主流的思想还是传统封建主义的，国民党等其他党派的思想影响相对比较小，而且他们往往都不屑于在更落后、更分散的乡村宣传和发展自己的思想。这样，当受到各种外来思想浸染的中国城市发生巨大变化时，广大中国乡村依旧保持着几千年的封建传统不变，受现代化影响很小。在中国走向现代化的过程中，马克思主义进入乡村实际上是在现代化进程中抢占了最大一块处女地，中国共产党人就利用马克思主义在这些乡村进行现代化的宣传和改造，从而使中国传统乡村得以完全崭新的方式实现了现代化洗礼。同时，中国乡村落后和民众文化水平低劣等状况又决定了中国马克思主义在乡村必须走大众化的道路，必须与中国乡村落后的实际情况相结合，必须走中国民族方式的通俗化道路。而在中国，马克思主义也是在迅速稳固地占领农村阵地的基础上才逐步向城市扩张的，以至于走出了一条中国特色的以农村包围城市的革命道路，这实际上是由当时我国的思想格局、政治格局决定的。

2. 马克思主义大众化是通过思想政治工作这个"我党的生命线"推进的

中国共产党高度重视马克思主义宣传。《中国共产党宣言》明确指出："共产党的任务是要组织和集中这阶级斗争的势力，使那攻打资本主义的势力日增雄厚"，但"这一定要向工人、农人、兵士、水手和学生宣传，才成功"[①]。共产党创始人之一施存统认为中国革命"最有力量的人，是无产阶级和兵士"，但"连自己的名字都不认识，怎么样叫他们能看各种宣传品呢！所以……用文字宣传社会革命，只能宣传到一般学生，多数无产阶级还是宣传不到的"；要使无产阶级"有觉悟，相信社会主义，就非有觉悟的学生跑进他们团体里去宣传不可"，"没有学生诸君，社会革命是绝不会成功的"，因为"社会革命，第一要拿努力宣传。"[②]

在当时的中国不能像在西方发达国家那样搞宣传以迅速传播新思想，

---

① 中共中央宣传部办公厅、中央档案馆编研部编：《中国共产党宣传工作文献选编（1915—1937）》，学习出版社1996年版，第197页。

② 以上施存统的观点参见中共中央宣传部办公厅、中央档案馆编研部编：《中国共产党宣传工作文献选编（1915—1937）》，学习出版社1996年版，第311-313页。

因为当时中国识字率太低，不容易读懂马克思主义，仅仅依靠各种报纸、杂志等媒体的宣传无法实现马克思主义大众化。而且，中国近代以来，思想与政治领域均已四分五裂，不可能依靠某种新思想自上而下完成国家统一和社会变革，因此，主张革命的马克思主义要在中国站住脚，就需要面向基层，面向广大乡村农民和城市贫民，从而实现大众化，而要面对传统观念根深蒂固的落后农民，就必须走中国特色的宣传教育之路。

这就是为什么毛泽东后来能领导我党的思想政治工作的原因。新民主主义革命时期，中国共产党大部分时间处于地下状态，因此，大张旗鼓的宣传攻势不容易搞起来，我党的马克思主义宣传主要是通过一对一、小范围等方式进行，这种方式就是中国特色的思想政治工作。已经信仰马克思主义的同志给其他同志做思想政治工作，以个别辅导的方式传播马克思主义，帮助他们改造和进步。各领域、各部门都建立起党支部或党小组，军队里则把支部建在连上，以此保证思想政治工作基层组织的扩建，便于马克思主义的宣传推广，从而逐步走向大众化。这种扎根基层的群众路线方式在和平时期仍然是卓有成效的，因此成为我党的重要优良传统得以保留发扬。现在我党的重大决策宣传仍然采取这样的群众路线方式，从上到下传达党中央精神，最后落脚到基层党组织，出现不和谐的声音时也大多通过个别的思想政治工作加以解决。当然，和平时期把这种一对一、小范围的思想政治工作和大张旗鼓的宣传相结合，更容易推进马克思主义大众化。

由于我党思想政治工作成效显著，至今我们仍然保留着庞大的党团工作系统，军队、企业、学校、机关、农村等都设有健全的党组织，在青年和儿童中设有团组织和少先队员组织，这套组织的历史作用是不容否定的。每每到了关键时刻，广大党团员就能够发挥出先锋模范和坚强核心的作用，他们的表现和对其他社会成员的思想政治影响在凝聚社会力量、稳定社会、促进发展等方面起了很大作用。正因为如此，我国才设立了思想政治教育专业，很多大学都培养相关领域的本科生和研究生，使之更加科学化，更好地总结、延续和发展我党的思想政治工作的优良传统，更好地推进马克思主义大众化。

3. 始终把实践性作为推进马克思主义大众化的基础

马克思主义在中国能够取得完全成功的重要条件之一，就是马克思主义本身的实践本质和我党历来重视将马克思主义的基本原理运用到中国革命的具体实践上，因此，我党始终把实践性作为推进马克思主义大众化的基础之一。中国共产党成立之初,就试图运用马克思主义基本立场和方法,提出符合广大中国民众利益诉求的理论主张和社会解决方案,并用通俗易懂的语言和丰富多彩的、具有民族风格的宣传形式与其他各种社会思想争夺影响空间。后来在革命战争时期,以毛泽东为代表的共产党人不断审时度势,根据中国的革命实践,坚持马克思主义的实践本质,不断创造性地提出符合马克思主义基本原理和中国具体革命实践的中国式革命道路及其一系列重要思想,这种根植于群众实践的中国化马克思主义才是得以推进大众化的关键所在。

中国共产党人深入民众之中,影响民众、发动民众,积极推进马克思主义大众化。毛泽东在大革命时期就积极运用马克思主义的基本立场和方法深入农村调查,在土地革命战争时期就进一步到农村去建立革命根据地,在抗日战争时期建立了敌后抗日根据地,在解放战争时期进行解放区土地改革,在新时期我党不断实现以前进行马克思主义宣传过程中对社会发展所做的解释与预测、对未来社会的设想与承诺,让更多民众能够真正体会到马克思主义的实践魅力和科学性,如完成巨大的社会改造、建立强大的社会主义工业基础和打破帝国主义的封锁孤立并洗刷近现代民族耻辱。随着新中国教育文化事业大发展,中国人民的文化水平与学习能力极大提高,现在的马克思主义早已成为决定和影响中国发展的主要指导思想和主流意识形态。因此,要真正进一步推进马克思主义大众化,就更需要实践,更需要把实践发展中不断创新的中国特色社会主义理论体系加以宣传和推广,让全国各族人民能够从中国和平发展的伟大实践中体会与时俱进的中国化马克思主义,从而服务于自己的社会实践。

4. 始终坚持群众路线是马克思主义大众化的根本条件

群众路线是马克思主义的重要思想,也是中国化马克思主义一直坚持的基本路线和工作方法。大众化就是群众化,只有真正长期坚持走群众路线,才能深入推进马克思主义的大众化。

马克思主义是改造社会、为全世界无产者谋求联合利益的理论,不是局限在精英圈子里的空谈,而是实实在在影响和动员广大民众的一套思想。中国人口众多,要完成社会革命必须发动亿万民众,中国绝大部分民众居住在以自然经济为基础的落后乡村,近代中国曾沦为半封建半殖民地国家,面对的帝国主义、封建主义、法西斯主义、官僚资本主义、土匪恶霸、黑恶势力等各种敌对和反动势力特别庞大,在如此国情下,马克思主义要获得成功,就必须时刻扎根基层、扎根群众,始终不渝地坚持走群众路线。推进马克思主义大众化就是把马克思主义送到人民群众手中,让广大人民群众认识和了解马克思主义,最终帮助群众掌握马克思主义。马克思主义的基本历史观是群众创造历史而不是英雄创造历史,而马克思主义只有为人民群众掌握才能自觉地创造历史,所以,马克思主义实现大众化、走群众路线是马克思主义自身的基本要求。马克思主义的基本立场是代表最广大劳苦大众特别是无产阶级的利益,这就要求马克思主义要旗帜鲜明地站在广大人民群众的利益基础上观察和思考问题,一切从群众中来,一切到群众中去,一切为了群众,一切依靠群众。

毛泽东在中共七大政治报告中说:"我们共产党人区别于其他任何政党的又一个显著的标志,就是和最广大的人民群众取得最密切的联系。全心全意地为人民服务,一刻也不脱离群众;一切从人民的利益出发,而不是从个人或小集团的利益出发;向人民负责和向党的领导机关负责的一致性;这些就是我们的出发点。共产党人必须随时准备坚持真理,因为任何真理都是符合于人民利益的;共产党人必须随时准备修正错误,因为任何错误都是不符合于人民利益的。"①

因此,无论革命、建设还是改革,我党都坚持走群众路线,依靠广大群众的力量推进马克思主义大众化、推动我党事业不断前进。

5. 开展适当的政治运动也是马克思主义大众化途径之一

在推进马克思主义大众化的进程中,开展适当的政治运动也是重要途径之一。我党在进行马克思主义宣传教育时,和风细雨式的谈话、小范围沟通、深入细致的思想政治工作等途径固然是重要方式,但是,在这种马克思主义宣传达到一定水平和范围时,在整体上进行一些暴风骤雨式的政治运动,如思想斗争与教育运动、整风运动、路线争辩、群众大会等,也是非常必要的。尽管因为这样的运动往往导致不少内斗、冤屈甚至迫害,如抓AB团、反托派、肃反运动等,但是,在当时那种严酷的战争环境中,没有这种大规模的群众运动,就无法统一思想,就无法克服个体思想政治工作难免出现的偏失,无法纠正单线传播和革命队伍发展过快可能带来的种种不纯正的错误认识,无法将一对一和小范围传播的马克思主义思想整合成为全党统一的认识,也无法杜绝和消除各种小资产阶级思想在党内的影响,更无法甄别和排除投机分子和反对势力的渗透。而且,这种群

---

① 毛泽东:《论联合政府》,《毛泽东选集》(第三卷),人民出版社1991年版,第 1091-1095 页。

众运动还能够在更短时间内高效率地解决大众的思想问题，提高大众对马克思主义的认识，消除大众心头存在的各种顾虑、误解和错误认识，使得马克思主义真正为大众所掌握，真正实现大众化。和平时期，共产党执政曾发动过各种群众运动，新中国成立后 30 年发动的无数次群众运动中，虽然也存在"大跃进"和"文化大革命"这样的偏差，但是总体上仍然是推进马克思主义大众化、推动社会主义建设的重要手段。因此，不能因为有"文化大革命"这样的悲剧性群众运动就否定了群众运动这一重要的马克思主义大众化途径，否定其在马克思主义大众化方面的高效传播作用。

二、与时俱进：在时代背景下推进马克思主义大众化

马克思主义理论不是教条而是行动指南，它总是站在时代前列，并随时代、实践、科学的发展而不断发展。正如邓小平指出的："绝不能要求马克思为解决他去世之后上百年、几百年所产生的问题提供现成答案。"① 在推进马克思主义中国化、时代化、大众化过程中，时代化是灵魂，大众化是目的，时代每前进一步，大众化就紧跟一步，只有在推进理论创新中不断为马克思主义大众化增添新内涵，马克思主义才能焕发出生机与活力，才能得到最有效的传播与转换，才能凸显马克思主义大众化的发展诉求。

为了满足时代性需求，马克思主义在大众化过程中需要满足社会心理和社会需要两个方面，社会需要又分理论的需要和实践的需要。

（一）马克思主义大众化首先要满足不同时代的大众心理

在一定程度上，马克思主义大众化可做如下解释：在不改变马克思主义自身性质和功能的前提下，使其表达方式更加切合不同层次大众的口味、理解能力和接受能力，使之更好地为人民大众所掌握。也就是说，马克思主义大众化的过程就是民众接受它、认同它、践行它的过程，前提条件是马克思主义能否满足不同时代背景下大众的不同心理。因此，切合大众心理需求是马克思主义在中国传播和发展的一条重要经验。

中国第一代马克思主义者在中国传播马克思主义之初，就非常注重研究大众心理，并把马克思主义关于共产主义的远大理想与中国传统文化中

---

① 《邓小平文选》（第三卷），人民出版社 1993 年版，第 291 页。

大众心理普遍认同的"世界大同"和"天下为公"的理想目标紧密结合起来,把马克思主义关于全人类解放的伟大目标与实现劳苦大众翻身解放的现实需要紧密地结合起来,从而契合了当时社会的大众心理。比如在五四运动后,随着各地共产主义小组的纷纷建立,中国共产党的缔造者们身体力行,深入工人工作和斗争的环境当中,体验工人阶级的艰辛和诉求,和工人阶级"打成一片"。他们创办了一批供工人阅读的刊物宣传马克思主义,创建了工人补习组织(如工人补习学校、工友读书会等)向工人介绍阶级意识和马克思主义理论,还派遣优秀党团员深入工人群众之中开展马克思主义理论教育。这些基础工作是从了解社会大众心理,从大众立场出发来进行的马克思主义宣传,社会大众比较容易接受。这样的传播方式,不仅使党组织赢得了广泛的群众基础,群众也获得了坚强的思想和理论武装。

在中国共产党成立以后,在共产国际的指导之下,结合中国的时代背景和社会性质,党组织制定了最高、最低革命纲领作为其奋斗目标,并和中国国民党一起喊出"打倒列强除军阀"的口号。这些主张和措施迎合了那个时代的大众心理,也使马克思主义理论能够迅速地在民众中扎根发芽,并保证了马克思主义政党——中国共产党在第一次国内革命战争的艰难时期能够坚持下去,最后形成星火燎原之势。

在抗日战争时期,当民族矛盾上升到第一位的时候,中国共产党不失时机地提出并坚持抗日民族统一战线政策,联合一切抗日党派、群体和个人为民族解放和国家主权而浴血奋战。在此时期,毛泽东根据时代需要和社会心理,明确提出马克思主义中国化的问题,并将这一理论深入人心。其间,党组织注重加强马克思主义理论的宣传和教育,形成一系列重要文件和决定,建立健全了理论宣传和教育的制度和机构,并成功地开展了延安整风运动,从而开始了一场"普遍的马克思主义的教育运动"和"全党通过批评和自我批评来学习马克思主义"。[①] 整风运动让全体党员意识到将马克思主义基本原理与中国革命实际结合起来的重要性及主观主义、教条主义危害的严重性,提高了党员的理论素养,满足了大众既要抗日救国,又要统一团结的心理,大大推动了马克思主义大众化的进程。

新中国建立以后,随着社会主义改造的进行及向社会主义社会过渡的开始,广大人民期待公平正义的社会主义的实现,马克思主义大众化工作

---

① 《毛泽东文集》(第七卷),人民出版社1999年版,第275页。

也得以继续推进，并成为党的一项政治任务。"在现时，毫无疑义，应该扩大共产主义思想的宣传，加紧马克思列宁主义的学习，没有这种宣传和学习，不但不能引导中国革命到将来的社会主义阶段上去，而且也不能指导现时的民主革命达到胜利。"① 到"文革"爆发前期，马克思主义大众化的工作都是卓有成效的。马列主义、毛泽东思想在宣教者、媒介和接受者之间的运行展现出一幅理想的图景：在自身充分理解掌握马克思主义、真正信仰马克思主义的中国共产党的领导下，利用各种媒介，深入了解人民大众的思想状况、价值追求、认知水平，通过言传身教来教育和影响人民群众，同时充分尊重、发挥广大人民群众的主体性和能动性，激发其内在理论需求，自觉地学习和接受马克思主义。

"文革"时期，马克思主义理论的宣教工作逐渐被"四人帮"反革命集团所掌握，他们在所谓"无产阶级专政下继续革命"理论的错误指导下，大肆推行极"左"思潮，全民活学活用毛泽东思想的运动演变为"在斗争中活学活用毛泽东思想""学习最高指示，执行最高指示，宣传最高指示，捍卫最高指示"的运动，马列主义、毛泽东思想被歪曲，新中国成立17年来马克思主义思想理论教育的正确原则和科学方法被否定。这些做法不仅违反了马克思主义的基本原则，也违反了社会大众心理，因而走向了歧途，带来了灾难性的后果。

新时期，党和国家摆脱了理论和路线上的错误，逐步融入世界，中国马克思主义大众化的工作也在经济全球化和发展社会主义市场经济的大背景下逐步推进。新时期的大众心理表现为：普遍讲实用、讲效率、重效果。因此，马克思主义大众化工作必须切合这一心理和实践诉求，党组织为此号召："把学习理论同研究解决人民最关心最直接最现实的利益问题、本地区本部门改革发展稳定的重大问题、党的建设突出问题结合起来。"② 此即邓小平所谓"学马列要精，要管用"的真谛。

从马克思主义大众化在中国推进的接近100年的历程看，只有符合不同时代不同的民众心理，马克思主义大众化的工作才能得到切实推进，取得实效，也才能将马克思主义在中国革命和建设过程中发挥的作用提升到最高程度，并让整个世界认识到其重要性，并尊重其在人类发展史上不可

---

① 《毛泽东选集》（第二卷），人民出版社1991年版，第706页。
② 《中共中央关于加强和改进新形势下党的建设若干重大问题的决定》，人民出版社2009年版，第12页。

动摇的价值理性。

(二) 马克思主义大众化需要满足不同时代民众的理论需要

马克思主义作为我国社会主流意识形态,以及"立党立国的根本指导思想"①,它要实现大众化,就必须适合大众的需要,这一需要既包括理论需要,也包括现实需要。

马克思曾指出:"批判的武器当然不能代替武器的批判,物质力量只能用物质力量来摧毁;但是理论一经掌握群众,也会变成物质力量。理论只要说服人,就能掌握群众;而理论只要彻底,就能说服人。"②马克思主义从来就不是书斋里的学问,而是人民群众实践经验的科学总结,是人们认识世界、改造世界的强大思想武器,只有被广大人民群众所理解、所掌握,才能转化为强大的物质力量,在实践中发挥应有的作用。胡锦涛为此指出,我们的理论研究和理论宣传,必须从实际出发,实事求是地回答实践提出的问题,回答得越清楚、越透彻、越有说服力,它的作用就越大,也越易于使人们认识到理论的正确和学习的必要。因此,马克思主义大众化的时代需要,首先是理论满足大众心理的需要。这种理论的概括和深入人心得益于党在不同历史时期的杰出理论家对之的提炼和升华。这些理论家正如毛泽东所言:"能够依据马克思列宁主义的立场、观点和方法,正确地解释历史中和革命中所发生的实际问题,能够在中国的经济、政治、军事、文化种种问题上给予科学的解释,给予理论的说明。"毛泽东还指出:"假如要作这样的理论家,那就要能够真正领会马克思列宁主义的实质,真正领会马克思列宁主义的立场、观点和方法,真正领会列宁斯大林关于殖民地革命和中国革命的学说,并且应用了它去深刻地、科学地分析中国的实际问题,找出它的发展规律,这样才是我们真正需要的理论家。"③ 显然,毛泽东认为这样的理论家才能提出符合中国革命和社会发展实际需要的理论,并能将这些理论有效地传输给大众,满足大众的期许。

在马克思主义大众化的过程中,其理论一直能够满足各个时期的时代需要,不仅推动了社会的发展进步,也促进了马克思主义大众化的顺利推

---

① 《中共中央关于加强和改进新形势下党的建设若干重大问题的决定》,人民出版社2009年版,第10页。
② 《马克思恩格斯选集》(第一卷),人民出版社1995年版,第9页。
③ 《毛泽东选集》(第三卷),人民出版社1991年版,第814页。

进。革命时期,马克思主义理论满足了社会大众反帝反封建斗争和民族独立、国家富强的理论需要,从而推动了中国人民在共产党的领导之下,通过28年的艰辛努力,完成了近代中国的两大历史任务;新中国建立后,马克思主义满足了社会大众渴望走向公平富裕的社会主义道路的理论需要,克服重重困难和挫折,解决理论遭到扭曲的问题,并最终迎来转机,实现了"实践是检验真理的唯一标准"的真理回归;在新的历史时期,马克思主义不断地实现其理论自身的创新,并以开放的体系吸收人类文明的一切成果,确立了社会大众对于当代中国马克思主义大众化的最本质、最真实、最实际的需求,也即是:人民需要的是能够顺应时代发展、把握时代脉搏、回答时代课题、具有时代气息的理论;需要的是能够以正在做的事情为中心,不断给人民带来最真实的利益福祉的理论;需要的是能够贴近大众生存发展实际、贴近大众思想认识实际、贴近大众学习生活实际,真正说出人民心里话的理论;需要的是能够成为人民精神世界的坐标和成功实践的指南的理论。

当今中国科学发展中的许多重大理论问题仍亟待回答,在当前经济体制、社会结构和利益关系深刻变革调整的背景下,各种矛盾相互交织,人们思想问题不断增多,关注热点和难点问题,做好解疑释惑的工作更具特殊意义。理论大众化的程度,取决于其不断创新的过程,取决于百姓所关注的问题从理论上得到解答的程度,取决于理论满足大众需求的程度。在不断发展的中国特色社会主义实践中,我们仍需要回答诸如怎么看我国发展不平衡、怎么看就业难、怎么看看病难、怎么看教育公平、怎么看房价过高、怎么看分配不公、怎么看腐败现象等人们集中关注的热点和难点问题。

在中共十七大报告中,胡锦涛指出,"改革开放以来我们取得一切成绩和进步的根本原因,归结起来就是:开辟了中国特色社会主义道路,形成了中国特色社会主义理论体系。""在当代中国,坚持中国特色社会主义理论体系,就是真正坚持马克思主义。"因此,推动中国特色社会主义理论体系大众化就成为目前中国共产党推动马克思主义大众化,进一步巩固与增强中国共产党执政合法性的时代要求。

(三)马克思主义大众化需要满足不同时代民众的现实需要

马克思主义作为斗争的理论,作为解放全人类的理论,从来不会回避人民大众的现实利益诉求。相反,只有满足社会大众的现实需要,解决其后顾之忧,才能吸引大众投身到崇高的为人类解放而进行的革命和建设之中,也才能增强马克思主义理论本身的吸引力,推动其大众化的进程。邓小平早在1978年的《解放思想,实事求是,团结一致向前看》的讲话中就明确指出:"革命精神是非常宝贵的,没有革命精神就没有革命行动。但是,革命是在物质利益的基础上产生的,如果只讲牺牲精神,不讲物质利益,那就是唯心论。"①

在革命斗争阶段,面对军阀割据、外敌入侵、民不聊生的局面,中共党组织根据马克思主义的理论,结合中国的革命实践,创造性地在广大乡村社会开展"打土豪,分田地"的土地革命斗争,从带领人民大众翻身做主人出发,引领其走向革命道路。历史事实证明,土地革命保障了农民群众的基本生存需要,从而也保障了中国革命源源不断的人力、物力补给,中国共产党的这一策略符合人心,顺应历史大势,这成为中国革命胜利的根本因素。

在新中国成立时期,党组织在巩固自己政权的同时,带领群众在解决温饱的基础上轰轰烈烈建设社会主义,期盼以此实现共产主义的美好理想。虽然,这一实践因为超越历史阶段而最终没能获得成功,但中国共产党以此纠正了建设的不足,开始脚踏实地,从解决全体人民衣食住行的难题出发,逐步实现小康社会理想,稳步发展到现代化水平。在这一过程中的曲折反复,恰恰是某些时候没有照顾到社会大众的现实需要,提出了过高而又超出现实的理想造成的。新时代,为了更好地促进马克思主义大众化,则需要从各个方面着手,来满足社会大众的现实需要。

首先,着力加强公共权力的监督和制约,规范公共权力行使的方式和规范,确保党和政府及其领导干部权为民所用,情为民所系,利为民所谋,以这些切实可靠的行动引导人民大众去认同、去接受当代中国马克思主义。

当代中国马克思主义,是以邓小平理论、"三个代表"重要思想以及科学发展观等重大战略思想为主体的中国特色社会主义理论体系,其基本内容是:立足社会主义初级阶段的基本国情,坚持改革高度集中的计划经济体制,建立富有生机和活力的社会主义市场经济体制,大力发展生产力,逐步解决人民群众日益增长的物质文化需要和落后的社会生产力之间的矛盾,同时,坚定不移地坚持公有制为主体、多种所有制经济共同发展的基本经济制度和按劳分配为主体,多种分配方式并存的分配制度;大力

---

① 《邓小平文选》(第二卷),人民出版社1994年版,第16页。

发展社会主义民主，健全社会主义法制，保障和尊重人权，切实保证广大人民群众当家作主；大力发展社会主义先进文化，加强社会主义核心价值体系建设，不断丰富社会主义先进文化的内容和形式，满足和提升广大人民群众日益丰富的精神需求；着力建设社会主义和谐社会，以保障民生、改善民生为核心，加强社会建设，改进公共管理。

当代中国马克思主义的核心和价值追求，就是在中国共产党的领导下，坚定不移地推进改革开放，实施科教兴国和创新国家战略，努力贯彻"解放生产力，发展生产力，消灭剥削，消除两极分化，最终达到共同富裕"[①] 的社会主义本质，要使这一为绝大多数人谋利益的科学理论为广大人民群众所接受并转化为行动的指南，却不仅仅需要理论宣传工作的深入，尤其需要加强公共权力的监督和制约，保证党和政府及其各级领导干部在决策和工作中严格地规范公共权力行使，勤政为民，廉政为民，保证改革开放的社会成果惠及全体人民。只有这样，广大人民群众才能从生动的现实中体会到当代中国马克思主义与自己切身利益的深刻内在关联，产生美好的生活预期，这是广大人民群众逐步认同、信服当代中国马克思主义的根本所在。

现阶段，当代中国马克思主义大众化面临的严峻挑战之一，就是社会公众对当代中国马克思主义不甚关注，甚至持怀疑态度的情况不同程度地存在。导致这种情况的原因是党和国家的"惠民"方针和政策在实施过程中不同程度地被扭曲，一些领导干部滥用权力，贪污腐败，从而影响了大众的信心，破坏了党和政府的形象。在这个层面上，切实规范公共权力的使用，加强廉政建设，切实保证党和政府及其各级领导干部严格按照当代中国马克思主义的内在要求，思广大人民群众之所思，想广大人民群众之所想，急广大人民群众之所急，着力解决事关绝大多数人利益的各种现实问题，赢得广大人民群众的认可和满意，对于推动当代中国马克思主义大众化无疑具有关键性意义。

其次，以科学发展观为统领，保障人民福祉，促进社会和谐进步，并确保人民大众能够不断地从高速增长的经济效益中获益，这将加深大众对当代中国马克思主义的认识和信任。

进入改革开放和现代化建设新时期的 30 多年来，我国的综合国力已经实现了巨大飞跃，经济总量跃居世界第二，产业现代化水平大幅度提

---

① 《邓小平文选》（第三卷），人民出版社 1993 年版，第 373 页。

升、基础设施建设大大加强，国家财政收入大幅度增加，人民生活水平明显提高，教育文化建设蓬勃发展，社会主义本质的优越性得到越来越多的显示和展现，广大人民群众对这一历史进程中逐步形成和发展起来的当代中国马克思主义总体上是认同和接受的。然而，目前我国的社会建设还比较滞后，民生保障和完善与广大人民群众的期待有不小差距，这在客观上影响了大众对当代中国马克思主义的认同和接受。

党和政府必须下决心去改变这一状况。注重加强社会建设，推进社会体制改革，完善社会管理，提高公共服务水平，努力使全体人民学有所教、劳有所得、病有所医、老有所养、居有其宅。还要着眼当前，分层次、有重点地解决困难地区、困难群体问题。在困难地区方面，应特别扶持贫困地区和民族地区教育，建设城乡劳动者平等就业制度，进一步加大覆盖城乡居民的公共卫生服务体系建设；在困难群体方面，尤其应不断健全家庭困难学生资助制度，保障经济困难家庭、进城务工人员子女平等接受义务教育。完善面向所有困难群众的就业援助制度，完善和落实农民工的有关政策，依法维护劳动者权益。与此同时，还应在经济社会不断发展的基础上，着力推动人的需要向多样性发展，向高层次发展，这是社会主义的价值追求所要求的，也是改善民生的基本含义。

最后，坚持以人为本，实现好、维护好、发展好最广大人民群众的根本利益，让人民群众活得更有尊严，从而努力推进人的全面发展。这既符合当代中国党和国家努力建设的目标，也符合马克思主义最终要解放"人"本身的要义，将人从必然王国过渡到自由王国。

中国经济经过30多年的高速发展之后，社会发展的弊端也不断显现。社会阶层的分化和固化问题即是其中的典型。社会阶层的分化来自改革发展过程中"有输家"的发展方式和分配方式，贫富差距拉大，民众不满现状的心态在扩张；社会阶层的固化来自继续改革的动力不足，既得利益集团占据了大量的资源和权利而阻挠改革，拒绝让利，社会流动不畅。前者造成了社会底层的不满和焦虑，后者造成了社会上层的安逸和傲慢，其合力的结果是造成人心不满，泄愤式的群体事件频发。

为此，就要用马克思主义的立场、观点和方法，尤其要用马克思主义中国化的创新理论成果——中国特色社会主义理论体系的基本理论和原则，分析、解决大众最关心、最直接、最现实的利益问题，如公平正义问题、合理分配问题、打破垄断问题、社会流动问题和社会沟通问题等。

具体而言，在收入分配领域，应兼顾效率与公平，切实调整国民收入分配格局，扭转收入分配不公平的状况，逐步提高居民收入在国民收入分配中的比重以及劳动报酬在初次分配中的比重；深化垄断行业收入分配制度改革，切实扭转垄断行业收入畸高的突出问题；进一步规范收入分配秩序，保护合法收入，调节过高收入，取缔非法收入，稳步推进共同富裕。在社会保障领域，应突出农村养老保险制度建设，加强社会保障基金监管，健全廉租住房制度。在社会管理领域，应进一步健全基层社会管理体制，遏制重特大安全事故，完善突发事件应急管理机制，健全社会治安防控体系。在公平正义的问题上，要加强法制建设和道德教育，从制度上确保分配的公平，在道德上引领社会正义；在社会流动上，政府要着力解决由于垄断而造成的大面积社会积怨，给年轻人和基层民众以上升的渠道和改变命运的机会；在社会沟通问题上，政府要想方设法疏通上下沟通渠道，给基层民众表达的机会和解决问题的方案，而不是尽量将矛盾控制在基层。最根本的落脚点是要让人民大众尽量公平地分享改革开放以来经济发展的成果，而且让其切实参与到社会管理当中。

恩格斯曾很自豪地说："我们党有个很大的优点，就是有一个新的科学的观点作为理论的基础。"① 当然，"马克思的整个世界观不是教条，而是方法。它提供的不是现成的教条，而是进一步研究的出发点和供这种研究使用的方法"②。随着社会主义运动在不同国家的横向展开和纵向发展，马克思主义必然在实践中增添新的内容。马克思主义要在不同国家展现真理的光芒，就必须本国化和时代化。因此，马克思主义政党推动马克思主义大众化、获取广泛精神认同的理论前提，就是要推动马克思主义本国化和时代化，用不断发展着的马克思主义武装和教育广大人民群众。只有这样，才能回应时代和实践的挑战，才能赢得广大人民群众的拥护和支持，才能真正彰显马克思主义现时代的伟大生命力。由此可见，与时俱进，不仅是马克思主义大众化的应有之义，也是中国共产党和中国政府践行马克思主义，并将之应用于真正为大众谋福利，体现社会主义制度优越性的不二选择，这更是中国特色社会主义旗帜能够在中国屹立不倒，中国共产党始终能够最大程度发挥马克思主义价值真理的最佳解读。

---

① 《马克思恩格斯选集》（第二卷），人民出版社1995年版，第39页。
② 《马克思恩格斯全集》（第39卷），人民出版社1975年版，第406页。

三、对话与大众化：在对立斗争中推进马克思主义大众化

马克思主义作为一种科学的理论体系，也是开放的体系，是一个不断完善的过程。因此，在马克思主义早期传播的过程中，曾遇到过阻力和反对，而恰恰是这些阻力，甚至是一个争论，反而彰显了马克思主义的科学理念和学理价值，加速了其大众化的进程。这里将以20世纪初期影响颇大的"问题与主义"之争来讨论争论与反对意见对马克思主义大众化的推进，试图以解剖的方式来讨论马克思主义大众化的一个历史经验。

（一）马克思主义早期传播中的论争与大众化推进

19世纪末20世纪初，随着西学东渐一日千里，国人趋新、趋西，传统文化遭遇寒潮，形形色色的西方思潮、主义广泛流传于中国社会。这是各种"主义"兴起的时代，也是中国近代历史上一次思想大解放。这一趋势随着五四新文化运动的发生、发展而愈加昂扬，"社会主义"即有几十种，以至于孙中山曾疑惑地说："社会主义有五十七种，不知那一种是真的"。① 一些别有用心的政客也打出社会主义的招牌哗众取宠。如北洋御用政客安福系王揖唐即通过兜售"过激"社会主义来美化军阀统治。面对鱼龙混杂的"主义"冲击，胡适发表了《多研究些问题，少谈些"主义"》一文，指出"一切主义都是某时某地的有心人对于那时那地的社会需要的救济方法"，抽象理论不能取代实际问题，高谈主义不但"没有什么用处"，而且"偏向纸上的'主义'，是很危险的""很容易被无耻政客利用来做种种害人的事"；他要求大家"实地考察中国今日的社会需要""多提出一些问题，少谈一些纸上的主义"。② 胡适的立论受到学界关注并遭到回击。最早是蓝公武的驳斥，之后引来李大钊辩难，再之后又有诸如严复、梁启超、陈独秀、鲁迅、毛泽东、张东荪、戴季陶等人参与讨论，他们各抒己见，很快形成一场有意义的思想争辩。这就是"问题与主义"之争。

"问题与主义"之争发生不久，关于这次争辩的起因、性质、规模及其影响就成了学界聚讼不已的话题。尤其是胡适的立论和李大钊的辩难是

---

① 胡适：《自由主义》，《世界日报》，1948年9月5日。
② 参见胡适：《多研究些问题，少谈些"主义"》，《每周评论》第31号，1919年7月20日。

否是中国思想界的一次大决裂,是否是马克思主义者和反马克思主义者在中国斗争的第一个回合,等等。本意不愿意卷入这些争辩之后的再次争论,而试图另辟蹊径,从学理的角度谈谈"问题与主义"之争和马克思主义大众化之间的关系。

1. "问题与主义"之争:溢出学理范围的学理对话

关于"问题与主义"之争及其影响究竟如何界定,长期以来"百家争鸣",互不相让。但有一点非常明确,就是对于该问题的讨论曾一度被政治因素所干扰,被意识形态因素所左右。即使略去新中国成立初期批判胡适思想时所认定的,是"资产阶级自由主义对马克思主义的恶毒攻击,是思想领域的阶级斗争"的论断外,很长一段时间以来,这一论争仍被一些学者定性为"马克思主义与非马克思主义的争论"①,是一场意识形态领域里的争论,也是新文化领域同人分道扬镳的一次决裂。② 其争辩"在本质上还是意识形态内在规定性的冲突",由暗而明的争辩其实是"改良"与"革命"的对立。③

近年来,学术界对上述判断的商榷开始增多。更多学者认为这一争辩固然有政争的意味,但更应该说成是学理的争辩:"很难说当年的论争就是胡适与马克思主义者的冲突,除政治意义外,'问题与主义'之争尚有更深远的学术思想文化意义。"④ 这场争辩使人们能对"主义"建立起必要的理性,"从这个意义上说,这场讨论应该成为五四思想启蒙的重要组

---

① 有关这方面的论述参见陈哲夫、江荣海、吴丕:《二十世纪中国思想史》(上),山东人民出版社 2002 年版;萧超然:《北京大学与五四运动》,北京大学出版社 1995 年版。

② 有关这方面的论述参见小田、季进:《胡适传》,团结出版社 1999 年版;桑逢康:《胡适在北大》,文化艺术出版社 2007 年版。有趣的是,按照胡适的表述,这一次分道扬镳不是胡适和新文化阵营其他干将的分道扬镳,乃是陈独秀与"北大同人分道扬镳"。见胡适口述,唐德刚译注:《胡适口述自传》,广西师范大学出版社 2005 年版,第 186 页。

③ 参见张宝明:《"问题"与"主义":两种思想谱系的历史演绎——从知识社会学的视角看〈新青年〉和〈每周评论〉的衔接》,《南京大学学报》(哲学·人文科学·社会科学)2004 年第 2 期。

④ 袁刚、陈雪嵩、杨先哲:《"问题与主义"之争九十年回顾与思考》,《学术探索》,2009 年第 3 期。

成部分"①。甚至有学者以胡适和陈独秀、李大钊在"问题与主义"之争后仍是好朋友,甚至保持了终生的友谊而认为他们之间当初的争辩范围是有限的、平静的、学术的,甚至当时双方还是同盟者。②

的确,"问题与主义"之争发生的时候,中国共产党还没有成立,陈独秀还没有信奉马克思主义。③李大钊虽然在十月革命后开始宣传马克思主义,并且已经成为一名马克思主义者,但他的宣传研究更多的还是一种学术层面的认同,没有上升到具体的革命实践领域。争辩的双方既不反对"主义",也不反对"问题",只是各有侧重。在胡适看来,"主义"是为解决"问题"服务的,否则它便失去了意义;在李大钊等人看来,没有"主义"的指导就不能根本解决中国社会存在的亟待解决的现实问题。显然,当年双方的争辩表现于学理的歧见超越了政治的分野。更何况当"问题与主义"之争开始时,虽然李大钊等从事科学马克思主义的传播和介绍,但谈论社会主义的主要还是无政府主义者、国民党人、进步党人和社会党人。④胡适最初言辞所向也旨在谴责王揖唐等政客利用好听的"社会主义"来蛊惑民心。⑤

由于新中国建立后两岸的政治对立,以及大陆对胡适思想的批判,使原本的学理争辩很快变了味道,包括胡适本人晚年也持如此看法:"马克

---

① 侯且岸:《关于"问题与主义"之公案的历史还原》,载《中国特色社会主义研究》,2006年第6期。

② 美国学者格里德曾指出:"与第一个宣布他对马克思主义忠诚的李大钊,胡适始终保持着亲密的,富有感情的友谊,直到1927年李被处死。"参见[美]格里德:《胡适与中国的文艺复兴:中国革命中的自由主义(1917—1937)》,江苏人民出版社1993年版,第203页。胡绳也指出这一争辩更多的是一种朋友之间的争论,都是为了反对封建主义旧思想、旧势力的争论。参见"从五四运动到人民共和国成立"课题组:《胡绳论"从五四运动到人民共和国成立"》,社会科学文献出版社2001年版,第18页。

③ 胡适曾说1919年的陈独秀"还没有相信马克思主义"。确实,陈独秀在回答一名读者对社会主义的询问信中就言简意赅地说:"社会主义,理想甚高,学派亦甚复杂,中国似可缓于欧洲。因产业未兴,兼并未盛行也。"可见,1917年的陈独秀还不是一个马克思主义者。参见陈独秀:《答褚葆衡》,《新青年》1917年2卷5号,1917年1月1日。

④ 参见李林:《还"问题与主义"之争本来面目》,香港《二十一世纪》总第8期。

⑤ 罗志田就指出:"他的最初目的,显然是要与王辑唐的'社会主义'划清界限。仔细阅读胡适那几篇文章,可以发现他攻击的目标主要是安福系。"参见罗志田:《再造文明之梦:胡适传》,四川人民出版社1995年版,第262页。

思主义者和共产党却认为我这篇文章十分乖谬,而对我难忘旧恨。三十多年过去了,中国共产党也在中国大陆当权了,乃重翻旧案,发动了大规模运动来清算我的思想。"① 并把这场争辩看成是他"同马克思主义者冲突的第一个回合"②。显然,胡适刻意渲染了当初双方论争的政治意义。

历史发展超出了多数人的想象。回过头来,对历史的认识和分析又掺杂了后人太多的政治意识的过度诠释,使这一争辩超越了学理范围,上升到意识形态领域了。正如有学者指出的那样:"在'五四'之后,中共党内知识分子不仅根据政治思想立场和革命时代的需要来阐释'问题与主义'的原始发生史,而且在新中国成立后进一步对'问题与主义'作了追加性的评判。"这一评判"适应了不同阶段政治形势和革命任务的需要,充分体现了20世纪上半叶中国革命的风云变幻,昭示了剧烈的时代变迁,也折射着中国社会政治思潮的涨落"③。

"问题与主义"这一学理争辩被后人及当事人后来做政治化渲染的背后,乃是一种历史潜流的显现,也即是五四时期知识分子"寻找新思想"以解决中国面临的实际问题的努力和激情。④ 这一冲动推动着当初学理争辩的双方按照各自的理想进行社会实践,首先在思想上,继而在行动上的裂痕与日俱增,以致在以后的年代里产生了巨大分裂,当年的学理性研究发生了政治性的严肃意义。此后,胡适虽以独立知识分子自居,但和政治发生了越来越多的关系;陈独秀、李大钊则根据马克思主义的精神在中国开始了革命的实践,要根本解决中国社会问题。他们不仅创立了共产党,

---

① 胡适口述,唐德刚译注:《胡适口述自传》,广西师范大学出版社2005年版,第193页。

② 胡适口述,唐德刚译注:《胡适口述自传》,广西师范大学出版社2005年版,第189页。三年后,胡适曾回顾说当时挑起这个讨论,一方面是安福部极盛、国内政局混乱,另一方面乃是新知识分子闭口不谈具体的政治问题,却高谈什么无政府主义与马克思主义。参见胡适:《我的歧路》,《努力周刊》第7号,1922年6月18日。

③ 张艳:《对五四时期"问题与主义"之争历史阐释的学术解读》,《中共党史研究》,2010年第5期。

④ 美国学者史华兹、唐德刚等有这样的观点:"纵是五四时期有名的'守旧派',也不是完全生活在传统中国里的人,或是预备以传统来做他们防御武器的。"换言之,纵是最守旧的反对派,对旧传统也不是无条件地去"守"了,那时的任何中国知识分子,都主张提倡或多或少的新思想,来代替被所谓"儒家"所滥用的旧思想。参见胡适口述,唐德刚译注:《胡适口述自传》,广西师范大学出版社2005年版,第195页。

推动了马克思主义大众化,还点燃了中国革命的熊熊烈火。最终,他们的后继者将马克思主义的理论学说应用于中国革命的具体环境,取得了巨大的胜利,埋葬了国民党政府。毛泽东曾对这一分化有深刻的分析:"五四运动的发展,分成了两个潮流。一部分人继承了五四运动的科学和民主的精神,并在马克思主义的基础上加以改造,这就是共产党人和若干党外马克思主义者所做的工作。另一部分人则走到资产阶级的道路上去,是形式主义向右的发展。"① "问题与主义"之争的学理歧见,演变成了政治思想的歧路,进而转变成了政治行动的分野,并使"主义"一方完成了从书生到革命家的蜕变。

2. 矢志不渝:马克思主义大众化的正面推进

"问题与主义"之争规模不大,时间不长,参与的人也不算多,但这次争辩却从多方面直接推动了中国马克思主义大众化的进程。

首先,"主义"派吸收了"问题"派的许多有益观点,促进了自身马克思主义观点的成熟,开始了马克思主义大众化的具体实践。"问题与主义"之争发生时,"主义"派还没有进入具体的革命实践阶段,但通过这次争辩,早期马克思主义者认识到自身的不足,并从"问题"派身上吸取了许多优点,从实际问题着手,开始了马克思主义大众化的具体进程,以及对中国革命事业艰辛而曲折的探索实践。有学者就曾指出,从"问题与主义"之争几年后的反应来看,在最初的争辩后,双方都曾向对方表示善意,而马克思主义者一方似更明显;胡适的主张不时得到呼应,其中包括一些共产党人。②

此后,马克思主义者开始倾向于关注中国实际问题,并对马克思主义中国化问题和大众化工作进行了最初的探索。李大钊认为任何"主义"都有理想与实用两方面:"我们要想解决一个问题,应设法使他成了社会上多数人共同的问题。要想使一个社会问题,成了社会上多数人共同的问题,应该使这社会上可以共同解决这个那个社会问题的多数人,先有一个共同趋向的理想、主义。""所以我们的社会运动,一方面固然要研究实际的问题,一方面也要宣传理想的主义。这是交相为用的,这是并行不

---

① 《毛泽东选集》(第三卷),人民出版社2008年版,第832页。
② 参见罗志田:《外来主义与中国国情:"问题与主义"之争再认识之三》,《南京大学学报》(哲学·人文科学·社会科学),2005年第2期。

悖的。"①

陈独秀根据胡适的某些观点，开始了马克思主义大众化的具体工作。陈独秀认为，"我们改造社会，是要在实际上把他的弊病一点一滴、一椿一件、一层一层渐渐的消灭去，不是用一个根本改造底方法，能够叫他立时消灭的"②。这和胡适的实验主义观点有某些契合。其后，陈独秀在出席上海码头工人发起的船务栈房工界联合会成立大会上发表《劳动者底觉悟》的演说时，开始向工人宣传马克思主义，并号召他们团结起来为本阶级的利益而奋斗。③

应该说，这次规模不大的"问题与主义"之争，是马克思主义传入中国以后，中国先进知识分子在探索中国出路时的理性思考和价值判断。其争辩的结果，促使早期马克思主义者在理论上更加成熟，在实践上更加积极。他们努力促使马克思主义的大众化，以此推动实践的进程。

其次，"问题与主义"之争在一定程度上加速了"主义"派向马克思主义者转变，为中国马克思主义大众化准备了最早一批理论家和践行者。作为争辩的一方，李大钊虽对俄国布尔什维克主义的介绍稍早，但他对马克思主义的倾向，却是在胡适的文章刊发后才明确表示出来的。④ 经过这次争辩，李大钊的思想更加成熟。他在《再论问题与主义》文中谈道："依马克思的唯物史观，社会上法律、政治、伦理等精神的构造，都是表面的构造。他的下面，有经济的构造作他们一切的基础。经济组织一有变动，他们都跟着变动。换一句话说，就是经济问题的解决，是根本解决。"⑤ 这一论述说明李大钊已经掌握了马克思主义的唯物史观，并开始尝试用它来解释中国的社会问题。

李大钊成为一名真正的马克思主义者，使中国马克思主义大众化有了早期的宣传骨干和组织力量，这对推进马克思主义大众化起到了极为关键的作用。争辩之后，李大钊更注重对马克思主义的研究，并先后发表了《我的马克思主义观》《物质变动与道德变动》《由经济上解释中国近代思

---

① 李大钊：《再论问题与主义》，《每周评论》第35号，1919年8月17日。
② 任建树、张统模、吴信忠编：《陈独秀著作选》（第二卷），上海人民出版社1993年版，第193页。
③ 参见陈独秀：《劳动者底觉悟》，《新青年》第7卷第1号，1920年5月1日。
④ 参见罗志田：《因相近而区分"问题与主义"之争再认识之一》，《近代史研究》，2005年第3期。
⑤ 李大钊：《再论问题与主义》，《每周评论》第35号，1919年8月17日。

想变动的原因》《唯物史观在现代史学上的价值》《中国的社会主义与世界的资本主义》等文章，其对马克思主义的理解和研究更加深入和宽泛。从某种意义上说，这些进一步的学理思考和创作灵感源于"问题与主义"之争。此后，李大钊对马克思主义大众化的推进已经迈入实践领域，"誓向实际的方面去作"①。他发表了一系列文章，如《面包运动》《妇女解放与Democracy》《妨害治安》《出卖官吏——蹂躏人格》《被裁的兵士》《"用民主义"》《青年厌世自杀问题》《五一纪念日于现在中国劳动界的意义》。这些文章的发表和问题的提出，表现了李大钊务实的态度和积极参与讨论解决中国社会存在的具体问题的趋向，并期望通过具体问题的解决，将马克思主义的观点方法应用于实际，从而达到马克思主义大众化的目的。1919年5月，李大钊在《新青年》杂志设立马克思主义专号，广泛宣传和介绍马克思主义。1920年初，在李大钊的主导下，北京大学成立了马克思学说研究会，组织翻译马克思的著作，推介马克思主义。

正是基于李大钊的研究和宣传，马克思主义在中国的影响迅速扩大。俄国十月革命之后的一段时期，在西方舆论的诱导和北洋政府的压制下，中国国内报刊普遍以"暴烈党""激烈党""过激派"等字眼形容列宁领导的布尔什维克党，以至于布尔什维克究竟是什么样的主义，"十个人之中恐没有一个能够明白"②，这一状况在李大钊的努力下得到了很大的改观。

"问题与主义"之争的另一成果乃是陈独秀转向马克思主义。"问题与主义"之争发生时，陈因身陷囹圄而没有直接参与论战，他当时的立场显然是"中立偏胡"的。③ 只是在陈独秀出狱之后，经过重新思考，他很快转变了态度。在《主义与努力》一文中，陈独秀对"主义"的重要性进行解说，算是对"问题与主义"之争做了一个总结。陈指出，研究问题固然重要，宣传主义更是必需，仅"把主义挂在口上"尚不算数，重要的是凭借一个主义去"努力"进行。该文还特别批评了"一班妄人"主张办实事，"不要谈什么主义制度"的谬论。④ 这无疑是对"问题"派

---

① 李大钊：《再论问题与主义》，《每周评论》第35号，1919年8月17日。
② 慰慈：《俄国的新宪法》，《每周评论》第28号，1919年6月29日。
③ 参见董德福、史云波：《陈独秀和"问题与主义"之争》，《安徽史学》，2002年第4期。
④ 陈独秀：《主义与努力》，《新青年》第8卷第4号，1920年11月1日。

治标而不治本的改良主义主张的一个批判性回应。其后，陈独秀又发表了一系列的论文，如《社会主义批评》《妇女问题与社会主义》《马克思学说》《答区声白的信》等，都显示出了较高的马克思主义理论水准。陈独秀以其在青年中的广泛影响和科学的理论观点给了迷茫中的青年以切实的思想指导，加速了马克思主义大众化的进程。1923年，陈独秀又以马克思主义者的姿态介入"科玄论战"之中，进一步推动了中国马克思主义的大众化。此后，陈独秀很快从理论宣传层面，转入以马克思主义为指导的革命的实践中，开始通过暴力革命方式根本改造中国社会。陈独秀成为彻底的马克思主义者，是"问题与主义"之争的巨大成果。

再次，"问题与主义"之争的双方揭露冒牌"主义"，直接宣扬了科学的马克思主义，推动了马克思主义的大众化。胡适在挑起争辩的《多研究些问题，少谈些"主义"》一文中首先指出："马克思的社会主义和王揖唐的社会主义不同。你的社会主义和我的社会主义不同。""你谈你的社会主义，我谈我的社会主义，王揖唐又谈他的社会主义，同用一个名词，中间也许隔开七八个世纪，也许隔开两三万里路，然而你和我和王揖唐都可自称社会主义家，都可用这一个抽象名词来骗人。"① 胡适旨在揭露冒牌"主义"的言辞，无疑反衬出科学主义的价值。同样，李大钊在《再论问题与主义》一文中也用了相当篇幅指责王揖唐等冒牌的"主义"，认为"这种假冒招牌的现象，讨厌诚然讨厌，危险诚然危险，淆乱真实也诚然淆乱真实"，需要真正的"主义"来抵制冒牌的"主义"。他说："我们又何能因为安福派也来讲社会主义，就停止了我们正义的宣传。因为有了假冒牌号的人，我们愈发应该一面宣传我们的主义，一面就种种问题研究实用的方法，好去本着主义作实际的运动。免得阿猫、阿狗、鹦鹉、留声机来混我们骗大家。"②

论争双方对冒牌"主义"的批判，无疑唤醒了人们对真正"主义"的关注。那么，李大钊选择和宣传的"主义"是什么呢？他说："我可以自白，我是喜欢谈谈布尔扎维主义的。""不过我总觉得布尔扎维主义的流行，实在是世界文化上的一大变动。我们应该研究他，介绍他，把他的实象昭布在人类社会，不可一味听信人家为他们造的谣言，就拿凶暴残忍

---

① 胡适：《多研究些问题，少谈些"主义"》，《每周评论》第31号，1919年7月20日。
② 李大钊：《再论问题与主义》，《每周评论》第35号，1919年8月17日。

的话抹煞他们的一切。"① 李大钊的"自白",显然有为马克思主义正名的意味。在马克思主义刚刚在中国传播不久,多数民众还不清晰马克思主义为何物的时代,李大钊的解释在很大程度上宣传了马克思主义。"问题"派的胡适在《四论问题与主义》一文中也多次提到"马克斯"和"马克斯主义",并部分地指出马克思主义的进步性:"马克斯主义的两个重要部分:一是唯物的历史观,一是阶级竞争学说。唯物的历史观,指出物质文明与经济组织在人类进化社会史上的重要,在史学上开一个新纪元,替社会学开无数门径,替政治学说开许多生路。"② 尽管胡适从反面立论,但他对世界范围内都相当吃香的社会主义也不能拒斥,甚至曾"确信社会主义是新时代的世界发展趋势"③。争论双方的论辩事实上都在一定程度上加速了中国马克思主义大众化的进程。正如有学者所指出的那样:"论争双方通过批判种种冒牌'主义',使马克思主义从众多的'主义'之中脱颖而出,为马克思主义中国化引入了一个最基本的要素,引来了国人对马克思主义的更多关注,为马克思主义的宣传奠定了基础。"④

最后,"问题与主义"之争的双方将争辩放在学理范畴之内,并通过自由、平等、开放、包容的形式百家争鸣,将救国拯民变成多数人的事情,将"主义"的传播变成社会各界的自由、自愿选择,这从根本上加速了中国马克思主义大众化的进程。一种思想要引起社会的广泛关注,就不能囿于一家一派之说,必须让社会不同阶层参与讨论,然后推而广之。这就是李大钊在政治策略上的正确选择。在李大钊看来,只有把马克思主义变成"社会上多数人"的"共同趋向的理想、主义",中国社会问题才能得到根本的解决。在《再论问题与主义》一文中,李大钊说:"一个社会问题的解决,必须靠着社会上多数人共同的运动。那么我们要想解决一个问题,应该设法使他成了社会上多数人共同的问题。要想使一个社会问题,成了社会上多数人共同的问题,应该使这社会上可以共同解决这个那个社会问题的多数人,先有一个共同趋向的理想、主义,作他们实验自己

---

① 李大钊:《再论问题与主义》,《每周评论》第 35 号,1919 年 8 月 17 日。
② 胡适:《四论问题与主义》,《每周评论》第 37 号,1919 年 8 月 31 日。
③ 罗志田:《再造文明的尝试:胡适传(1891—1929)》,中华书局 2006 年版,第 243 页。
④ 张治银:《"问题与主义"之争在马克思主义中国化中的影响》,《世纪桥》,2008 年第 9 期。

生活上满意不满意的尺度（即是一种工具）。"① 于是，作为《新青年》第六卷主编的李大钊，在马克思研究专号上发表了七篇介绍马克思的文章，而其作者则来自不同的政治派系，如顾孟余属于孙中山一派人物，黄凌霜则是无政府主义者，陈溥贤是改良派所办的《晨报》的重要撰稿人，刘秉林也是个改良主义者，还有李大钊本人。

李大钊敢于将不同派别和观点的人物的思想拿出来共同讨论，足见其对马克思主义在中国传播和获得认可的信心，也反映出李大钊希望将马克思主义放到整个中国知识界去讨论、去引起关注的策略。瞿秋白即谓："社会主义在中国无疑正在成为很受欢迎的研究对象。"② 有的学者在分析这一现象时认为，不同价值取向的知识分子"几乎同时谈论马克思主义或对之感兴趣，当然不能看成是一种巧合，甚至也不能看成主编者李大钊的功劳，它反映了一种客观的趋势，这也是历史的必然。可以说，马克思主义在中国传播的历史，就是以这种特殊的形式拉开帷幕的"③。这种特殊的形式，就是社会广泛参与、互相包容的共同讨论，这种自由、平等的讨论氛围，无疑为马克思主义大众化提供了良好的环境。可以说，"五四"前后马克思主义在中国的大众化，是不同政治取向和价值取向的知识分子"历史合力"作用的结果，这也是"问题与主义"之争双方所坚持的立场。这一立场成为五四时期一大批立志改造中国社会的知识分子最终抛弃无政府主义和改良主义，选择马克思主义的思想渊源和价值动力。

3. 种豆得瓜：马克思主义大众化的另一种途径

作为"问题与主义"之争的一方——李大钊、陈独秀等人正面地推进了中国马克思主义的大众化，作为争论的另一方——胡适及其所代表的"问题"派也客观地促进了马克思主义在知识分子当中的传播。在胡适等自由主义者提出"多研究些问题"建议后不久的20世纪20年代，许多社会主义者及其追随者，开始走向工人和农民中去研究他们的生活状况，而自由主义者却很少参加社会调查和劳工活动，而是倾向于从事考据之类

---

① 李大钊：《再论问题与主义》，《每周评论》第35号，1919年8月17日。
② 《社会主义运动在中国》（一九二一年），《瞿秋白文集·政治理论编》（第一卷），人民出版社1995年版，第294页。
③ 《社会主义思想在中国的传播》编写组编：《社会主义思想在中国的传播（资料选辑之一）》（上），1987年版，第36－37页。

的学术工作。① 曾深受胡适影响，而后来成为著名马克思主义者的毛泽东、瞿秋白等人就是代表。

作为中国最早的马克思主义者之一，毛泽东受"问题与主义"之争的影响更多地来自"问题"派。毛泽东与同人在1919年9月1日于长沙创立问题研究会，制订《问题研究会章程》，着手对包括经济、文化、政权、教育、外交、实业等71个大类，大小共140多个问题的研究，毛泽东深受胡适实验主义思想的影响由此可见一斑。恰如其本人所说："《新青年》是有名的新文化运动的杂志，由陈独秀主编。我在师范学校学习的时候，就开始读这个杂志。我非常钦佩胡适和陈独秀的文章。他们代替了已经被我抛弃的梁启超和康有为，一时成为我的楷模。"② 毛泽东直陈自己在思想方面的追求即是"实验主义"。只是，随着毛泽东对问题研究的深入及其实践的碰壁，其思想和胡适的实验主义发生了分离，并最终完成了超越。

毛泽东虽曾提出过需要解决的140多个具体问题，但和胡适主张从具体问题入手找出解决问题的方法不同，他更倾向于通过引进"主义"来发现问题、解决问题，而不是点滴地改良。"问题之研究，需以学理为根据。因此在各种问题研究之先，需为各种主义之研究。"③ 毛泽东开始在政治上重视信仰和旗帜，认定先有主义才能更彻底地解决中国的问题。而在几次"改良主义"之实践碰壁，特别是在湖南自治运动失败后，毛泽东便很快与之彻底决裂。1920年11月25日，毛泽东在给向警予的信中写道："政治改良之一途，可谓绝无希望。吾人惟有不理一切，另辟道路，另造环境之一法。"④ 并且他还强调："从此以后，我越来越相信，只有经过群众行动取得群众政治权力，才能保证有力的改革的实现。"⑤ 这

---

① 参见［美］周策纵：《五四运动：现代中国的思想革命》，周子平等译，江苏人民出版社2005年版，第311页。

② ［美］埃德加·斯诺：《西行漫记》，董东山译，东方出版社2005年版，第139页。

③ 毛泽东：《问题研究会章程》，《北京大学日刊》第467号，1919年10月23日。

④ 《致向警予信》（1920年11月25日），中共中央文献研究室、中共湖南省委《毛泽东早期文稿》编辑组编：《毛泽东早期文稿（一九一二年六月——一九二〇年十一月）》，湖南人民出版社2008年版，第584页。

⑤ ［美］埃德加·斯诺：《西行漫记》，董东山译，东方出版社2005年版，第146–147页。

种历经实践失败之后的认识,不仅深化了毛泽东对胡适"问题观"与改良思想的反思和歧见,也最终推进其对马克思主义实践观和革命观的接受。此后,毛泽东将他的理想应用于实际。从1920年起,毛泽东在长沙通过马克思主义研究会、俄罗斯研究会等,致力于研究和宣扬社会主义、马克思主义,并与蔡和森等一起组织对各种假社会主义思想的批判,从而确立了马克思主义在湖南思想界的主导地位。这不仅为中国共产党组织在湖南的建立和发展清除了障碍,而且为湖南中共人物群体的形成和成长提供了扎实的理论基础。正是在毛泽东、蔡和森等人的努力下,湖南成为马克思主义传播最早、影响最大、马克思主义者人数最多的省份之一。

后来的马克思主义者瞿秋白也曾深受胡适"问题观"及其实验主义的影响。他一度认为中国宗法社会因受国际资本主义的侵蚀而动摇,要求一种新的宇宙观、人生观,才能适应中国所处的环境,而实验主义哲学"刚刚能用它的积极方面来满足这种需要"①;整个世界思想文化进化史恰好经历了神学时代、形而上学时代和当前的实验(主义)哲学时代。② 显然,瞿秋白不仅认为实验主义在中国的广泛流传是一种必然现象,而且将它作为一种新权威式的指导思想和价值符号来加以推介。同样,经历了思想急剧变化的过渡阶段,尤其是在如火如荼的社会运动和实践中,瞿秋白很快抛弃了以往他那"孤寂的生活"和"抱着不可思议的'热烈'参与学生运动",并指责"实验主义的特性就在于否定一切理论的确定价值";"实验主义的重要观念在于利益",而马克思主义所注意的是"科学的真理,而并非利益的真理"③。从而开始接收并传播马克思主义,完成了从实验主义的思考到马克思主义传播的过渡。此后,瞿秋白更是大力歌颂社会主义革命,认为只有革命,方能缩短"'社会主义婴儿'诞生时间而减少其痛苦"④。

很长一段时间以来,作为反对马克思主义而受批判的胡适,也曾对中国马克思主义大众化起到了很大的推动作用。一方面在"问题与主义"之争中,"胡适和李大钊的相关言论在一段时间里共同成为年轻一辈的思想资源",渐已明确其身份认同的中国马克思主义者中的不少人,多少分

---

① 瞿秋白:《实验主义与革命哲学》,《新青年》季刊第3期,1924年8月1日。
② 参见瞿秋白:《知识就是赃物》,《新社会》旬刊第7号,1920年1月1日。
③ 瞿秋白:《实验主义与革命哲学》,《新青年》季刊第3期,1924年8月1日。
④ 秋白:《评罗素之社会主义观》,《新青年》季刊第1期,1923年6月1日。

享着胡适的观念。① 毛泽东、瞿秋白就是这方面的卓越代表,这也是这场争论之意义的最大限度发挥;另一方面,胡适在"问题与主义"之争中揭示或作为争辩的结果而彰显的诸如解放思想、不迷信、不盲从、经过实践来求证等道理,历经时间的检验也显得弥足珍贵。以至于余英时认为:"中国大陆上今天喊得最响亮的两个口号——'实事求是''实践是检验真理的唯一标准'——便至少间接地和胡适的思想有渊源。"② 周策纵也得出这样的结论:"从自由主义大师胡适的告诫中得益最多的,实际上却是共产党人。"③ 这样的结果无论如何超过了当年胡适的想象,也超越了胡适发起"问题与主义"之争的初衷。

4. 学理对话与马克思主义大众化

马克思指出:"理论在一个国家实现的程度,总是决定于理论满足这个国家的需要的程度。"④ 在"问题与主义"之争后,"主义"引起了中国社会的空前关注,成了一个时髦的用语。不仅马克思主义者将"主义"理解为引导人们发现问题并最终解决问题的"旗帜",⑤ 甚至激进的国民党人戴季陶也视"主义"为擎起革命的大旗和继续革命的号召。⑥ "主义"兴起是五四新文化运动时期中国社会的现实需要,"问题与主义"之争适逢其会,将之向前大大地推进了一步,促使作为众多"主义"中科学性强而符合中国社会实际的马克思主义持久而有效地传播。梁启超曾感慨:"马克思差不多要和孔子争席。"⑦

其间,社会问题、经济问题、政治问题、意识形态问题、主义旗帜问题在很大程度上都是学理问题。"问题与主义"之争,是自由知识分子的

---

① 参见罗志田:《因相近而区分"问题与主义"之争再认识之一》,《近代史研究》,2005 年第 3 期。

② 余英时:《重寻胡适的历程》,广西师范大学出版社 2004 年版,第 200 页。

③ 袁刚、陈雪嵩、杨先哲:《"问题与主义"之争九十年回顾与思考》,《学术探索》,2009 年第 3 期。

④ 《马克思恩格斯选集》(第一卷),人民出版社 2008 年重印版,第 11 页。

⑤ 参见毛泽东:《致罗璈阶信》(1920 年 11 月 25 日),中共中央文献研究室、中共湖南省委《毛泽东早期文稿》编辑组编:《毛泽东早期文稿(一九一二年六月——一九二〇年十一月)》,湖南人民出版社 2008 年版,第 585 页。

⑥ 参见戴季陶:《致陈竞存论革命的信》,《建设》第 2 卷第 1 号,1920 年 2 月 1 日。

⑦ 梁启超:《五十年中国进化概论》,《饮冰室合集·文集之三十九》,中华书局 1989 年影印版,第 45 页。

自由争辩。争辩发生之时，双方都没有政治利益集团的背景，没有党派的意气成见，而且还是如切如磋的文化同盟者，开诚布公的政见协商者，[①]心态开放而交流自由。双方的争辩在很大程度上有"真理愈辩愈明"色彩，这即是李大钊所谓"自由政治"的精髓："不在以多数强制少数，而在使一问题发生时，人人得以自由公平的态度，为充分的讨论，详确的商榷，求一个共同的认可。"[②] 在这种较高学理涵养论争背后，是各种思想碰撞的火花，以及"铁肩担道义"的知识分子对自己立场的坚守和为自己信奉的"主义"奉献的决心。各种"主义""思潮"也正是在这一时期经过充分的争辩和实践的检验而被历史选择或者遗弃的。这一方面说明了马克思主义学说的科学性；另一方面则表明在开放的争论中，马克思主义更容易为人所接受，更容易大众化。马克思主义的中国化及其大众化是这一争辩的成果，也是这一争辩对中国革命的贡献。

（二）新中国成立初期政治运动中的马克思主义大众化工作

新中国成立初期，马克思主义大众化作为一项最基本的政治任务，具体体现为宣传与普及马列主义和毛泽东思想，系统地开展社会主义和共产主义教育，宣传侧重社会主义、集体主义教育；确立马列主义、毛泽东思想对全党和全社会的指导思想地位，并以此为指导，进行社会主义政治思想、法律思想、文学艺术、哲学等方面的建设，确立马克思主义在意识形态方面的指导地位；加强党对意识形态工作的领导，重视意识形态领域的斗争。"我们要总结经验，发扬成绩，并用各种办法逐步克服工作中的缺点，真正做到在全国范围内和全体规模上来宣传马列主义，用马列主义教育人民，提高全国人民的阶级觉悟和思想水平，为在我国建设社会主义和实现共产主义打下思想基础。"[③]

与此同时，新中国成立后封建思想在全社会仍有较大的影响，尤其是作为文化知识承载者的知识分子的思想状态更加复杂。封建思想、资产阶级思想与马克思主义是根本对立的，清除其影响也是必然的。新中国成立

---

① 胡适第一次写政论文章——《我们的主张》时，因想将此作为一个公开的宣言，于是"半夜脱稿"时打电话与"守常商议"，此时的李大钊已是共产党人，可见此时双方关系仍然非常亲密。参见《胡适日记全编·3》，安徽教育出版社2001年版，第664页。

② 李大钊：《平民主义》，《李大钊选集》，人民出版社1978年版，第413页。

③ 中共中央文献研究室编：《建国以来重要文献选编》（第二册），中央文献出版社1992年版，第292页。

初期，中国共产党开展了一系列的社会改革运动，如土地改革运动、镇压反革命运动、"三反""五反"运动、社会主义教育运动等，社会面貌焕然一新；同时又采取有效措施迅速恢复了国民经济，稳定社会秩序。声势浩大的各项社会政治运动证明了马克思主义运用到中国实际中所产生的强大威力，不仅强化了人民群众对于新生政权的认同，极大提高了中国共产党在全国人民心目中的威望，而且提高了马克思主义在全国人民心目中的威望，使人民群众产生了学习马克思主义的强烈愿望，从而也使得马克思主义易于被人民群众所接受，并转化为他们改造自然与改造社会的自觉实践。

通过新中国成立初期的思想文化批判和马克思主义教育，中国革命和建设的领导阶级工人阶级更加明确自身的历史使命；广大农民是中国社会的最大组成部分，对农民的教育和对错误思想的批判，使其了解党的路线和指导思想，并对自身的伟大力量有了正确的认识；资产阶级与小资产阶级，由于其自身的特点，思想波动大、极易出现摇摆，通过这几次思想文化批判，使他们对本阶级的落后性有了更为深刻的认识，其思想也逐渐转变，认清了形势，看到了自己的缺点。毛泽东十分重视报纸的宣传作用，他曾指出："要充分地利用报纸。办好报纸，把报纸办得引人入胜，在报纸上正确地宣传党的方针政策，通过报纸加强党和群众的联系，这是党的工作中的一项不可小看的、有重大原则意义的问题。"[①] 新中国成立初期，通过思想文化批判，广大党员和群众明确了掌握马列主义和毛泽东思想的重要作用，同时也有力地抵制了敌对势力的进攻，确立了马克思列宁主义、毛泽东思想的指导地位。在与其他非马克思主义思想的冲突和斗争中，马克思主义转化为人民大众的思想观念和价值观念，内化为人民大众自觉的生活方式和行为方式，从而获得社会大众的支持，成为人们言行的指导思想，成为社会大众日常话语的一部分。

新中国成立初期，在马克思主义迅速传播的过程中，各种错误言论、反动思想被无情批判和彻底清除，马克思主义占领思想和文化阵地，马克思主义大众化轰轰烈烈，成效显著。但我们必须认识到，马克思主义大众化始终必须以自由、开放、宽松的社会环境为载体，马克思主义的发展就是从被少数人理解和掌握到被更多人理解和掌握，从在一国传播到扩散至多国的过程，马克思主义大众化永远拒绝闭塞、保守。如果自我封闭，排

---

① 《毛泽东选集》（第四卷），人民出版社1991年版，第1319页。

斥对其他文明成果的广泛吸纳，拒绝同其他思想包括对立思想的对话，这些都与马克思主义本身背道而驰，也与马克思主义大众化南辕北辙。马克思主义大众化的历史告诉我们，只讲斗争、不讲同一，理论的僵化就不可避免。同时我们也必须思考，在曾经长期的"东风""西风"对立思维中、封闭环境中，马克思主义占领意识形态阵地的同时，如何正确对待传统文化和西方文化，如何批判地继承这两种文化。马克思主义大众化对传统文化的摧毁既有势在必行的一方面，但由于对传统文化毫不留情的扫荡而出现偏差已经是不争的事实。对于知识分子，如果一味认定他们身上充满旧社会的气息，只有落后于工农群众的思想觉悟和不断需要改造的世界观，这显然也大大忽视了知识分子在马克思主义大众化过程中发挥的作用，这些马克思主义大众化的深刻教训也应认真总结。

（三）新时期社会分化、思想纷争与马克思主义大众化的推进

新中国成立后，中国共产党是执政党，党组织以国家的力量，通过群众运动的方式，将马克思主义大众化作为一项政治工作来推进。马克思主义大众化在全面而不容许质疑的推进过程中也遗留了一些社会问题，即一旦一统的方式受到质疑之后就会给突然"惊醒"而重新质疑的民众以巨大的困惑。这就是"四人帮"倒台后一段时间"人生往哪里去"的危机和社会的整体焦虑。

改革开放30余年的经济发展和各个方面的实践，促使中国社会发生了巨大的变化。社会大众在利益分配、阶层分化、思想思潮和文化舆论等方面均发生了显著分化。

有学者将中国人分为四个利益群体或利益集团，即特殊获益者群体、普通获益者群体、利益相对受损集体和社会底层群体。[①] 再具体细化，则又可将掌握资源者分为：行政性利益群体、行业垄断性利益群体、事业性利益群体、知识精英利益群体、经济精英利益群体、跨国性利益群体、地下利益群体等。[②] 传统的工人、农民、知识分子和商人的地位因而发生了显著的变化。

由利益分配的差距而导致的社会阶层分化在目前表现得越来越明显，

[①] 参见李强：《转型时期的中国社会分层结构》，黑龙江人民出版社2002年版，第102页。

[②] 参见王春光：《快速转型时期的利益分化与社会矛盾》，《江苏社会科学》，2007年第2期。

且有固化之趋势,由此而导致的社会思想思潮的重大变动也是一种必然的结果。因为,"人们的意识,随着人们的生活条件、人们的社会关系、人们的社会存在的改变而改变"①,这是不需要经过深思熟虑就能够了解的事实。当前外部引进和本土内生的各种社会思潮已经很明显地证明了这一点。在这些社会思潮中,既有占主导地位的马克思主义,也有各种非马克思主义的思想意识,甚至还有一些反马克思主义的思想思潮;既有社会主义的思想,也有资本主义的思想和观念,还有封建主义思想的残余等。另外,被赋予新时期特色的新自由主义、历史虚无主义、民主社会主义、拜金主义、极端个人主义、享乐主义等都对当今社会发展产生了复杂的影响。

以政治思潮为例,由于价值取向、关注问题以及解决方案的不同,有作为颠覆力量的政治思潮,集中体现为以西化论为代表的对权威体系的激进化改造;有作为重构力量的政治思潮,如人道主义、新传统主义、市民社会论、自由主义、新左派、治理思潮等;有作为治疗力量的政治思潮,如新权威主义、精英主义等,主要是基于对某一重大政治问题的诊断而提出来的。② 各种内源和外源思潮的出现,及其与主流意识形态不尽一致的事实将是一个不能被忽视的问题。

就文化分化而言,中国现代化进程中,后现代文化现象已经构成了对传统文化的重大冲击。在抵御西方"文化帝国主义"的同时,后现代主义借助"差异化"和"多元性"的策略形成了对传统文化的深刻"超越"。新儒学、新道学、新佛学等不仅以传统的名义,而且以文化的当代样态、比现代更"激进"的方式显现。"后现代的生态文明对'人类中心主义'文化的颠覆,网络文化和符号社会、虚拟文化和景观社会的'超真实'对真实生活世界的心理颠覆,消费文化对生产社会的反控,大众文化对精英文化的解构,边缘话语对中心话语、主流意识地位的挑战,科学与非科学二元对立结构的消解,进步和传统两维的非线性时空坐标的多维性尺度的相对性,使人们陷入一个充满复杂而略显混沌的'文化怪圈'

---

① 《马克思恩格斯选集》(第一卷),人民出版社1995年版,第291页。
② 参见刘建军:《当代中国政治思潮:根源与演进》,《江苏行政学院学报》,2009年第4期。

之中难以抉择。"① 可以说，当前中国正处在一个文化多元且价值矛盾突出的时代，这一趋向已经很难由政治去控制和主导。

面对利益差异、社会分层、大众分化、文化思潮多元，以及由此引起的各种诘难和阻力，马克思主义作为主流意识形态必须做出回应，并且应积极、主动、开放和自信地回应之。马克思主义的价值真理无须怀疑，因而在实践马克思主义的过程中面对不同社会思潮和社会弊端就应正视它，并解决它。

首先，在强调大众利益的基础上维护社会公平正义，是推进马克思主义大众化工作的立足点。马克思主义从来都高度重视民众个人利益，并竭力维持之。而当前中国社会的利益分化并非全由个人的勤奋与智慧造成的，利益分配背后存在着严重破坏社会公正的权钱交易、权与知识交易、知识与金钱交易、强势社会资本向各领域的渗透、司法不公等的各个利益群体相互交换、密谋的利益汲取现象。"这些做法不但破坏了机会均等原则，而且还损害了社会弱势者的利益，从而践踏了凝聚和整合社会的社会公正原则，破坏了社会信任，造成颇为严重的社会合法性危机。"② 很显然，这些现象不符合社会主义社会的发展原则，更不符合马克思主义的真义。马克思主义不是为了少数人的利益，其大众化工作的推进当然应以为多数人谋福利为原则立场。可以说，提倡公平正义就是坚持马克思主义，推进马克思主义大众化就是要满足越来越多人的利益诉求。"结束牺牲一些人的利益来满足另一些人的需要的状况"③，是马克思主义在当代中国大众化的现实前提。

其次，在坚守大众立场的基础上构建橄榄型社会，是推进马克思主义大众化的长久之计。《共产党宣言》曾向全世界坦言："无产阶级的运动是绝大多数人的、为绝大多数人谋利益的独立的运动。"④ 在坚持马克思主义作为主流意识形态的中国，其马克思主义代表的是中国最广大人民的根本利益这一点无可怀疑。然而，当代中国的金字塔型的社会结构，已经造成了社会矛盾积累到相当严重的程度。有学者统计，目前中国中层以及

---

① 任平：《反思与创新：当代中国文化（五篇）——文化矛盾：现状与出路》，《理论视野》，2009年第9期。

② 王春光：《快速转型时期的利益分化与社会矛盾》，《江苏社会科学》，2007年第2期。

③ 《马克思恩格斯选集》（第一卷），人民出版社1995年版，第243页。

④ 《马克思恩格斯选集》（第一卷），人民出版社1995年版，第283页。

以下的人数占人口总数比例的 80%,^① 中国的中产阶层还不够庞大和稳固,这是一种相当不稳固的社会结构。而根据中外学者的研究,中产阶层稳固而强大的纺锤形社会结构才是比较稳固的社会形态。而要造成这一形态,当代中国马克思主义就必须始终站在占人口绝大多数的中下层大众切身利益的立场上,着眼于维护那些为国家富强和经济社会发展做出了巨大奉献和牺牲但却获益甚微,甚至利益受损的社会大众的权益,疏通社会底层民众向上层流动的渠道,扩大中间阶层。实现这些目标,既是马克思主义的应有之义,也是马克思主义能够说服社会大众、吸引大众的价值前提。马克思大众化将以此为基础而健康、稳固地推进。

再次,在坚持理论价值优越的基础上回应各种社会思潮,是马克思主义大众化的真理表达。有学者曾经进行高度的理论概括,认为国家意识形态的全部功能都建立在社会主体认同的基础上并经过社会主体的有意识行为来实现。没有社会主体的广泛认同,国家意识形态的任何功能都无法实现。通过优化而具有真理性、民族性、时代性、包容性、开放性等理论品格的"高势位"建设的国家意识形态,只有在世界上产生越来越多的共识和影响,才能具有更为强大的凝聚力、辐射力、渗透力、影响力和征服力,在意识形态的流动中,处于强势的地位,有效地引领社会思潮。^② 作为主流意识形态的中国化马克思主义,它同样有能力也有义务对各种社会思潮进行有效的回应,并给以合理的整合和引领。如对各种社会思潮要科学预测、准确评价、区别对待等。当然,这种应对不是将不同声音的思潮都视为"异端"而排斥,而是在实事求是的基础上,分析其价值缺陷,指出其理论与实践的脱节等;但同时也不能惧怕同其进行充分的交流和论争,并有勇气吸收其合理的成分以完善自己。因为,马克思主义是开放的理论体系,具备与时俱进的优秀理论品格。

最后,在坚持正确文化发展方针的基础上满足大众多元化的文化需求,在文化发展竞争的基础上彰显马克思主义的文化价值,是当代中国马克思主义大众化的文化指针。

---

① 参见陆学艺:《当代中国社会阶层研究报告》,社会科学文献出版社 2002 年版,第 11－14 页。
② 参见陈秉公:《论国家意识形态"高势位"建设与实现"引领"功能的基本方式——兼论六十年国家意识形态建设与引领成功经验的理论解读》,《思想政治教育研究》,2009 年第 5 期。

文化作为一种软实力已经得到越来越多学者、官员和大众的认同和坚持。它是一个民族生存和发展最持久、最深层的动力。同样,马克思主义高度重视文化的力量,并认为它是统一人的目的与能力的具体存在,是人之为人的根本特质和独特部分。"一定的文化(当作观念形态的文化)是一定社会政治和经济反映,又给予伟大影响和作用于一定的社会政治和经济。"① 从微观上而言,大众对文化的需求是迫切的,也是多元多样的。因此,我们在高扬主旋律,发展面向现代化、面向世界、面向未来的文化方针上,要保持开放而自信的心态,真正坚持文化的"双百"方针,更加自觉、主动地推动文化的大发展大繁荣。在此基础上,大众经过了充分的认识和甄别不同文化之后,作为与时俱进的马克思主义文化必将能不断发扬光大。这既是马克思主义大众化应该坚持的文化方针,也是马克思主义大众化在文化认同上的必经阶段。

从马克思主义传入中国之后,无论是在民主革命时期,还是在新中国成立后的社会主义革命和建设时期,以及改革开放后的历史新时期,无论是国内思想界之纷争,还是西方理论家对马克思主义的非难,都无法将马克思主义的真理性颠覆,反而是让马克思主义在中国更为大众所接受。真理从不怕挑战,也应该永远以开放的心态去迎接挑战,从而使自己更加成熟和丰满。

四、马克思主义大众化与党的"三大法宝"

中国共产党在不断推进马克思主义大众化的同时,逐步形成了自己的"三大法宝",而"三大法宝"的形成、成熟与发展又进一步推进了马克思主义大众化,两者形成互相促进、互为支撑的良性机制,共同推动中国共产党事业的兴旺发达。

马克思主义传到中国后就开始与中国革命实践相结合,这一历史过程同时也是马克思主义中国化和马克思主义大众化的过程。中国共产党的发展壮大实际上就是马克思主义在中国不断大众化的必然结果;以毛泽东思想、邓小平理论等为代表的中国化的马克思主义理论成果,就是在马克思主义大众化基础上为中国人民所理解掌握之后运用到中国革命的具体实践基础上实现马克思主义中国化的结果。所以,马克思主义大众化是马克思

---

① 《毛泽东选集》(第二卷),人民出版社1991年版,第663页。

主义中国化的基础,马克思主义中国化是马克思主义大众化的必然结果。而中国共产党在 90 多年历史发展中取得革命、建设和改革开放的伟大成就,就是因为建立在马克思主义大众化和中国化的基础上,并在长期的实践中形成了武装斗争(人民军队建设)、统一战线和党的建设"三大法宝",这是中国共产党能够不断从胜利走向胜利的基本经验总结。中国共产党的"三大法宝"都是以马克思主义大众化为基础形成的,而"三大法宝"又反过来有力推动了马克思主义大众化。

(一)马克思主义大众化构成同心圆模式

马克思主义大众化过程中,逐步形成了以坚定的中国共产党人为坚强领导中心、马克思主义大众化影响受众为外围的环绕层次性结构的同心圆模型。这是一个日益紧密的、内向收缩性的动态模型,中国共产党的"三大法宝"都是这种模型的衍化,都遵循着同心圆模型。党的建设是同心圆核心,统一战线是同心圆的外围,武装斗争就是整个同心圆与外部空间之间的暴力争夺;而同时,"三大法宝"内部也是一种同心圆模型,中国共产党是核心,基本群众与外部统一战线构成层层外延式扩展,形成不断内向化的有机整体。

首先,马克思主义大众化不断推进的结果就是受马克思主义影响的范围不断扩大形成一个同心圆模型。马克思主义在中国的传播过程就是一个从点到面、逐步推广的过程。起初是陈独秀、李大钊等少数知识分子在寻找救国真理时找到马克思主义,成为中国最早的马克思主义者,然后,他们就开始在中国宣传马克思主义,逐步积聚一批追随者,主要是青年学生和知识分子,然后他们又开始一级级往下传播,逐渐深入到工厂、农村和军队,让普通的工农兵民众逐步了解和接受马克思主义,从而使马克思主义走向大众化。马克思主义在大众化过程中逐步根据对马克思主义的信仰程度和影响程度形成同心圆模型。随着马克思主义不断推广和共产党事业日益兴旺,外圆成员逐步加入或靠拢内圆,造成日益紧密凝聚的局面。

马克思主义实现大众化有一定的标准,而且不同历史时期随着历史任务的变化,大众化本身也是不断变化的。社会思想大众化的标准是指其影响所需要达到的范围,50% 以上称为大众化普及,低于 10% 就是一种社会思潮或是一种精英教育,介于 10% 到 50% 都算达到大众化水平。不同时代的马克思主义大众化的目标要求不一样。革命战争时期,马克思主义大众化的受众虽然不断扩大,但主要还是一种社会思潮,仍然为极少数精英群体所熟悉和掌握,他们因此也成为革命家群体,成为新民主主义革命的领导核心。而后，他们以马克思主义的基本立场、基本思想方法和基本观点为武器对普通民众进行宣传和影响，运用马克思主义思想帮助普通大众寻找自己的利益和前途，从而也使得马克思主义开始大众化。可见，马克思主义大众化一开始实际上就是有层次的同心圆，其中最核心的圆心就是那些终身信仰并为之奉献一生的马克思主义革命家群体，这样一个纯洁的领导核心是现代革命走向胜利的关键，是经历过多次革命低潮和艰难困苦考验过的、在不断失败与挫折中形成相对统一思想和群体意识的、坚定的、中国化的马克思主义者，这些经过血与火考验、在失败牺牲中磨炼意志、在艰苦胜利中锻造自信的中国马克思主义者形成了一支战无不胜、攻无不克的强大政治力量，他们的思想行动是马克思主义能够不断大众化、不断从核心向外扩展的力量源泉。

其次是那些基本信仰并拥护马克思主义的一般民众，包括无产阶级、贫苦农民、小资产阶级和部分无产阶级化的知识分子。这个群体也许很难从理论上真正理解和信仰马克思主义，但是他们的基本利益诉求和阶级性质决定了他们与马克思主义的理论追求具有相一致的主要地方。这个群体构成了中国共产党的主要力量，其中包括相对比较坚定相信马克思主义并加入中国共产党的基本成员群体和对中国共产党比较信赖的基本支持群体（或习惯上称为革命群众），分别成为上述同心圆的第二个、第三个圆。

再次是那些对马克思主义或马克思主义者予以同情，但基本上又不是很认同马克思主义基本理论原则的民众。这个群体对马克思主义思想不完全熟悉或不完全认同，但是对中国共产党的主要政策能够接受，特别是特殊情况下能够相对保护自己最大的利益，比如在新中国成立前部分小资产阶级、民族资产阶级以及部分知识分子等，他们大部分时间里成为中国共产党的同盟军，像鲁迅这样的文学家就成为中国共产党的朋友，成为革命取得胜利的重要支持力量，他们属于同心圆的第四个圆。

最后是那些对马克思主义并不理解和接受，但是对其强大的影响力与社会广泛支持度能够理性承认，对其中所追求的部分价值能够理解接受，如民族精神、现代化理念和爱国主义等，同时他们又对自己原来信仰和追求的理想已经没有信心，所以，这些人会对中国共产党持投降主义的态度，愿意搁置自己原有的政治信仰和思想诉求，舍身为国家民族出力，成为中国共产党的合作群体，成为马克思主义大众化影响最边缘的同盟者，是上述同心圆相对外围的第五个圆。

上述群体基本上都是中国马克思主义大众化影响范围中影响比较大的

相对精英化群体,他们的社会影响相对比较大,对一般民众就容易产生示范性与带动性效应,这样就使得一般民众逐渐成为马克思主义大众化同心圆的最庞大和最外围的一个圆,他们基本上对马克思主义理论不理解,也无法理解,缺乏基本的马克思主义理论分析能力和认识能力,他们关注的主要是中国共产党的基本政策是否能够为他们带来实实在在的利益。由于中国共产党能够在不同历史时期制定出正确的政策为广大中国民众带来实质性利益和影响,所以他们就逐步成为马克思主义者大众化影响的最基础的、最外围的支持群体。中国马克思主义大众化的过程就是这样不断形成和扩大以忠诚的信仰者为核心的同心圆,马克思主义的影响就不断从中心向外围发散,从而成为一个整体向外扩展,不断吸收外圆的群体进入内圆,不断把圆外的群体吸引进同心圆内,从而使得马克思主义大众化的外延不断扩大,内涵不断提高,核心圆不断发散出马克思主义的思想光辉、革命精神、政治力量、英明决策、现代气氛,使得所有同心圆日益紧密牢固,并不断与非同心圆的其他群体争夺社会影响和社会力量,形成坚固的革命统一战线。核心圆作为发光的源泉其实就是党的建设,在革命年代,这样一个同心圆包含的凝聚程度与范围大小也就决定了武装斗争的最后胜负。

马克思主义大众化效果取决于我党核心圆层次对马克思主义的理解程度、宣传形式和中国民众接受能力与学习能力,即马克思主义宣传者与受影响者主客观之间的相结合的合理程度。大众化其实就是内层圆不断对外层圆产生影响的过程。

马克思主义最初传到中国的时候,中国的马克思主义者并没有真正全面理解马克思主义,李大钊、陈独秀、李达等最早的马克思主义者往往是粗略领会了马克思主义的大致内容,就将其生吞硬剥地介绍到中国来了,而且囿于当时大家习惯的语言宣传形式,相对来讲,当时民众有能力看懂这些的人数比例确实比较低,只是在少部分知识分子和工人中有影响,马克思主义的大众化范围与效果受到比较大的局限。后来在以毛泽东为代表的大批中国共产党人艰苦努力下,将马克思主义的基本原理与中国革命的具体实践相结合,从而实现了马克思主义的中国化,并在实现马克思主义中国化的过程中寻找到更通俗易懂的大众化语言与更具有民族风格的宣传方式。毛泽东曾经运用各种非常通俗,甚至极其口语化的打比方方式给参加革命的干部战士讲解马克思主义理论;运用连白话文运动闯将胡适都认为写得最好的白话文将马克思主义基本原理——辩证唯物主义和历史唯物主义，用《矛盾论》与《实践论》两篇文章做了全面而通俗的介绍，极大提高了马克思主义的可接受性与易接受性，提高了大众化效果。新中国成立后特别是改革开放以来，我国的文化教育大发展，民众总体文化素质发生巨变，民众基本上都有了文化，具备一定的学习能力。因此，马克思主义大众化就更容易推进，马克思主义基本原理就可以更完整、更细致甚至更原装地被推进宣传到广大民众之中。

宣传与传播的媒介变化对推进马克思主义大众化也产生了巨大影响。革命战争时代的白色恐怖，导致任何宣传都必须有一定的隐蔽性和通俗性，传单与一般杂志成为重要形式。而针对性强、言简意赅、对现实问题一针见血的马克思主义宣传，进行的即使在革命队伍里，也是运用歌曲、戏剧、快板曲艺、标语口号、对联门联等生动活泼的方式进行的，相对深度的理论宣传很少。新中国成立初期，我党掌握了政权，可以利用报纸、杂志、广播、学校课堂、标语口号、群众运动、政治思想生活等方式进行更全面系统和正式规范的马克思主义理论教育与大众化。改革开放以来，卫星电视、互联网、手机电话三大现代新传媒的飞速发展普及，使马克思主义实现大众化就有了更加多样化、更有针对性、普及宣传效果更广泛的途径。因此，我党在推进马克思主义大众化过程中就需要充分利用这些新手段与途径，继续坚持走群众路线，坚持实践特色，坚持理论创新，保证核心圆能够不断散发光芒，影响外圆和圆外的民众，继续扩张扩展我国马克思主义大众化的同心圆。

（二）马克思主义大众化与武装斗争（人民军队建设）

武装斗争是中国共产党的一大法宝。"枪杆子里出政权"是我党最早从大革命的失败中总结的历史经验，如何建设一支人民军队并开展武装斗争成为我党的工作重点。尽管遭受了一系列反革命政变，革命处于严重低潮，但是，我党成立后短短六年已经广泛宣传马克思主义，使得马克思主义在中国有了相当程度的大众化基础，所以，我党组织广大革命群众先后发动了数十起武装起义，迅速建立起自己的革命武装，并在非常恶劣的情况下不断壮大，建立了多个革命根据地，迎来土地革命战争时期的革命高潮。后来"左倾"错误的干扰与强大的国内外反动力量的联合绞杀使得我党再次陷入低潮，但是经过"艰苦长征"仍然坚持了下来；抗日战争中在无经费、无补给的情况下坚持敌后抗战并进一步发展壮大；解放战争中面对超级大国美国支持和武装起来的国民党仍然能够以弱抗强，仅仅几年就取得胜利；朝鲜战争中更是以一个积贫积弱的"东亚病夫"短时间蜕变为打败16个国家组成的联合国军队的强者，创造了一国几乎打败全世界的先例；新中国多次与外敌作战的全胜彻底洗刷了近代屡战屡败的耻辱；新中国人民军队还是社会主义建设的强大支柱，屯垦边疆、修建铁路公路与大型工程、积极支援地方建设；等等。为什么在如此恶劣的环境下我党的武装力量能够成长、壮大并不断取得胜利呢？为什么我国的军队历经多次战争与政策的变革而始终成为国家的柱石保障？马克思主义大众化无疑是重要原因之一，主要体现在以下几点。

第一，马克思主义大众化为武装斗争打下群众基础与民心基础。早期的武装起义基本都在马克思主义宣传比较普遍、大革命基础比较好、农会运动比较活跃的两广、两湖与江西、陕西等地。毛泽东能够在井冈山建立根据地，就是因为袁文才、王佐等农民军领袖曾经参与大革命时期的农会运动，受到过一些马克思主义影响，才对秋收起义队伍网开一面，从不允许上山到有所防备再到不拒绝，再到被动接受，最后到完全心甘情愿参加革命，他们的步步转变既因为先前马克思主义的影响基础，也因为毛泽东等人对他们进一步进行的马克思主义宣传教育。广东粤北地区、海陆丰地区、陕北地区、大别山地区等都是革命基础比较好、留下了革命火种的地区，在长期的革命武装斗争中先后建立起相对比较稳固的革命根据地。

第二，马克思主义大众化是中国革命"三位一体"模式的基础，是武装斗争取得成功的关键。毛泽东等共产党人深刻总结了中国历史上农民起义的经验教训，既要克服流寇主义，也要反对本位主义，在长期的革命探索中逐步形成了武装斗争、根据地建设和土地革命"三位一体"的革命模式。土地革命是马克思主义基本原理在中国农村革命实践中的具体体现，是中国化马克思主义的重大创新，关系到马克思主义能否在中国广大农村取得成功，因此，毛泽东认为中国革命的实质是农民问题，农民问题的实质是土地问题。土地革命既是马克思主义的表现和目的，又是马克思主义大众化的结果，稳固的根据地是土地革命的基础，武装斗争是根据地的保障，三者实为一体。在根据地，共产党员及其组织是马克思主义大众化的发散源和中心圆，共产党领导的人民军队是马克思主义教育宣传抓得最紧、最有成效的部分，是思想上同心圆模型中紧密团结凝聚围绕的核心层次，在根据地负责外围保护，保障根据地安全，通过外围游击战打退敌人侵犯并赶走周围敌人，不断扩大根据地范围，为根据地提供相对安全的大环境，同时也担负着进一步推广马克思主义的重任。人民军队及其武装斗争的保护是很多地方党组织得到发展、马克思主义得到传播、根据地得以建立的前提。根据地也为红军提供了强有力的后勤保障，在人民军队的保护下，可以通过土地革命和马克思主义宣传教育，不断扩大党的队伍和党的影响力，这样就使得马克思主义进一步在根据地实现了大众化，这既有效巩固了根据地建设，又有力地支援了前线红军的武装斗争，反过来又进一步推进了土地革命。土地革命离不开人民军队及武装斗争的保护，否则就难以避免"胡汉三又回来了"的局面，马克思主义成果就会被葬送，马克思主义大众化的成就就会被摧毁，根据地也难以巩固。而土地革命的成功则可以进一步加深民众对马克思主义的向往和信仰，进一步促使广大农民积极参加人民军队和武装斗争以保护自己来之不易的土地等革命成果，保护农民新的命运共同体——根据地不受侵犯。因此，土地革命、根据地建设与武装斗争"三位一体"，形成良性循环，武装斗争的成功、土地革命的推进和根据地的扩大都可视为马克思主义的大众化推进的结果。根据地的新气象、根据地土地改革成果、人民军队的新面貌和铁纪律又形成一个马克思主义的中心源地，其中闪耀的马克思主义光芒又会通过共产党人的种种努力不断往外延伸，推动革命根据地不断扩大，也推进着马克思主义不断走向大众化。后来的抗日根据地和解放区建设就是把这一模式进一步发扬光大。

第三，马克思主义大众化使得中国共产党的武装斗争与人民军队建设焕然一新，战斗力得到极大提高。我国的人民军队战绩辉煌，在长期的战争中能够经受住各种严峻考验，在武器装备远比敌人落后的情况下最终能够取得抗日战争、解放战争的胜利建立新中国，新中国成立后又在抗美援朝战争、抗美援越战争、中印边境自卫反击战争、珍宝岛战争、南海战争、对越自卫反击战等一系列战争中取得伟大胜利，显然说明我党的武装斗争与人民军队建设有着与历史上中国的旧军队和其他国家军队不同的独特地方，这就是中国共产党领导的军队是实现了马克思主义大众化的人民军队，是用马克思主义武装起来的新型军队。

我党历来重视在广大官兵中进行马克思主义教育，较早时期就有不少共产党人去旧军队从事兵运工作，试图用马克思主义去影响和改造旧军队，我军的不少重要骨干力量都是这样通过马克思主义宣传教育从旧军队转化过来的。毛泽东在三湾改编中确立了两个重要原则：党支部建在连上，贯彻党指挥枪而不是枪指挥党的原则。自从这样的原则确立后，凡是根据这样的原则改造过的共产党军队就再也没有出现过成建制投敌、叛变、造反或政变的现象，而且战斗力也大幅度上升，很多旧军阀的军队投降过来后经过我党的改造，配备相应的政治工作人员进行马克思主义大众化宣传教育，都成长为中国人民解放军的重要力量，这是中国共产党军队能够不断取得军事胜利的保证，因此这两个原则是一直保持至今的我军的重要原则。同时，我党将人民军队的宗旨确定为全心全意为人民服务，决不单纯是打仗，还需要在和平时期和战斗间隙为人民做任何事情，军事斗争也要服务于人民的根本利益。这都是与其他国家包括我国以前的军队不同的，这些原则极大提高了我军的革命化水平，有效弥补了当时我军武器装备等物质条件的不足，因此在武装斗争中具有强大的战斗力。连队建立党支部，就可以在士兵基层进行马克思主义宣传教育，并不断发展党团员，充实基层党组织的力量，从政委、政治部、指导员、教导员到支部书记、基层党团员，基本上构成了从上到下的马克思主义政治宣传工作系统。党指挥枪而不是枪指挥党的原则有效克服了我国军队自古以来极其容易形成的军队个人化和军阀现象。根据马克思主义基本原理制定的我军政治民主、经济民主和军事民主这三大民主原则促进了我党军队的人民化和民主化，相对于国民党内的层层等级制，我军的民主化建设造就了大量没有接受正规军事教育的指挥员和由普通士兵成为决战沙场的著名将军。这些都表明我军的人民化与民主化造就了我军武装斗争的胜利。经过马克思主义大众化的党团员和入党积极分子成为我军的骨干，而他们每次作战冲锋在前、平时严于律己的优异表现又成为活生生的马克思主义宣传，这样，加入骨干队伍的人员又不断增加，军队中也形成逐步内向收缩的同心圆模型，内部不断凝聚，外围不断扩展，马克思主义无形之中成为我军之魂，从而极大提高了军队的凝聚力和战斗力，这才是我军战无不胜的奥秘所在。

因此，从革命时期的武装斗争到新中国的人民军队建设，马克思主义大众化一直是我党建设军队的重要手段，我军也是马克思主义大众化最广泛、程度最高的部门，正是这样，我国的人民军队才能成为全心全意为人民服务的坚强柱石。而我军武装斗争的不断胜利和军队为人民服务的卓越表现又是最好的马克思主义宣传教育的典型，成为马克思主义大众化同心圆的重要发光点。美国中央情报局总结1989年东欧剧变而中国红旗不倒的主要原因就是毛泽东在三湾改编中提出的党指挥枪、支部建立在连上两个原则仍然在起作用。

(三) 马克思主义大众化与统一战线

统一战线是我党的主要法宝。马克思、恩格斯、列宁、斯大林等革命导师都高度重视统一战线。我党建立后曾经一度有关门主义的倾向。党的一大纲领就指出:"坚决同黄色知识分子阶层及其类似党派断绝一切联系。""对现有其他政党,应采取独立的进取的政策。""不同其他党派建立任何相互关系。"但是在苏联的帮助下很快就调整了政策,与国民党结成了第一次统一战线,共同反对帝国主义和封建主义。虽然最后因为蒋介石叛变革命而遭受惨败,但是,正是因为有了第一次统一战线,我们才积累了统一战线经验,也在这种轰轰烈烈的大革命潮流中利用统一战线的大平台使得马克思主义得到了更好的宣传推广,我党组织的工人运动成效显著,也得到了当时国民党的大力支持,我党组织的几次武装起义也有力支援了北伐战争。尽管国民党反动派后来屠杀了不少共产党员和革命群众,但是,马克思主义的思想品质、价值观念、工作方法、基本理念已经借助于大革命的深入宣传和影响得以扩大,成为越来越多中国人思考的理论体系,这为马克思主义思想再度广为流行打下基础。在统一战线发展过程中,不仅仅是共产党的马克思主义宣传轰轰烈烈,极大地壮大了共产党队伍,而且也争取到越来越多的民主人士和国民党左派人士的认可与同情,这为后来共产党在国民党及其他军阀中开展兵运与策反等工作打下基础,抗日战争时期的国共合作和解放战争时期很多国民党爱国人士能够站到人民一边都不能不说与当初的这种合作和宣传相关。新中国成立前中国出现过无数党派,都在争取民心以夺取天下,统一战线是我党争取民众、争取民心、壮大自己力量、削弱敌人力量的主要手段,但是这一手段的使用就需要将我党最核心的价值体系和最有竞争力的理论基础拿出来争取各个党派的支持和广大民众的拥护,这就需要我党利用一切机会宣传自己的主张,让全国人民了解我党的主张和政策,为此,我党在各个战线都积极地扩张马克思主义的宣传和教育,以不断扩大我们的群众基础。所以,我党历来反对关门主义,主张大力发展各种统一战线,利用合作才有机会和更好地推动马克思主义的宣传及大众化。

中国共产党的统一战线也形成了典型的中心——外围同心圆模式。以党员和党组织为中心,共青团员和革命群众为第一个圆,他们是信仰者,是最基本的支持力量;以那些同情者、钦佩者、感动者为第二个圆,他们对中国共产党的事业也是比较支持的;以那些利益相关者为第三个圆,我党的政策能够为他们解决现实的问题,体现和维护他们最核心的利益。

我党统一战线的实质仍然是不断向内收缩的同心圆与不断往外扩张的同心圆的辩证统一。一方面注重统一战线质量上的扩张，就是内部的凝聚力的加强，把更多的人召集到马克思主义这面大旗下；另一方面是数量上的扩张，就是把我们的统一联合阵营不断扩张，以壮大力量和声势。

　　前者的关键是圆心思想的发散和马克思主义队伍的壮大，这是马克思主义大众化的基础与源头，要做到圆心不断有新思想发散，就需要不断加强中国共产党的建设特别是理论创新与思想建设，这也是马克思主义大众化的目的，在不断推进马克思主义大众化的过程中逐步形成我党的核心价值体系，不断推出党的理论创新，不断完善党的队伍建设，这样我党才能不断在思想上、组织上、政治上走向成熟，马克思主义者队伍才能不断壮大，我党的统一战线就有了更坚定的领导核心和主导力量。

　　后者的关键是不断求大同存小异，寻求最广泛的共同利益，组建各种范围、各个领域、各个层面的统一战线，这样就可以不断壮大人民的力量，有力支援我党的主要斗争。也可以在这种统一战线的合作中逐渐放大我党的基本价值观念，逐渐推进马克思主义的宣传影响，从而步步为营扩大我党的影响和力量，赢得最后的胜利。

　　我党的统一战线在内部就是不断推进马克思主义的大众化，扩大马克思主义的影响，形成更为强大的思想政治攻势，积聚日益统一的思想政治力量；对外则是以坚决斗争为主，采取包括武装斗争、思想斗争、政治斗争、经济斗争、社会斗争在内的各种形式的斗争，这样促使统一战线同心圆的范围得到不断扩张，同时使诸多斗争目标在统一战线的扩张中逐渐瓦解消失，形成更为明确的不断缩小的斗争目标，统一战线达到最大范围，取得最后胜利。大革命统一战线的目标就是帝国主义和北方军阀，所以国共联合使得北伐战争进展非常顺利；抗日统一战线就是要打败日本侵略者，所以需要"工农兵学商一起来救亡"，在后方和敌后，我党都是抗日宣传的主力；解放战争统一战线的目标就是推翻国民党政府，推翻三座大山，我党发动了军事斗争及其他一切形式的斗争来扩大自己的影响；新中国的统一战线目标就是建立新的统一战线建设新中国，需要动员全国各种各样的社会力量，既要打赢朝鲜战争这样的对外战争，又要抓紧时间搞社会主义工业化和三大改造，建立社会主义新中国；1958年后"左倾"影响增大，统一战线工作遭到严重破坏，从而也就直接影响到我国社会主义建设出现严重偏差和倒退；改革开放以来，新时期建立的爱国主义统一战线的目标就是在爱国主义和社会主义旗帜下团结一切可以团结的人，建设有中国特色的社会主义强国，实现和平发展和民族复兴。历史反复证明，统一战线关涉我国我党事业的成败与绩效。

统一战线之所以成为我党的一大法宝，就是因为在中国这样一个人口众多、国情复杂的大国，仅仅依靠某一种思想或政治派别在短时期内难以统括全国所有的政治力量和广大民众，只有通过统一战线才能够使得我党的事业凝聚起全国各族人民，最大限度地发挥中国共产党在其中的核心领导与带头作用，在加强统一战线工作的过程中，推进马克思主义意识形态的大众化，扩大马克思主义价值的影响力，才能保证国家主流意识形态的稳定与安全，从而发挥凝聚和稳定社会的作用，因此，从这个角度上讲，统一战线具有推进马克思主义大众化的工具性功能：可以巩固党的执政地位、提高党的执政能力、扩大党执政的社会基础，促进全面建设小康社会，构建社会主义和谐社会，推动祖国统一大业。

马克思主义大众化的层次性与同心圆模型直接影响了我党统一战线的同心圆模型，马克思主义大众化的程度决定了我党作为统一战线主导力量的实力和影响大小，马克思主义大众化程度越高，马克思主义者阵营就越强大稳固，建立以我党为主的统一战线就越容易，在以我党为主的统一战线中进一步推进马克思主义大众化的可能性和可行性就越大。反过来，我党建立的统一战线工作做得越好，越有利于我党利益的维护和马克思主义大众化，统一战线合作越顺畅，其他社会力量才对我党的意识形态——马克思主义越有兴趣，才能更容易认可和接受，从而帮助我党推进马克思主义大众化。两者互相促进、互为支持，良性发展。

（四）马克思主义大众化与党的建设

党的建设之所以成为中国共产党的重要法宝，是因为中国共产党是在现代中国国情条件下的最佳选择。辛亥革命打破了自古以来就实行的中央集权制度和大国寡民政策，早已习惯"君子不党"传统的中国人开始按照西方做法建立各种各样的政党，而中国从近代走向现代化的过程中，政党发展是新生事物，自康有为、梁启超建立强国会以来，在新中国成立前先后有14 000多个政党，可谓五花八门，这也说明国人当时思想之混乱复杂与多样化程度之高。这种纷杂混乱的局面不利于国家统一，更不可能完成从反帝反封建走向现代化的重大历史任务。在日本等国虎视眈眈的近代史上，这种局面长期延续只能导致亡国。因此，国家要统一，首先迫切需要全国形成相对统一的思想，形成主流的意识形态，只有这样，才能凝聚全国人民的力量完成现代国家的重建。中国共产党就是在这种政党林立局面中竞争胜出的,其在所有政党中最重视党自身的建设,包括思想建设、政治建设、组织建设、制度建设、纪律建设等多个方面,特别是思想建设,让共产党所依据的指导思想马克思主义真正走向大众,真正成为团结和凝聚广大工人阶级和中华民族先进分子的思想理论体系。

在中国,中国共产党要重新把全国各族人民凝聚起来,就需要把党建设成为既符合中国历史传统又适合中国现代国情的新型政党。这样的政党既要能够代表民意、获得民心,又要能够发动民众,动员民众,而不能像西方政党那样能够提出有利于民众利益的政策就可以获得民心和选票。因为中国民情非常复杂,各种差距非常之大,更不能像西方政党那样进行多党制竞争,因为这样既不能有效调和中国复杂多元的差别利益,也不能解决只有中央集权才能解决的重大内外挑战。此外,中国共产党还需要在腥风血雨的战火中争取民众并通过枪杆子夺取政权,因此,民众衷心拥护、真心认同是基本前提,同时还需要注意隐蔽性。既要发挥中国共产党的领导与主导性作用,又要发挥历史上曾经发挥过重要作用的其他民主党派的参政议政作用,这样才能把最大多数人的根本利益和尽可能多的局部利益统一协调起来,最大限度地调动一切积极因素完成革命、建设和改革任务。要做到这一点,就必须特别注重中国共产党的建设,通过马克思主义大众化来推进共产党的建设,使之有能力成为凝聚一切力量的执政党,同时以马克思主义大众化的宣传教育影响、协同其他党派与共产党的合作关系。

中国共产党通过推进马克思主义大众化来加强党的建设主要是从点、面两个方面同时进行的。

一方面,始终注意加大马克思主义宣传面向大众化,以此形成和扩大党的建设的群众基础。

大革命时期,虽然马克思主义宣传的重点是城市里的知识分子和青年学生,但是也开始积极面向工人、农民等劳苦大众,创办了《新青年》《前锋》《先驱》《社会科学讲义》《向导》《劳动周刊》《劳动界》等众多杂志宣传马克思主义。李大钊、陈独秀等第一代中国共产党人就亲自上阵到处发表演讲进行马克思主义宣传,并鼓励有志青年深入工厂、农村宣传马克思主义,让更广大的民众认识和了解马克思主义的基本思想和中国共产党的基本主张。他们早期在城市学生与工人队伍中的宣传取得明显效果,促成了大革命蓬勃发展的大好形势,也奠定了后来中国共产党领导新民主主义革命的主要力量,早期在南方农村中的宣传也造就了最早的革命基础。

土地革命战争时期，由于我党发展重心转向农村，面对文盲占绝大多数的广大农民，我党在进行马克思主义宣传教育时更加注意大众化、中国化和通俗化，将很多马克思主义的基本道理用极其通俗易懂的中国民族语言，运用诸如"三大纪律八项注意"这样的军歌、对联、话剧、戏曲、快板、标语口号等生动活泼的形式，简单明了地阐释出来，让山沟里没有经过任何现代化生活洗礼的中国传统农民逐步接受了马克思主义，这使中国在推进马克思主义大众化进程中取得了惊人成就和伟大创举。

抗日战争时期，这一伟大经验得以继承和发扬，同时马克思主义伴随着广泛的抗日民族主义宣传更容易深入到社会各个阶层，马克思主义大众化的效果更为明显，因此才在如此凶险的敌后坚持抗日并建立了大量抗日根据地。

解放战争时期，共产党运用马克思主义改造解放区，取得翻天覆地的变化，深得人心，然后中国共产党充分利用解放区所取得的成就不断对外扩散进行马克思主义宣传，声势更为浩大，国统区各条战线、各个领域、各个地方都不同程度地受到这种宣传影响，所以能够迅速争取全国人民的支持，打败国民党政权，也使得马克思主义在中国真正实现了大众化。

新中国成立初期，共产党掌握国家政权，利用执政优势进一步推进了马克思主义大众化。通过政治学习、课堂教学、国家意识形态宣传、思想运动等方式让所有社会阶层都能够接触、学习、理解或接受马克思主义，并逐渐认可马克思主义成为国家的主流意识形态的基本现实，可以说这时候中国的马克思主义已经实现普及，这促使我国能够化思想理论为实践物质力量去全面改造国家与社会，一洗几千年封建旧社会的污泥浊水，雪百余年屡战屡败的屈辱之耻，建成一个崭新的社会和国家，而社会主义新中国所发生的巨大变化又进一步推广了马克思主义，使得马克思主义的大众化程度得到进一步提高。

社会主义建设时期更是通过马克思主义大众化的广泛宣传教育，宣传全民族的意识形态主流，形成强大的思想政治形势，在短时期内迅速动员起全国所有人民积极参与社会主义建设，奠定了国家崛起、水利建设、工业化、基础设施、重大工程建设等成就。当然，这一时期因为过分强调思想政治在社会主义建设中的重要性，往往将意识形态的作用夸大，因而时常出现马克思主义宣传过于泛化、教条化、形式化的偏差，影响了马克思主义的传播效果。

改革开放时期，也是以简单明了的马克思主义宣传形成全国思想解放、勇于改革探索的新气象，将马克思主义的精髓用一些简短精湛、鲜明有力的口号为中国的改革开放定调，诸如"发展就是硬道理""两手都要抓""两手都要硬""一个中心，两个基本点"等，为建设中国特色社会主义打下了思想理论基础。可见，在我党各个历史时期，都非常注重马克思主义大众化，以此推动党的建设，加强思想统一，凝聚社会力量，完成政策转变与执行。

另一方面，自建党伊始有重点地建立各种实质性的党课学习小组、各级党校、马克思主义研修班、工人俱乐部、列宁室、工人补习学校等学习机构，并进行过多次思想教育运动、学习运动、整顿学风运动等，做更深入彻底的马克思主义研究学习，培养马克思主义骨干分子，使之成为党的建设的中坚力量。

党成立早期，由党的创始人组建共产主义小组、社会主义小组、工人夜校、农会等秘密组织私下宣传，逐步形成共产党的支柱力量，成为革命最早的火种。大革命时期，共产党通过与国民党结成统一战线，在部分地区取得合法、半合法地位后，可以公开举办农民运动讲习所等机构培训马克思主义者和共产党干部，这些骨干力量极大地发挥了党的建设与发展作用，使马克思主义迅速得到广泛传播，影响急速增大。这个时期中国马克思主义的宣传效果大大超乎共产党人的预期，以至于全党一度迷恋于宣传而忽视了其他工作。"我们靠宣传的工作；靠一张嘴、一支笔，宣传那些应当要求改造世界的人起来学我们一同改造世界。我们要宣传到使勇敢的人起来帮着我们宣传，我们要宣传到使怯弱的人都了解而赞助我们的主张，我们要宣传到一切被压迫的人们都联合起来，大多数向来为统治阶级作爪牙效劳奔走的人们都对于统治阶级倒戈相向，于是统治阶级便土崩瓦解的倒下来了。①"当然，大革命失败的事实证明仅仅依靠笔杆子是不可能完成革命的。

之后中国共产党将笔杆子与枪杆子相结合，并将重点放在武装斗争，使武装斗争也成为我党法宝，当然这一切也是建立在马克思主义宣传工作基础上的，因此，笔杆子是枪杆子发展壮大的基础。土地革命战争时期，在大革命中留下来的革命火种开始迅速走进民众中，通过宣传马克思主义动员民众起来反对国民党及各种反动派的武装斗争；当时，合法地位的取

---

① 《恽代英文集》（下卷），人民出版社 1984 年版，第 696 页。

消使得共产党难以公开地宣传马克思主义，只能够秘密地在工人、农民、学生、军队等民众中进行宣传动员，因此，推心置腹地畅谈、小范围讨论、个别引导、各种传单等各种秘密工作纷纷展开。最初的马克思主义者们就是冒着随时被发现、被出卖和牺牲的危险艰苦卓绝地开展马克思主义宣传工作，延续和扩大共产党的群众基础。当然，这种秘密工作状态下的马克思主义宣传往往是有的放矢，是专门挑选了那些思想进步、有理想、有血性、贫苦出身或对劳苦大众深表同情的优秀分子进行重点宣传动员的，所以，相对于大革命时期，马克思主义大众化更强调重点培养，这时期的革命低潮更可发现成员的本质，这种特殊情况下的重点宣传成效明显，不少国民党和军阀的军队就是通过对主要官兵进行马克思主义重点宣传而成为人民军队中的一员。地下工作与武装斗争的残酷性也需要我党将马克思主义大众化的范围局限在少数根据地和部分有识之士和先进分子，一旦把这些人争取过来就能够更好地以一传一、小范围推广等方式把马克思主义扎扎实实地推广开去。

抗日战争时期，共产党有了生存合法性，又有了一致对外的更大历史舞台，共产党需要通过抗日活动来宣传马克思主义，既利用马克思主义来进行抗日宣传动员，也在抗日宣传动员中进行马克思主义教育，还要在抗日宣传中与国民党三民主义宣传竞争，扩大马克思主义的影响。因此，马克思主义大众化的重点与策略就又有了新变化，往往先是以民族大义启发动员民众参与抗日，然后根据毛泽东在井冈山的统一战线经验与思想政治工作经验对加入进来的抗日力量进行思想动员、政治辅导，逐步把他们引导到马克思主义轨道上来，共产党在敌后战场的英勇表现当然是最好的马克思主义宣传，延安整风运动等形式也对当时共产党抗日武装在急速扩张后继续保持马克思主义的纯洁性和统一性起到非常重要的作用。

解放战争时期，马克思主义大众化重点是在争取全国各条战线、各个政党对共产党的明确而公开的支持，所以，在国共两党决战之时必须亮出自己的牌，一方面是加大了对马克思主义的公开宣传，另一方面是非常明确地提出共产党关于建国的基本主张。为了避免引起误解，我党的宣传更多地强调马克思主义的基本立场、基本方法和基本价值观，强调劳苦大众获解放与现代化建设的必要性，展示共产党队伍和军队通过马克思主义教育改造后的新气象，比如"南京路上好八连"的事迹、共产党员的清正廉洁、解放军的纪律严明与秋毫无犯等与国民党腐败堕落形成鲜明对照，这都促使马克思主义迅速实现了大众化，夺取了战争的胜利。

新中国成立后,党的建设和马克思主义大众化的重点转移到巩固新生政权上,中国共产党利用执政党的资源与优势在全国摧枯拉朽地摧毁一切反动顽固、传统落后的敌对势力和封建遗毒。在改造旧社会、建立新社会的过程中,马克思主义既是动力也是手段,大众化宣传教育仍然是重点,大众化手段更趋多样化,通过不断的长期化的马克思主义大众化宣传教育促进党在新时期的建设,使之继续保持既有的优良作风,这样才能真正建立起新中国。在实现马克思主义大众化普及的基础上,进一步促使中国共产党始终走在新中国建设的前列,尽管后来由于"左倾"思想的干扰,马克思主义的大众化程度、影响波及面趋于僵化、泛化,导致党的建设也大受影响,党的思想建设趋于停顿。

改革开放以来,党的建设的重点是恢复党的思想路线等优良冲突并推动全党工作重心的转变,马克思主义大众化重新回到相对正确和理性的轨道上,马克思主义的基本立场和方法继续得到强调,马克思主义与中国具体实践相结合形成的新成果——中国特色社会主义理论通过课堂、媒体、标语口号、思想学习等方式不断为广大民众所认识、理解和接受,并逐步落实到自己的行动之中,从而极大地解放了思想,调动了广大民众的改革积极性,取得了非凡的成就。这反过来又促进了党的威信增强、执政力提高,有利于促进党自身的建设。

可见,中国共产党的重要法宝——党的建设是建立在马克思主义大众化的基础之上的。党的建设包括诸多方面的内容,但是思想建设始终处于重要地位,作为代表工人阶级及全国各族人民先进分子的政党,必须要始终保持思想的纯洁性和先进性,因此马克思主义大众化是中国共产党能够成功领导全中国的思想基础。在中国共产党历史上,不但注重马克思主义大众化的面得到扩展,而且也注重马克思主义大众化的质量得到提升,点面结合,重点突破,既保证拥有广泛的群众基础,外围部分也就有了凝聚力;又保证党的基本力量更具革命性,核心部分也就有了战斗力。坚持不断地进行马克思主义学习、宣传与教育,是中国共产党在坚持党的建设时的重要手段和基础,并将这种思想建设贯彻到组织建设、作风建设、政治建设等其他建设之中,促进党的建设全面发展。而党的建设的加强使得中国共产党成为近代以来中国政治最先进、思想最纯洁、组织最完备、作风最顽强的政党,尽管这个党也曾经出现过错误,但是总体上还是继续向着健康有序、规范有力的方向在发展,具有了越来越强的自我纠错能力、自我发展能力和领导能力,因此才能带领我国不断取得成功。党的建设所取得的成就及其领导全国取得的成功都是推进马克思主义大众化最好的动力源泉，正是因为党的坚强有力与卓越表现，才能吸引越来越多的有志青年加入，党才得以发展壮大，马克思主义的影响才日益深远，大众化的程度才越来越高。

第三章 马克思主义大众化进程中主体接受性研究

——以知识阶层作为主要考察对象

知识阶层历来是新思想、新理论的生产者和传播者。在中国的马克思主义大众化进程中，知识阶层既是马克思主义的接受者和研究者，又是马克思主义的传播者和践行者。在接受和传播马克思主义的过程中，知识阶层的主体接受性对马克思主义的大众化至关重要。耐人寻味的是，在五四新文化运动中，作为当时众多西方思潮之一的马克思主义从开始传入中国时就受到当局和各种反马克思主义思潮的围剿打压，知识阶层却冒着坐牢甚至杀头的危险，矢志不渝地信仰和追求马克思主义；但到新中国成立后，马克思主义成为国家主流意识形态，其地位和影响发生了根本性变化，而作为接受者与传播者双重身份的知识阶层，虽然还有一些人仍在坚持不懈地进行马克思主义的传播与教育，毋庸讳言，也有不少知识分子对马克思主义的态度发生了逆向转变与分化，由最初的真诚信仰和执着追求逐渐演变成迷茫彷徨、虚与委蛇，甚至走上反马克思主义歧途，个中原因和教训值得我们认真反思。

在关于马克思主义大众化主体接受性研究中，因其"主体"涉及的范围太广，工、农、商、学、兵，无所不包，且差异太大，很难做全面深入的研究，故本章只选择其中的知识阶层作为主要考察对象。在众多的主体中之所以选择知识阶层作为考察研究对象，是因为与其他阶层相比，知识阶层有着独特的地位与作用，它不仅是马克思主义最早的接受者和研究者，也是马克思主义大众化进程中最有力的推动者和践行者。近代中国知识阶层的特质及其变迁，是我们思考上述问题不可忽视的一个重要维度。近代中国知识阶层在经历从晚清到民国这一社会转型之后，其特质已发生重要变化，从过去的"士"向现代意义的"知识分子"过渡，从而呈现出二元化特征：一方面，民初转型后的中国知识分子，经新文化洗礼，在观念上开始秉持现代国民平等的公民意识。另一方面，尽管"四民社会"已经崩解，平等的国民观念也已经出现，但儒家文化传统中所沉淀下来的士大夫中心意识尚存；尤其在启蒙知识分子看来，国民的身份与法律的平等，并不能掩盖一般民众与知识阶层在智性和能力上的差距。人民固然是国家的主人，但政治的实际操盘人和舆论的真正掌控者，应该是具有现代知识和政治能力的知识分子。这成了从梁启超到胡适和李大钊等中国启蒙知识分子的基本共识，在严峻的历史大转变时代，也成为支撑他们的信念。因此，近代中国知识阶层仍然抱持强烈的精英主义情怀，将自己看作拥有某种道德使命或先知精神的特殊人物，相信只要坚持不懈，便可以领导舆论、改变风气。

　　士大夫意识与公民意识的相互激荡，构成了近代中国知识阶层复杂的内在特质。[①] 在血雨腥风的革命年代，他们秉持"以天下兴亡为己任"的精神，不顾个人安危，引进马克思主义新思潮，以救人民于水火；在社会主义建设探索时期，虽出现迷茫和分化，但终究不乏秉公直言、守望信仰的理想主义者；在改革开放新时期，社会结构的深度转型也促使中国知识阶层的主体意识和批判精神愈发醒觉，催生出马克思主义大众化进程中日趋多元的复杂谱系。正是知识阶层的这种独特的地位与作用最典型地反映了马克思主义大众化主体接受性的一些内在规律与要素，尤其是知识阶层主体接受性的历史嬗变与分化更值得人们深入思考与探究。本章以历史演变的视角，对知识阶层从民主革命时期到社会主义建设初期，再到改革开放新时期三个不同历史阶段在接受和推动马克思主义大众化进程中的心路历程做了一个全景式的观照与探析，力图从主体接受性的角度揭示马克思主义大众化的一些规律与经验教训，以进一步推进新的历史条件下马克思主义的大众化。与此同时，为了进一步弄清马克思主义大众化主体接受性问题，我们除了从知识阶层这个特殊群体进行考察外，还从一般的主体来探索马克思主义大众化主体接受性的内在作用机理，并在此基础上提出一些改进主体接受性的对策，希望以此推进马克思主义大众化在我国获得更大的发展。

---

① 参见许纪霖：《"少数人的责任"：近代中国知识分子的士大夫意识》，《近代史研究》，2010年第3期。

一、民主革命时期知识阶层接受和传播马克思主义的心路历程

以1840年鸦片战争为历史起点,西学东渐已成不可逆转的历史潮流。从林则徐、魏源的"师夷长技以制夷"到洪秀全以西方基督教为根基的理想"天国",从康有为、梁启超的君主立宪制到孙中山的三民主义,再到新文化运动中胡适的自由主义,中国的知识精英们在近百年时间里都在不断地学习和引进西方资本主义思想。然而,完美的救国方案却总是停留在理想层面;外表光鲜的西方资本主义文明,一旦与中国现实嫁接,结出来的往往都是歪瓜裂枣。寻觅与抉择之中,一次次救国迷梦的幻灭表征着中国现实的残酷。民族振兴,路在何方?这是马克思主义来到中国前大多数知识分子郁结于胸的一道难题。

(一)从被动接受到主动追求

从历史视角解读,中国的知识阶层接受和传播马克思主义经历了一个艰辛的历程。20世纪初,以改良派为代表的知识分子怀着极大的希望与热情,基于对西方资本主义文明的憧憬心理,虚心向处于先进地位的近邻日本学习,梦想解决中国的发展出路问题。以李大钊为代表的青年知识分子更是抱着忧国忧民的情怀,东渡日本,希冀复制日本近代明治维新的成功。这一愿望虽没有实现,却意外地通过日本接触到马克思主义。与此同时,俄国十月革命的胜利进一步打开了国人的眼界。1918年7月,李大钊发表《法俄革命之比较观》,成为马克思主义在中国开始传播的先声,国人由此逐渐接受马克思主义。随后,马克思主义以令人瞠目的速度在中国传播开来,短短两年时间,中国各大主要城市纷纷涌现以宣传马克思主义为己任的革命组织和刊物。

五四新文化运动前后,面对实业救国、科技救国、教育救国以及无政府主义等多种改良主义思潮的兴起,以陈独秀、李大钊为代表的先进知识分子,迅速接受了马克思主义。不可否认的是,知识分子一开始接受马克思主义还带有一定的被动性和盲目性,是诸路皆不通的情况下迫不得已的无奈选择。然而,随着革命实践的不断发展和认识的不断深入,人们对马克思主义从被动接受逐渐转变成主动追求。众多知识分子在面对各种新思潮多元激荡的境遇下坚定地转向了马克思主义,一部分国民党老同盟会会员的思想转向就有力地说明了这一点。董必武曾回忆道,他们过去和孙中山一起搞革命,"革命发展了,孙中山掌握不住,结果给别人搞去了。于

是我们就开始研究俄国的方式",开始读"马克思主义"。① 吴玉章也从辛亥革命的实践中切身认识到:"从前的一套革命老办法非改变不可,我们要从头做起。"② "虽然,这时候我对中国革命还不可能立即得出一个系统的完整的新见解,但是通过十月革命和五四运动的教育,必须依靠下层人民,必须走俄国人的道路,这种思想在我头脑中日益强烈、日益明确了。"③ 追求进步的知识青年对马克思主义更是求之若渴,坚定地选择信仰马克思主义。毛泽东在与美国记者埃德加·斯诺的谈话中提到,在1919年底至1920年4月他"第二次到北京期间,读了许多关于俄国情况的书。我热心地搜寻那时候能找到的为数不多的用中文写的共产主义书籍。有三本书特别深地铭刻在我的心中,建立起我对马克思主义的信仰。我一旦接受了马克思主义是对历史的正确解释以后,我对马克思主义的信仰就没有动摇过"④。到20世纪30年代中期至40年代初,在民族危机和阶级矛盾的双重交织下,中国出现了一大批先进知识分子抛弃大城市的优裕生活,冲破国民党的重重阻挠,先后奔向马克思主义的圣地——延安的潮流。一时间,延安"天下英雄豪杰云集",成了"年轻人的圣城"⑤,这也成为当时国共对垒政治格局下的一大景观。知识阶层对马克思主义的追求热情一直延续到民主革命的最后胜利。

(二) 马克思主义何以赢得知识阶层的认同

民主革命时期,为什么从一开始就受到官方打压的马克思主义却能获得知识阶层乃至广大民众的认同?为什么早于马克思主义进入中国的西方新思潮最终没有被多数知识阶层所接受和认同?

1. 马克思主义具有彻底的革命性、科学性与实践性

与其他社会阶层不同,知识阶层对一种外来理论,不仅要看它实践中的革命性,更要看它学理上的科学性。马克思主义能不能被人们所接受,取决于其本身是否具有革命性、科学性与实践性。对此,早期接触马克思主义的知识精英有着自己的洞见。李大钊称马克思主义为"世界改造原

---

① 参见胡绳:《中国共产党的七十年》,中共党史出版社1991年版,第17页。
② 吴玉章:《吴玉章回忆录》,中国青年出版社1978年版,第109-110页。
③ 吴玉章:《吴玉章回忆录》,中国青年出版社1978年版,第112页。
④ 毛泽东提到的三本书是指陈望道译《共产党宣言》、考茨基著《阶级斗争》和柯卡普著《社会主义史》,参见[美]埃德加·斯诺:《西行漫记》,董乐山译,生活·读书·新知三联书店1979年版,第131页。
⑤ 张远新:《论延安知识分子群体的历史作用》,《中共党史研究》,2010年第3期。

动的学说""是完全自成一个有机的有系统的组织,都有不能分离不容割裂的关系"。① 杨匏安指出:"马氏以唯物的史观为经,以革命思想为纬,加之以在英法观察经济状态之所得,遂构成一种以经济的内容为主之世界观,此其所以称科学的社会主义也。"② 蔡和森认为,"马克思的学理由三点出发:在历史上发明他的唯物史观,在经济上发明他的资本论,在政治上发明他的阶级战争说。三者一以贯之,遂成为革命的马克思主义"③。毛泽东也说过,读了马克思主义的著作,初步地得到认识问题的方法论。这说明马克思主义不仅具有实践意义上的革命性,而且具有学理意义上的科学性。正是马克思主义的革命性与科学性的有机结合,导致知识阶层对马克思主义的欣然接受和认同。

2. 马克思主义契合了知识阶层忧国忧民的特性

马克思指出:"理论在一个国家实现的程度,总是决定于理论满足这个国家的需要的程度。"④。马克思主义得以迅速传播除了满足了当时中国革命实践的发展需要外,还有一个重要原因就是契合了中国知识分子自古以来就具有的"先天下之忧而忧,后天下之乐而乐"的特性。自近代中国沦为半殖民地半封建社会以来,知识分子尝试了各种方案解决中国的出路问题,但都以失败告终。在经历了一次又一次挫折和失败后,马克思主义以一种崭新的理论形态来到了中国,契合了知识分子忧国忧民和救亡图存的心理需求,因而很快为知识阶层所接受与认同。如果没有中国革命的客观需要和知识阶层的主体需求,马克思主义也就无法在各种新思潮的激荡中传播开来,进而实现中国化与大众化。民主革命时期,知识阶层接受马克思主义、促进马克思主义大众化的根本动力就是实现民族独立和人民解放。马克思主义中国化的第一个理论成果——毛泽东思想也主要是围绕中国革命的核心话语而展开的。在革命压倒一切的现实需要下,知识阶层主动追求马克思主义有了充足的现实动力,将马克思主义视为民族独立与人民解放的思想武器,成功地完成了救亡图存的革命任务。

3. 第一次世界大战与俄国十月革命带给知识阶层的鲜明对照效应

鸦片战争以来,尽管西方列强对中国多次侵略的惨痛经历让国人痛心

---

① 参见《李大钊选集》,人民出版社1959年版,第173页、第177页。
② 《杨匏安文集》,广东人民出版社1986年版,第131页。
③ 《蔡和森文集》(上),湖南人民出版社1979年版,第51页。
④ 《马克思恩格斯选集》(第一卷),人民出版社1995年版,第11页。

疾首，知识阶层仍将解救中国的希望寄托于西方的先进制度、先进思想和西方大国的政客身上。然而，第一次世界大战后巴黎和会上西方列强对中国的态度使知识阶层对西方文明的幻想化为泡影。与之形成鲜明对照效应的是，俄国十月革命后，以列宁为首的苏俄政府连续两次发表对华宣言，郑重表示废除过去与中国签订的一切不平等条约，并归还从中国掠夺而来的一切特权。这两种截然不同的态度令知识阶层开始以全新的眼光审视西方文明和俄国革命。陈独秀宣称："我们相信世界上的军国主义（帝国主义）和金力主义（即资本主义），已经造了无穷的罪恶，现在是应该抛弃的了。"瞿秋白说："帝国主义压迫的切骨的痛苦，触醒了空泛的民主主义的噩梦。①……所以学生运动倏然一变而倾向于社会主义。"②旧路不通，只有另觅新路，现实的鲜明对照清晰地擦亮了中国人民的眼睛，明白了中国当下最需要的是什么，而这正是知识阶层长期不懈探索而发生的转变，恰如毛泽东所指出的："全民族迫切需要这样的共产主义，正如饥饿的人需要大米一样。"③"十月革命一声炮响，给我们送来了马克思列宁主义。十月革命帮助了全世界的也帮助了中国的先进分子，用无产阶级的宇宙观作为观察国家命运的工具，重新考虑自己的问题"，而"中国人找到了马克思列宁主义这个放之四海而皆准的普遍真理，中国的面目就起了变化了"④。

二、社会主义建设初期知识阶层认同和追求马克思主义的逆向分化

新中国成立初期，通过整党整风运动，宣传马克思主义和学习毛泽东思想，马克思主义大众化得以不断深入。社会主义改造时期，通过大力宣传和学习总路线，顺利完成三大改造，社会主义制度得以确立，中国的面貌由此焕然一新。亲身体验到新旧两个"中国"鲜明对比的知识阶层，对待马克思主义的态度由感性认知逐渐上升到理性认同的高度，进一步加深了知识阶层主体接受性。然而，随着探索社会主义建设道路过程中党的

---

① 陈独秀：《本志宣言》，《新青年》第7卷第1号，1919年12月1日。
② 《瞿秋白诗文选》，人民文学出版社1982年版，第34-35页。
③ 《毛泽东文集》（第一卷），人民出版社1993年版，第397页。
④ 《毛泽东选集》（第四卷），人民出版社1991年版，第1470-1471页。

错误指导思想的出现和各种政治运动的频繁开展,知识阶层对马克思主义的态度开始发生逆向分化,从1957年反"右"扩大化开始到1976年"文化大革命"结束,其主体接受性从理性认同、自觉践行逐步转变为大部分人盲目顺从,小部分人开始质疑与抗争。

(一) 知识阶层主体接受性的嬗变轨迹

社会主义建设初期,毛泽东曾多次号召广大干部群众学习马克思主义,尤其是马克思主义的方法论思想。他强调:"为了做好我们的工作,各级党委应当大大提倡学习马克思主义的认识论,使之群众化,为广大干部和人民群众所掌握,让哲学从哲学家的课堂上和书本里解放出来,变为群众手里的尖锐武器。"① 在党中央的大力号召下,加之对新政权的认可,知识阶层延续了民主革命时期主动追求马克思主义的热情与动力,在马克思主义和毛泽东思想的一次次宣传普及过程中,他们对待马克思主义的态度经由感性认知不断走向理性认同。一方面,中共中央从1950年5月在全党开始整风运动,严格整顿党的作风;与此同时,通过"三反""五反"等运动,取得了在执政条件下改善党自身作风的良好效果,赢得了知识阶层发自内心的热烈拥护和响应。1951年2月发出的《中共中央关于健全各级宣传机构和加强党的宣传教育工作的指示》指出,"我们党是领导着四万万七千五百万人民的党,必须经常向各界人民正确地宣传马克思列宁主义——毛泽东思想和党在目前的各项主张"②,马克思主义作为国家主流意识形态的指导思想地位逐步确立。另一方面,通过全国范围内的学雷锋、学哲学等活动,掀起一股学习马克思、恩格斯、列宁、斯大林以及毛泽东等经典作家著作的学习热潮,知识阶层对马克思主义的感性认知由此升华为学习和实践马克思主义的世界观、人生观和价值观活动,进而完成了从思想到行动上都趋向于理性认同马克思主义的接受历程。

然而,由于思维惯性和路径依赖的影响,党和国家的理论思维与实践方式并没有随着社会历史的巨大变迁而迅速转变过来,在很长时期内仍然秉持"革命"的理论思维和实践方式,尤其是从毛泽东在晚年陷入"以阶级斗争为纲"的泥潭开始,中国马克思主义大众化的历史进程逐渐偏离了正确的轨道,致使知识阶层对马克思主义的态度产生了逆向分化。

---

① 《毛泽东文集》(第八卷),人民出版社1999年版,第323页。
② 中央文献研究室编:《建国以来重要文献选编》(第二册),中央文献出版社1992年版,第75页。

1957年后，"左"倾错误逐渐在意识形态领域占据主导地位，随后通过在全国范围内的大批判运动和"反修防修"运动使得极"左"错误路线得以确立。为此，知识阶层曾按照"百花齐放、百家争鸣"方针，出于对党的关心和爱护，在整风运动中对党的错误提出一些善意的批评和建议，却招致几十万知识分子被错划为右派，受到政治和人格上的无情打击。而这些政治运动的开展恰恰又是打着马克思主义的旗号进行的，这就导致知识阶层产生了困惑：到底是自己的思想认识有问题，还是现在所宣传的马克思主义理论有问题？尤其是到了"文化大革命"时期，知识阶层作为被教育、被改造的对象更是被打入社会的最底层，基本失去了表达独立思想的话语权。狂热的个人崇拜以及高压的政治环境使得知识阶层对待马克思主义的态度由过去的理性认同逐渐转变为盲目顺从，甚至沦为"四人帮"篡党夺权的御用工具。但也有一些勇敢的知识青年不堪忍受马克思主义沦为政治斗争的工具而走上了质疑抗争的道路。

（二）主体接受性嬗变的原因反思

和平建设时期知识阶层对马克思主义的态度为何发生了这么大的转变？中国的知识阶层在历史境遇最为险恶之时毅然选择了马克思主义，甚至不惜牺牲生命来捍卫马克思主义。然而，当马克思主义成为国家主流意识形态后，知识阶层却失去了过去那种欣然接受和主动追求的热情，逐渐陷入困惑彷徨，最后不得不盲目顺从的尴尬境地。究其转变的缘由，既有客观因素，也有主观原因。

1. 对于马克思主义理论的错误解读与极端化宣传

随着新中国的成立和社会主义改造的完成，马克思主义及其中国化的第一个理论成果——毛泽东思想在意识形态领域内的主导地位得以逐步确立。但随着反"右"斗争、"大跃进"和人民公社化运动，尤其是"文化大革命"的开展，马克思主义和毛泽东思想的科学内涵不断遭到扭曲并成为发动各种政治运动的理论依据。这无疑会导致知识阶层产生困惑与疑虑，尤其是当阶级斗争扩大化思潮愈来愈占据国家主流意识形态时，一大批原本坚持科学马克思主义观点的知识精英反被当成反马克思主义者而被打倒甚至迫害致死，由此带来极其恶劣的政治后果和社会影响，更是加剧了知识阶层的认知转变过程。诸如中共一大代表、卓越的马克思主义理论家、曾被毛泽东誉为"理论界的鲁迅"的李达，由于不同意康生等人倡导的"毛泽东思想是马列主义的顶峰"论调而受到错误批判，最终遭迫害而死。著名马克思主义历史学家翦伯赞、马克思主义哲学家杨献珍、马克思主义经济学家孙冶方等，都曾遭受过错误批判和残酷打击。"文化大革命"从批判文化界的"三家村"开始，更是将对马克思主义的错误解读和极端化宣传推向极致。与此同时，对毛泽东的个人崇拜盛行，毛泽东思想被曲解为绝对真理的化身，甚至被上升到神化的高度加以膜拜。这就使知识阶层很难从理性上继续认同这样的马克思主义。

2. 知识分子政策的突变严重伤害了知识阶层的利益与尊严

新中国成立初期，党和国家给予旧中国过来的知识精英以高度重视和极高礼遇，诚邀德高望重的名人志士参与国家政权建设，以发挥他们在建设新中国中的重要作用。1956年1月，中共中央召开"知识分子问题会议"，周恩来指出："知识分子中间的绝大多数已经成为国家工作人员，已经为社会主义服务，已经是工人阶级的一部分，在社会主义时代，我们必须依靠体力劳动和脑力劳动的密切配合，依靠工人、农民、知识分子的兄弟联盟。"正是因为这次会议，1956年被称为"知识分子的春天"。同年，毛泽东提出要在艺术问题上"百花齐放"、在学术问题上"百家争鸣"的文化方针。这种科学对待知识分子的政策，有利于知识阶层从内心深处理性认同马克思主义。然而，从1957年春夏之际开始，大规模的反"右"斗争开始并不断扩大化。这次反"右"扩大化是对知识阶层的一次沉重打击。自此以后相当长一段时期内，曾被誉为社会精英、代表社会良知与公正的知识分子，被反过来定位为社会主义的异己分子，无论是政治上，还是生活待遇上，都遭到了极为不公正的对待。更为严重的是，反"右"扩大化开启了新中国以言获罪的恶劣先例，使广大知识分子的思想受到很大禁锢，智慧才华受到严重压抑，自由思考的学风日渐衰微。这一状况到"文化大革命"时期进一步恶化。对知识分子的错误打击，表面上是为了捍卫马克思主义的主导地位，实际上却从内心层面削弱了知识分子对马克思主义的理性认同。从此，部分知识阶层对待马克思主义的态度开始变得虚与委蛇和盲目顺从。

3. 知识阶层的双面特质与一元化意识形态之间的内在张力

与其他社会阶层相比，知识阶层的独特个性就在于独立性与批判性。在知识分子的眼中，任何一个社会总是或多或少存在一些缺陷和不足，因而是不圆满的。由于他们总是期冀按照自己的理想目标改造社会，知识阶层常常对现实社会的指责与批判多于肯定和褒扬。对此，美国学者科塞认为，"知识分子是理念的守护者和意识形态的源头"，他们"倾向于培养一种批判态度，对于他们的时代和环境所公认的观念和假设，他们经常详加审查，他们是'另有想法'的人，是精神太平生活中的捣乱分子"①。中国的知识分子深受传统文化的熏陶，聚集了整个民族文化的传统特质：一方面，爱国爱民，愿为国家和民族复兴赴汤蹈火；另一方面，忧国忧民，无所畏惧地充当社会现实的批判者。新中国成立后，知识分子很快接受新政权，力图施展"修身、齐家、治国、平天下"的理想，对强势的国家主流意识形态呈现理性认同心理。然而，伴随一元化意识形态的逐渐确立，一向以"独立之精神和自由之思想"著称的知识阶层，难免与一元化的意识形态产生矛盾与冲突。"双百方针"出台后不久，的确有少数别有用心的知识分子试图改变现实政治制度，这却使整个知识群体付出了沉重代价，为此知识阶层遭到普遍整肃和严厉打击。在一元化意识形态处于"唯我独尊""唯我独革"的历史境遇中，知识阶层除了对马克思主义盲目顺从外，已经无力补天。但另一方面，知识分子追求思想自由和政治民主的固有特质也与当时高度集权的政治体制之间存在着不可调和的内在矛盾。由于知识阶层先天地具有较强的自由观念和民主意识，在革命战争的特殊时期尚能勉强接受民主自由程度不够高的政治状况；但在现代化建设的和平时期，尤其又是在一个本应比资本主义更加民主的社会主义国家里，权力高度集中、民主程度不高的政治状况就比较容易引起知识群体的不满情绪，这种不满情绪又会反过来严重影响其对那种被歪曲的马克思主义的认同。

社会主义建设时期马克思主义大众化进程中知识阶层主体接受性的嬗变与分化深刻说明，马克思主义不是供人们顶礼膜拜的圣经，更不是任人打扮的小姑娘。"文革"前和"文革"中对马克思主义，尤其是马克思主义中国化的产物——毛泽东思想的神化和曲解，不仅不利于知识阶层进一步认同和接受马克思主义，反而迫使他们发生了逆向转变与分化。本来马克思主义因其科学性和革命性具有自身的理论魅力和实践影响力，但一旦被神化，尤其被曲解后，就失去了认同感与追随者。

在马克思主义从西方理论殿堂传入中国普罗大众的过程，知识阶层扮演了一个极为重要的角色——既是接受者和传播者，又是研究者和实践者。知识阶层为马克思主义中国化和大众化做出了重要贡献。马克思主义大众化进程中知识阶层主体接受性的嬗变历程也深刻说明，要进一步推进

---

① [美]刘易斯·科塞：《理念人：一项社会学的考察》，郭方等译，中央编译出版社2001年版，第4—5页。

马克思主义大众化,既需要知识阶层自身随着时代的转换,将自己的角色从革命时代以批判为主转变为和平时代以建设为主,以更好地发挥自己在先进思想理论建设中的独特作用;同时也需要以马克思主义为指导的执政党科学地对待马克思主义,大力营造一种宽松和谐的思想和学术氛围,充分尊重知识阶层的主体性与独立性,为知识阶层进一步接受、传播和研究马克思主义创造必要的条件。

三、改革开放新时期知识阶层马克思主义主体接受性的多元裂变

1978年12月党的十一届三中全会的召开,标志着中国进入改革开放新历史时期,马克思主义大众化的历史进程也由此进入一个全新的阶段。1978年关于"实践是检验真理的唯一标准"大讨论和1981年6月中共十一届六中全会通过的《关于建国以来党的若干历史问题的决议》,重新科学评价了毛泽东以及毛泽东思想,通过拨乱反正,在新的历史条件下进一步坚持和发展了毛泽东思想,从而使什么是真正的马克思主义、什么是教条式的马克思主义等重大理论问题得以澄清。从1982年党的十二大首次提出中国特色社会主义理论到1992年邓小平的南方谈话,在坚持四项基本原则、反对资产阶级自由化思潮、加快推进改革开放的实践进程中,对什么是社会主义、怎样建设社会主义以及什么是马克思主义、什么是非马克思主义等重大理论问题的讨论进一步深化。此后,党和国家又接连通过开展"三讲"教育、"八荣八耻"教育、学习贯彻"三个代表"重要思想以及科学发展观等重大战略思想不断赋予马克思主义以全新的时代内涵,并逐步深化马克思主义大众化的历史进程。然而,在这样的历史背景下,广大知识阶层对待马克思主义的主体接受态度却在新的时代条件下进一步发生分化,与新中国成立后的分化(即一部分知识分子继续信仰马克思主义;而另一部分知识分子开始质疑被曲解的"马克思主义",但内心仍信仰马克思主义)有所不同,这一历史阶段的分化趋向多元裂变。虽然仍有不少知识分子继续坚守马克思主义理论不动摇,但无法回避的一个客观事实是:有相当数量的知识分子群体对待马克思主义的态度已经从迷茫质疑转向冷漠动摇,甚至追求当代西方流行的各种理论思潮。

(一)幻梦:知识阶层主体接受性发生裂变的历史过程

毛泽东去世以后的中国走到了一个十字路口,包括知识阶层在内的全

国民众对于"中国向何处去"这样一个宏大主题充满了困惑与迷茫。对于知识分子群体而言,一方面,"文化大革命"的结束意味着他们遭受压制与打击的时代已经终结,自由开明的新鲜空气的涌入使他们看到了新的希望;另一方面,先前打着马克思主义旗号开展的一系列政治运动使得他们的内心充满了恐惧与质疑,他们开始重新审视自己过去所接受的马克思主义,以试图解开心中的谜团。《光明日报》开启的关于真理标准问题的全国大讨论在某种意义上重新激起了广大知识精英们的思想热情,"两个凡是"对待马克思主义和毛泽东思想的教条式理解被基本破除,解放思想、实事求是被重新确立为主流意识形态的哲学依据;随之而来的是改革开放新思维以及邓小平理论作为马克思主义中国化第二大理论成果地位的逐步确立。这些都在相当程度上再次激起了广大知识阶层对于马克思主义的认同。但是,前后长达近二十年(1957—1976)的错误路线对知识分子的思想影响和伤害并不能在短时期内一下子革除殆尽;而在旧有的思想纠结还没有完全舒展的情形下,伴随改革开放而来的社会转型期,其一系列诸如体制不畅、社会不公和贫富分化等现实弊病很快又引起了知识阶层的警觉和反思,再加上国门的打开,西方各种思想理论如潮水般涌入,让人目不暇接,从而使他们再次对马克思主义陷入迷茫质疑之中。因此,一方面,党和国家正确对待知识分子政策的重新落实,有利于广大知识阶层充分发挥其聪明才智,为中国特色社会主义的建设事业服务;另一方面,由于历史和现实的诸多因素的影响,知识阶层对马克思主义的主体接受性态度进一步裂变。有人在新的时代境遇下继续固守教条式的马克思主义,有人主张在新的历史条件下进一步发展马克思主义,也有人抱着质疑的态度反思马克思主义,甚至有人从内心深处动摇了对马克思主义的信仰,并从根本上否定马克思主义的指导地位。

改革开放是中国社会转型期的历史起点和逻辑起点,党和国家的工作重心由此转移到以经济建设为中心。改革开放以后,马克思主义大众化的落脚点从政治斗争随之转移到经济建设上来,这在极大地提升经济发展效率和改善人民生活水平的同时,也带来了另外一种偏向,即过分强调经济的发展而忽视社会与人的发展;经济话语开始占据主导地位,带来的一个必然后果就是主流意识形态或多或少染上"经济主义"色彩,社会的公平正义、人的存在价值以及精神需求等遭到极大冷落,马克思主义在人们心目中的接受效果也必然会大打折扣。于是,越来越多的公众接受于丹、易中天而不是马克思、恩格斯;古装电视剧收视率节节攀高;一些地区封建迷信卷土重来，甚至出现借死人发财的行当大行其道等不正常的社会现象，更为夸张的是连诸如李一道长、张悟本等人的江湖骗术都开始借传统的名义横行天下。再加上对马克思主义的宣传与教育无论从内容还是方式手段上都还没有完全摆脱过去教条主义的影响，导致部分知识分子对马克思主义的态度由改革开放初期的迷茫质疑逐步转向冷漠甚至反感。湖南某高校一名研究生在报刊上公开坦承：马克思"不由分说地被架到了中国人民导师的位置，而我们这些学生更只能无条件地继承先师衣钵：讲话发言，要有马克思；学术研究，要有马克思；晋升考试，那就更要有马克思啦"，并认为："马克思主义虽谈不上'压迫'，但'政治说教''思想灌输'的性质是全然逃不掉的。"① 中山大学在一份以高校马克思主义理论教育与思想政治工作者为研究对象的相关调查报告中发现，他们对主流意识形态宣传非常接受的只占 5.8%、比较接受的占 49.1%、一般的占 34.3%、比较反感的占 10.5%、非常反感的占 0.3%。② 由此可见，在知识分子最为集中的高校，以宣传马克思主义理论为己任的队伍中认同马克思主义的才占到半数左右，遑论其他领域的知识分子了，这充分说明了马克思主义在当今知识阶层心目中的冷漠程度。中国人民大学前副校长谢韬的思想历程转变尤其令人唏嘘不已，这名 1946 年加入中国共产党的老革命，并毕业于延安马列学院的老马列，曾经对马克思主义无限热爱并忠诚信仰，然而，改革开放以来其思想历程却发生了惊人的转变，不仅开始对自己所无比信仰过的马克思主义大加批判，而且断言"只有民主社会主义才能救中国"③。他的言论曾引发国内学界的一场大讨论。

（二）失落：知识阶层主体接受性裂变的原因

知识阶层对马克思主义的主体接受性态度会变化本身并不奇怪，因为整个社会时代也无时无刻不在变化发展，反映到人们的精神价值层面，也必然会发生相应转向。然而，这种变化不是随着改革开放实践发展的正向转变，而是如此复杂而又快速地逆向多元裂变，这一点很值得人们理性反思并深入探究。

1. 改革开放境遇带来思想文化上的多元冲击

知识分子对马克思主义态度的裂变首先与改革开放境遇带来的思想文

---

① 范思鼎：《别了，马克思》，《羊城晚报》，2010 年 4 月 10 日。
② 参见郭文亮教授主持的国家社科基金"当前我国高校主流意识形态面临的挑战与对策实证研究"调研报告。
③ 谢韬：《民主社会主义模式与中国前途》，《炎黄春秋》，2007 年第 2 期。

化上的多元冲击密切相关。这种思想文化的冲击一方面来自中国传统文化的复兴。改革开放以来，伴随以经济建设为中心的价值取向的确立，以及市场经济的逐渐发展，人们的道德却在"一切向钱看"等不良社会氛围的影响下不断走向滑坡；与此同时，伴随着对外开放带来的相对宽松自由的文化氛围，传统文化基于重塑道德的功能以及良性的生长发育环境这样一种双重契机而重新得以复兴。在这种社会境遇中，有些人面对唯利是图、经济至上的社会风气呼吁"回到过去"，试图通过传统文化的力量来解决现实社会存在的诸多问题；但也有一些人则怀揣不可告人的私心，将传统文化当作获取利益的工具，不遗余力地炒作"国学热"，这些人本身就是市场社会的产物。因而，过去备受压制的传统文化在新的历史时期重获生机，开始了当代复兴的历程，这在一定程度上挤压了知识阶层对于马克思主义的信仰空间。思想文化的冲击另一方面来自外来的多元思潮。20世纪80年代末90年代初，东欧剧变、苏联解体给世界共产主义运动造成了重大挫折，在世界范围内兴起了一股贬损、否定马克思主义的思想潮流，西方一些资本主义国家以此为契机，对剩余的社会主义国家大搞"和平演变"，企图从根本上颠覆社会主义的政治制度。这对中国继续坚持马克思主义的指导地位造成了极为不利的思想影响。

而进入21世纪以来，随着改革开放的深入和社会转型的加剧，一元化的马克思主义及其主流意识形态的理论灌输，已经不再能够适应社会时代发展的新情况，多样性的社会思潮因应新的时代境遇不断涌现。如经济领域的新自由主义、政治思想领域的民主社会主义、价值观领域的所谓"普世价值"、历史领域的历史虚无主义等，各种社会思潮相互激荡博弈。在党和国家提出以市场为取向的经济改革，把建立社会主义市场经济体制作为目标时，新自由主义抬头并得以泛滥；在党的十七大召开前夕，中国共产党提出政治体制改革，这时主要是民主社会主义蔓延；当党和国家提出建设社会主义核心价值体系时，"普世价值"又开始冒头；而历史虚无主义则始终贯穿在20世纪90年代以来的改革开放的进程中。[①] 事实上，由于知识阶层的群体特质，这些多元的思想文化首先冲击到的就是中国的广大知识分子，这就自然会影响到知识阶层对待马克思主义的主体接受性程度。

[①] 参见《20世纪90年代以来反马克思主义的几种主要社会思潮：访中国社会科学院马克思主义研究院特聘研究员周新城》，《马克思主义研究》，2010年第5期。

2. 利益的分化带来知识阶层价值观的分化

裂变就其本质而言是一种分化，知识阶层对待马克思主义的认识之所以发生裂变，实质上根源于广大知识群体价值观的分化，而这种价值观的分化在很大程度上是由于改革开放所带来的利益分化所导致的。因应改革开放以来的巨大社会历史变迁和显著利益分化，中国的知识阶层在价值观领域出现了新的分化，由此导致其对待马克思主义的态度也逐渐趋向多元化；尤其是对物质利益和市场经济的空前强调乃至畸形突出所带来的巨大观念变革，对广大知识分子的主体接受性态度带来前所未有的价值冲击。例如，马克思主义一贯强调公有制并标榜共同富裕的价值目标，然而现实社会中的巨大反差却使原有的理论显得苍白无力；特别是一批深受传统马克思主义思想熏陶的老干部、老知识分子，目睹现实中日益扩大的贫富差距等种种社会不公现象，由于无法理解现状，容易感受到心理上的巨大落差，致使他们也禁不住对自己无比信仰的马克思主义产生了怀疑。这里面虽然有老一代知识阶层自身的各种原因，但理论与实践之间存在的种种无法自圆其说的矛盾之处无疑更具有决定性作用。

事实上，在当今经济全球化、政治多极化和文化多元化的时代境遇下，相当一部分人民群众甚至包括一些党政领导干部的世界观、人生观、价值观发生了急剧变化，并直接导致信仰危机的出现；从"法轮功"事件中可以清晰地审视，即使是中国共产党党员、政府官员和领导干部等体制内的精英阶层，不信马列信鬼神的都大有人在；而有调查显示，"80后""90后"等代表未来的一代超自然信仰的人群比例极高，越来越多的人群对星座、生肖、占卜等唯心迷信性的东西产生浓厚兴趣。① 这样的变化带来的一个实质性问题就是马克思主义在意识形态领域的主导地位受到挑战。与此同时，价值观的分化还造成知识阶层在思想和队伍上的分化。根据知识分子与政治决策中心的接近程度以及政治参与程度，知识分子群体可以划分为学院派、国策派、公共知识分子。根据所学学科、知识技能、领域等的不同，知识分子群体可以划分为人文知识分子和技术知识分子；其中，人文知识分子根据其对于改革和中国发展道路的立场和态度，又可分为左翼或新左派和右翼或新右派。根据知识分子生存和活动方式与体制的远近，知识分子群体可以分为体制内知识分子与体制外知识分

---

① 参见罗会德：《马克思主义大众化的历史进程和基本经验——30 年的回顾与总结》，《社会主义研究》，2008 年第 6 期。

子。不同的划分标准，不同的类别归属，皆表明知识分子群体内部已非铁板一块。"当前，随着知识分子群体的分化，意识形态的生产来源更加广泛、广阔，从而在一定程度上导致意识形态的多样化。多样化意识形态的出现有其历史必然性，也有其现实合理性，但我们必须承认，它将在一定程度上弱化主流意识形态，甚至分化和瓦解主流意识形态。"①

另外，伴随剧烈的体制转轨和社会转型，家国同构的"国家—社会"旧有格局逐步瓦解，知识精英们的非日常生活逐步从日常生活中退出；部分知识分子依然主要在非日常生活领域活动，但更多的知识分子则将活动领域转向日常生活层面；对于包括政治活动在内的非日常生活的参与逐渐减少甚至产生政治冷漠，有些日常生活的图式被带入非日常生活中，这就在很大程度上挤压了广大知识阶层对于马克思主义的接受空间。

3. 社会现实的弊病带来理想信仰的失落

广大知识精英们内在精神层面再坚不可摧的理想信仰，一旦发觉与社会现实相脱节甚至完全同其处于对立状态，其信仰就很容易在顺刻之间灰飞烟灭。当代中国社会的改革开放从初始至现在，始终存在着"姓社姓资"的争论与困惑，在这一点上主流理论工作者始终无法给出圆满且真正与时俱进的解释以及令知识精英们完全信服的解释与论据。而现实中当前中国社会大量存在着的官员严重腐败、房价过度高涨、暴力拆迁频发、收入分配不合理以及贫富差距扩大化等现实弊病也直接影响着广大知识阶层对于党和政府的信心、信任和支持，进而降低对马克思主义的接受、认同与支持。尤其是在当前经济转轨、社会转型、社会矛盾多发的特殊历史时期，各种传统的、新型的人民内部矛盾日益复杂多样化，这些社会矛盾具有触点多、燃点低、处理难等特点，这些特点再结合信息时代的开放性，便表现出明显的"体制性思考"特征。诸如当前现实中政治体制的改革在很多方面滞后于社会经济等其他方面的改革现状，尤其是党政不分、权力过于集中、权力难以被制约监督等沉疴积弊难以在短时间内革除，而这些都是在以马克思主义为指导的国度里发生的现象，这不仅长期阻碍中国政治体制的现代化进程，而且进一步促使知识阶层对马克思主义态度发生裂变。再加上思想舆论管制较为严厉，自由宽松的社会舆论氛围并未完全形成，这些都在相当程度上不利于树立马克思主义兼容并蓄的主

---

① 转引自武晟的"发挥知识分子在社会主义意识形态建设中的作用"专题调研报告。

流意识形态品格。毋庸讳言，身处当今全球化境遇和信息化时代的中国知识分子群体，仍然能够清晰地体会到来自现有社会政治生态的不确定性甚至是不安全感。2010年发生的"渭南书案"，作家谢朝平由于写作《大迁徙》一书而因文获罪，遭到通缉并被逮捕拘留，原因仅仅在于其书中揭露了当地政府相关部门非法截留移民款项的腐败事实。这一案件最后不了了之，在一定意义上反映了具备独立人格的知识分子在当今社会中所遭遇的不利困境。不可想象，这样的社会境遇对知识分子接受、认同马克思主义会造成多大的伤害。事实上，马克思主义本身是无辜的，但是由于诸多造就现实体制弊病的相关部门及其人员，纷纷打着马克思主义的旗号并将其当作自己的标识，就使得马克思主义最终成为一个遭遇冷漠以对的牺牲品。

改革开放新时期知识阶层马克思主义主体接受性所发生的多元裂变告诉我们：在改革开放和实行市场经济体制的环境下，知识阶层马克思主义主体接受性遭遇着有史以来最严峻的挑战，回应这种挑战的最好方式不是重新回到过去封闭僵化时期对思想意识和理论研究的严厉控制，也不能轻易放纵西方各种非马克思主义和反马克思主义思潮对社会主义意识形态阵地的侵入，而应该继续深化改革开放，营造宽松和谐的思想理论氛围，鼓励知识分子在坚持马克思主义旗帜的前提下，解放思想，大胆探索马克思主义中国化、时代化、大众化进程中发生的各种重大理论问题和实践问题。自主探索和自由思考，是新时期提高知识阶层马克思主义主体接受性的必要条件。

四、增强知识阶层对马克思主义接受效果的几点思考

近年来，在党和国家大力推进马克思主义中国化、大众化、时代化的不断努力下，知识阶层对马克思主义的主体接受性有了很大程度的回暖和改善，很多知识分子开始重新审视并逐步接受马克思主义。然而不容否认的是，从接受的效果来看，尚有不尽人意之处。虽然从表面上看，知识阶层对于马克思主义大众化活动未出现大规模抵触和排斥的情形，但要使他们真正心悦诚服和自觉认同，无疑还需要付出更大的努力。因此，增强知识阶层对马克思主义接受效果的工作，仍然任重而道远。

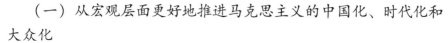

（一）从宏观层面更好地推进马克思主义的中国化、时代化和大众化

1. 在多元化社会思潮的挑战中增强马克思主义大众化的说服力

改革开放以来，伴随中国经济社会的深刻转型，意识形态领域发生了诸多新的变化。与新中国成立后的前30年相比，改革开放以来的30多年是各种社会思潮发展最为活跃的时期。① 在社会经济转型的历史大变局中，出现了前所未有的各种思想意识的新矛盾、新问题与新困境。由各种思想挑战和意识困惑带来的社会思潮的深刻变动，必然会对马克思主义大众化进程带来挑战。改革开放所带来的思想观念的多元化不可避免地使知识阶层面临着多种思想和信仰体系的冲击，由此导致此前庞大的马克思主义信仰群体的分化。

面对多元社会思潮的激烈交锋和轮番冲击，马克思主义势必要做出强有力的回应，发挥其先进理论的巨大威力，而不能听之任之，任由各种社会思潮不断消解马克思主义思想的指导地位。面对历史虚无主义、自由主义和保守主义等西方思潮的兴起及其在日常生活中对普通民众渗透日益加剧的状况，只有从理论内容、理论逻辑和理论形式等各个方面不断推进马克思主义的理论创新，在各种思想理论交锋、多元文化并存的挑战中，才能增强马克思主义的生命力和说服力，从而获得知识阶层对马克思主义的认同与接受。

2. 在市场化利益诉求的变迁中增强马克思主义大众化的亲和力

伴随中国市场化进程的日益深入，社会阶层的分化和利益诉求的变迁使马克思主义大众化遇到新的挑战。不同的社会阶层和利益群体在经济地位、文化水平、思想状况、价值偏向等方面都表现出很强的差异性甚至排他性。因此，如何有层次有针对性地推进马克思主义大众化，如何实现新的社会阶层对马克思主义的认同，以及马克思主义如何应对人民大众日益增长的物质文化需要，都是马克思主义大众化过程中无法回避的问题。

市场经济、社会变迁和利益分化的现实境遇带来思想文化的多元并存局面，使得一元化的意识形态一统天下的状况已然不再可能，但这绝不意味着可以取消马克思主义思想的主导性。相反，社会阶层的分化和利益诉求的变迁更加需要马克思主义先进理论的引导，只有这样才会避免社会思

---

① 参见萧功秦：《困境之礁上的思想水花——当代中国六大社会思潮析论》，《社会科学论坛》，2010年第8期。

想出现一盘散沙的局面。这也正是通过推进马克思主义大众化进一步夯实马克思主义思想指导地位的题中应有之义。然而，在当今的市场经济条件下，马克思主义的传播形式和教育方式必须要及时更新，不能再像过去一样"高高在上""板起脸孔说话"，而是要"放下架子"，采用群众喜闻乐见、活泼有效的话语方式重新赢得大众。只有不断增强马克思主义大众化的亲和力，才能更好地获取知识阶层发自内心地接受和认同。

3. 在信息化网络社会的境遇中增强马克思主义大众化的感召力

信息化时代，网络和手机等新兴媒体的迅猛发展，为理论信息的传播展现了前所未有的方便与快捷。来自中国互联网络信息中心发布的《第29次中国互联网络发展状况统计报告》显示，截至2011年12月底，中国网民达到5.13亿人，互联网普及率达到38.3%，其中手机网民达到3.56亿人。随着网络社会的来临，中国社会已经进入传媒聚光灯和大众麦克风时代，以互联网和手机为代表的新兴媒体不断发展和普及，带来了传播方式和媒体格局的深刻变化。互联网成为各种社会思潮传播、渗透的新载体和新方式，知识分子群体是互联网使用最多的用户之一。信息化网络社会的发展既给马克思主义大众化带来了极大的挑战，也给马克思主义大众化提供了发展机遇。

总之，只有不断创造理论宣传的新型媒介，并不断对传统媒介进行革新，让马克思主义理论发展的新成果以最快的速度、最便捷的方式和最具感召力的形象走进知识阶层的视野，才能赢得知识阶层对马克思主义的接受与认同。

4. 在全球化文化融合的视野中增强马克思主义大众化的影响力

随着经济全球化的深入发展，一方面，世界范围内各种思想文化交流、交融、交锋更加频繁，国际思想文化领域斗争依然深刻复杂；另一方面，不同国家、不同民族的思想文化在全球化时代的背景下日益融合，呈现出一定的同质化倾向。当前，主张西化的新自由主义、以新儒学为代表的文化保守主义思潮、宣称第三条道路的民主社会主义以及以"宗教文化"为幌子的神秘主义等外来社会思潮异常活跃，不断冲击着马克思主义意识形态的主导地位。

在文化全球化的过程中，不可否认的是，人类社会确实存在着某些相通的价值取向和思想观念，诸如对和平、公平、正义、民主、自由和人权等价值理念的共同美好追求。然而，同样不容忽视的是，国际社会上有些别有用心的政治势力，怀揣不可告人的目的，以"普世价值"的名义宣扬意识形态的"趋同论""过时论""无用论""中立论""虚假论""终结论"等形式各异的非意识形态化思潮，构成了对马克思主义作为指导思想的号召力、影响力和权威性的严重威胁。因此，在全球化文化融合的视野下提升知识阶层对马克思主义的主体接受性，必须要积极转换态度，不仅要"被动"地回应各种外来思潮的影响与冲击，更要有"亮剑"精神，"主动"地运用马克思主义的立场、观点和方法，以历史唯物主义科学的批判精神来对待各种思潮，既要对其做出准确的分析与说明，又要在应对当代社会思潮中，真正发挥作为普遍真理的马克思主义的威力。[①]

（二）从微观层面更好地解决有助于知识阶层接受马克思主义的具体问题

1. 尊重知识分子的主体地位，建构以人为本的传播范式

从民主革命时期到社会主义建设时期，再到改革开放的新时期，知识阶层之所以对马克思主义的态度摇摆不定，甚至出现大起大落，究其原因除了时代条件变迁的客观因素以外，也与马克思主义的教育传播方式本身存在问题不无关系。尤其是马克思主义的传播与教育者对知识分子的政策缺乏稳定性，历次大规模的政治运动伤害到知识阶层自尊心的同时也使其内心缺乏安全感。知识分子的主体地位得不到基本保障甚至连尊严都谈不上，是导致其对马克思主义的接受效果不佳的重要原因之一。

从系统论的视域出发，接受者在马克思主义大众化的接受结构中处于核心地位，在接受过程中发挥着决定性作用，这就要求我们必须尊重知识阶层作为接受者的主体地位。一方面，要大力营造一种宽松和谐的社会舆论氛围，制定一以贯之的政策充分保障知识分子的主体地位，在法律规定的范围内容许其具有独立人格、个人见解和自由思想。另一方面，要建构以人为本的传播范式，努力满足知识分子各方面的合理需求，使其从马克思主义大众化活动中得到实质性的善待和成就感。只有善待知识阶层，使其宣传马克思主义的成就感自内心油然而生，才能激发接受主体的接受动力，疏通理论传播的信息渠道，创造良好的情感效应。

2. 重拾马克思主义批判精神，回归普罗大众立场的问题意识

马克思主义（作为意识形态）不同于一般意识形态的重要特点，就是它建立在社会发展规律的逻辑框架内的价值体系，建立在深厚阶级情感

[①] 参见刘同舫：《在应对当代各种社会思潮的挑战中发挥马克思主义的威力》，《马克思主义研究》，2010年第3期。

基础上的理性精神,建立在严谨科学态度上的目标图景设定,从而使价值与真理、理智与情感、理想与现实紧密结合在一起。① 因此,马克思主义从来就不是歌功颂德的资政工具,而是诊治时代病症的思想利器。胸怀天下的先进知识分子之所以青睐马克思主义,不但在于它与时俱进的正确性、真理性,还在于它对现实所抱有的理性反思和批判精神。

在马克思主义大众化的进程中提升知识阶层的主体接受性,还需要从普罗大众的立场出发,回归强烈的"现实旨趣"和"问题意识",才能夯实知识分子群体对马克思主义的情感认同。事实上,马克思主义原本就是为工人阶级以及其他劳动群众表达利益诉求、提供精神寄托的强大理论武器。民主革命时期,知识阶层主动接受马克思主义的根本原因就在于:马克思主义具有鲜明的为普罗大众谋利益的阶级意识形态特点。在改革开放新时期的今天,要继续用马克思主义解决大众面临的实际问题,尤其对于当前社会中的弱势群体和改革开放中出现的新社会阶层,马克思主义应当为其提供积极的理论资源。只有首先从人民大众的利益出发,解决大众的迫切问题,才能获得大众的真正认同,进而取得知识阶层的价值共鸣。

3. 力促马克思主义对接现实,走出学院作风的路径依赖

马克思主义从来就不应是标语口号式的政治宣传,也不应仅仅是空中楼阁式的文本呈现。曾几何时,正是由于马克思主义一度流于教条、"上不接天,下不着地",无法对现实做出切实有效的回应,才致使一些知识分子对其失望而逐渐远离它。大力宣传马克思主义本是实现马克思主义大众化的必要环节,但一些脱离群众、脱离实际的宣传只会令其逐渐萎缩直至失去生命力。正如列宁所言:"整个宣传工作应该建立在经济建设的政治经验之上。……应当少说空话,因为空话满足不了劳动人民的需要。"② 要让马克思主义丰富的超越性内涵,如对人类历史的睿智思考、对劳动大众的大悲大悯、对社会理想的执着追求,转化为知识阶层感受得到的精神食粮,使马克思主义获得在他们精神家园中的应有位置。

早在抗日战争时期,毛泽东就在《反对党八股》一文中,集中剖析了党八股的"歪风",历数了党八股的八大罪状,如"空话连篇,言之无物""装腔作势,借以吓人""无的放矢,不看对象""语言无味,像个

---

① 参见朱兆中:《意识形态的传播与接受问题研究——兼论中国马克思主义的传播与接受》,《上海行政学院学报》,2007 年第 4 期。

② 《列宁选集》(第四卷),人民出版社 1995 年版,第 308 – 309 页。

瘪三""甲乙丙丁，开中药铺"，等等。实际上，毛泽东历数的这些现象都属于教条主义的学院派作风，它们至今仍然以各种改头换面的形式大量存在。一些看似公允的两点论，实际上是不折不扣的废话、空话、大话。结果就是外延空泛，内涵贫乏，不仅"放之四海而皆准"，而且"放之四时而皆准"。由于各种蹩脚、呆板的理论宣传，使得"可信的"马克思主义变得"不可爱"了，[①] 消解了马克思主义在广大知识分子心目中原有的美好形象。因此，杜绝一些陈词滥调或所谓"正确的废话"，给马克思主义切实注入大众话语，将马克思主义的经典形态转换为大众喜闻乐见的形态，就成了重塑马克思主义在知识阶层心目中形象的刻不容缓的任务。

4. 增强马克思主义的解释力，重塑知识阶层的接受旨趣

马克思主义之所以在当代遭遇一些知识分子的非议和冷落，一个很重要的原因就在于很多人认为这一理论早已过时，其对日新月异的时代发展早已失去过往一针见血的现实解释力。因此从理论逻辑上讲，要不断建构和完善马克思主义的理论体系。马克思主义在自身的发展中，形成了不少创新成果，如列宁主义、毛泽东思想、邓小平理论等，从而使马克思主义存在不同的历史形态；同时，马克思主义在世界各国的实践，也出现了不同的结果。因此，当前马克思主义理论建构的一个重要任务，就是在论证最新理论形态与马克思主义的原生形态和其他历史形态的连续性上，在论证马克思主义在苏联和我国实践过程中出现的重大失误问题上，给出能够自圆其说、能够征服对手的解释。如果不能做到这一点，马克思主义在知识阶层心目中的科学性就会出现严重危机。

马克思主义大众化不等于马克思主义的过量灌输，更不等于迎合大众的庸俗化。普通群众由于没有足够的时间和精力阅读经典文本，对马克思主义或者人云亦云、鹦鹉学舌，或者断章取义、为己所用，难免会对马克思主义的理解存在某些偏差和误读，甚至出现错讹、窜改乃至庸俗化倾向。知识阶层不同于普罗大众，他们代表的是社会上的知识精英，对马克思主义的解读相对更加深入，与此同时，对一种思想理论的接受旨趣也会有着更高的标准。因此，要立足大众，从知识阶层的实际出发，加强马克思主义的理论创新，突出马克思主义的实践性、民族性和时代性，以理论的革命性和科学性让知识阶层真正折服。一方面，要降低姿态，创造和更

---

① 参见张建忠：《马克思主义大众化的主体结构、目的取向和路径选择》，《思想政治教育研究》，2010年第2期。

新话语表达，发出大众容易和乐于接受的声音，筑牢知识阶层认同马克思主义的文化基础。另一方面，要提高水平，发掘马克思主义大众化的有效方法。只有保证理论传播的适量和高质，才能保证马克思主义真正走入知识阶层的物质生活和精神生活，并最终取信于广大知识分子。

五、马克思主义大众化主体接受性的作用机理及其应用对策

马克思主义之所以能通过知识阶层的接受与传播并最终为普罗大众所接受，是有其内在缘由的。知识阶层和普罗大众为何以及如何接受马克思主义，即马克思主义大众化过程中的内在作用机理，是实现马克思主义大众化的关键所在，也是探讨马克思主义大众化论题时绕不过去的一个核心问题。然而，学术界对这一问题的研究尚不深入。① 本部分以主体接受活动为视角，试图对这一问题进行初步的研究。

（一）马克思主义大众化主体接受性的作用机理

从主体接受活动的视角看，马克思主义大众化是一种意识活动，简单来说，即作为主体的人民大众通过各种中介自觉认识、接受作为客体的马克思主义的心理和思维活动。在主体接受活动的基本结构中，马克思主义是理论客体，知识阶层和普罗大众是接受主体，二者之间还存在着载体、手段、方式和环境等各种具体或抽象的中介。简单来说，主体接受活动就是主体通过中介接受客体的活动。主体、客体和中介的相互作用，决定着主体接受活动的正常运作。作为意识活动，马克思主义大众化具有认知、情感和意志三个维度，并表现出相应的作用机理。

1. 信息认知机理

从认知维度看，马克思主义大众化是一个思想理论认知过程。在认知心理学看来，认知即对信息的认知。人是一个信息加工系统，"人的认知可以对感觉输入进行变换、简约、加工、存贮、提取和使用"，认知的每一个阶段"都由人的一定认知单元或认知形式对输入信息进行特定的操

---

① 涉及这一问题的文章有刘居安《思想政治教育接受主体动力问题探析》（《马克思主义与现实》，2004 年第 4 期）、陈娱《接受图式与马克思主义大众化》（《华中科技大学学报》，2010 年第 4 期）等少数几篇。

作"①。从这一角度,我们可以把马克思主义大众化看作一个信息认知过程,马克思主义大众化的接受客体、接受主体、接受介体可以分别理解为信息、信息认知者和媒介。马克思主义的思想信息如何进入接受主体的头脑,如何被选择或被抛弃,又如何被加工和内化,这就是其中的信息认知机理。

从信息认知的角度看,主体接受活动包括选择、解读、接受和运用四个环节。马克思主义思想信息在各个环节中依次流通,这意味着,只要在任何一个环节发生障碍,就会出现信息流失。

选择环节是最开始的一个环节。"传播学之父"施拉姆曾这样描述受众的选择行为:受众参与传播就好比在自助餐厅就餐,媒介为受众服务,提供尽可能让受众满意的饭菜(信息)。至于受众吃什么,吃多少,吃还是不吃,全在于受众自身的意愿和喜好。② 受众即接受主体的积极或消极反应,不仅与接受客体的特点有关,也与传播主体的人格特点及其所运用的传播方式,以及接受媒介、接受环境对接受主体的适应度有关。尤其是当接受主体处于较为自由的环境,或有多个信息对象可供选择时,如果接受客体(以及与此紧密联系的传播主体或接受中介)的外在特征与接受主体构成强烈对立,即使接受客体的深层内涵与接受主体的关注点存在本质上的契合性,也可能在初次接触时即遭到拒斥,造成信息流失。一般来说,能够满足接受主体需要并且在外在特征上与接受主体不会构成对抗的信息,才能够引起接受主体的积极反应。在接受主体对信息做出积极反应后,也并非所有信息都能进入接受主体的头脑。

如有些对于接受主体来说并不反感,但是与接受主体的知识构成、理解能力等相距较远的信息,仍然会被过滤,而留下来的则是既能满足接受主体需要,又适合其理解水平和要求,即合其"期待视野"的信息。

解读环节在接受过程中具有决定性的意义。被接受主体选择的信息,只有经过解读,才能被转换为接受主体真正理解的信息,从而具备在接受主体头脑中较长时间留存的可能。

认知心理学的研究表明,解读过程就是接受主体利用自身已有的认知结构认知对象的过程。瑞士著名心理学家皮亚杰提出了"认知图式"

---

① 沙莲香:《传播学——以人为主体的图象世界之谜》,中国人民大学出版社1990年版,第267页。

② 参见徐耀魁主编:《西方新闻理论评析》,新华出版社1998年版,第310页。

（cognitive schema）的概念。他认为，人的认识活动按照一定的阶段顺序形式，发展成为对事物结构的认知，形成一种结构，使人在认识新事物时把新事物同化于已有的认知结构，或者改组扩大现有的认知结构，把新事物包括进去，人就是这样来认识、理解周围环境的。① 因此，接受主体对接受客体的解读，并不是全盘接收，也常常可能与传播教育者的理解角度不一致。接受主体对自身已有的知识基础、认知习惯会存在一种自然依赖。一般来说，新的理论观点、概念只有适合接受主体的已有知识基础和认知习惯，才能真正在接受主体头脑中获得理解，除非新的理论观点和概念能够对接受主体原有的认识基础产生颠覆性的冲击，导致接受主体对已有认知基础的自觉改变。后一种情况在中国马克思主义传播史上也是多次出现过的。例如，朱德原是同盟会会员，先后参加了辛亥云南起义、护国运动和护法运动，官至少将旅长。由于目睹原来的革命伙伴相继堕落为军阀，反过来镇压人民革命，而十月革命和五四运动则让他的思想受到极大的震撼，使他深深感到有必要学习俄国的新式革命理论和方法。朱德后来回忆自身思想转变时说："岂但转变，我说就是投降！我原来不是无产阶级，因为无产阶级代表的是真理，我就投降了无产阶级。"② 朱德由旧军人到无产阶级革命者的思想转变，反映了马克思主义对他原有认知基础的改变。但在认知活动中，出现更多的是前一种情况。

从传播学的角度来说，解读的过程也就是对传播者符号编码的解码过程。

从横向看，编码与解码之间是一种非对称的关系。接受者的解码既可能与传播者的编码和谐一致，也可能在意识形态权威下与传播者达到一种协商状态，甚至可能以完全对立的方式解码信息。接受者"以自己选择的符码将信息非总体化，以便在某一个参照框架中将信息再次总体化"③。不过，接受者的解码活动在很大程度上都是以其自身的"认知图式"为依据的，在此基础上，形成与自己的知识构成、思维定式和理解水平相符合的"期待视野"。接受者的"期待视野"可能与接受客体一致，也可能不一致。在一致的前提下，也可能呈现多种状况。这种"误读"的过程

---

① 参见李诚忠主编：《教育辞典》，黑龙江科学技术出版社1989年版，第280页。
② 中共中央文献研究室编：《朱德年谱》，人民出版社1986年版，第249页。
③ ［英］斯图亚特·霍尔：《编码，解码》，罗钢、刘象愚主编：《文化研究读本》，中国社会科学出版社2000年版，第358页。

本身也是一种意义重新建构的过程。鲁迅在谈到人们对《红楼梦》的不同解读时说："单是命意，就因读者的眼光而有种种：经学家看见《易》，道学家看见淫，才子看见缠绵，革命家看见排满，流言家看见宫廷秘事……"①同样，大众对马克思主义的理解也是多种多样的。表面看来，这些解读似乎如盲人摸象，只见一端，但正是这些各自不同的偏见，为理解提供了可能。在不同的原有观念构成或先入之见的前提下，不同的读者对同一部作品做出不同理解。就此而言，"解释从来不是对先行给定的东西所作的无前提的把握"②。

从纵向看，由于受到主体心理、思维状况以及具体接受环境的影响，接受者的期待视野会随着时间的进展而出现变化。即使同一个信息，在不同的时空背景中，接受者的解码也可能迥然相异。如对孔子和秦始皇的评价，中国历史上各个时代的代表人物（同时也是接受者）各有各的看法。即使同一个人，在一生中对于上述人物的评价也难免出现变化。

同时，也正是这一过程，表征着接受主体意义建构的积极姿态，并体现着接受主体和接受活动的创造性。有学者通过考察哲学接受活动看到，"任何哲学的接受和消费过程，不仅仅是接受主体在理解前人的思想，而且也是他们在阐述着自己的看法，释义便是思考或创造性思考的一个基本时刻"③。这种"创造性"由于对原始文本的意义有所添加和删削，一方面使接受者的理解对传播者的原有意图有所偏离；但另一方面，也展示了接受者对原始文本的新的理解。当然，当我们说这是一种"新的理解"时，本身即意味着其对原始文本的主旨和原则立场的坚持，因而并非对原始文本的歪曲，更多地可能是一种"创造性的背离"。

接受环节是接受过程的最后一个环节。接受主体在对信息做出解读后，接下来就是信息的内化过程，即个体在对信息进行选择和解读后，将其中的某些部分结合进自己的"认知图式"中，使信息由外在于个体的状态转变为个体意识状态的过程。如果把解读比喻为咀嚼食物，内化正如消化食物。正是从这一意义上说，信息内化决定着思想信息是否能被接受者真正吸收。对于马克思主义的接受活动来说，信息内化也就是我们所说

---

① 《鲁迅全集》（第八卷），人民文学出版社1981年版，第145页。
② ［德］海德格尔：《存在与时间》，陈嘉映、王庆节译，生活·读书·新知三联书店1987年版，第184页。
③ 韩震：《从接受的观点看哲学的发展》，《哲学研究》，1990年第1期。

的"进头脑"的过程,即接受者认同马克思主义的立场、思想、观点,获得马克思主义的信仰。

但是,并不能说接受活动到此已经完成,马克思主义大众化不同于一般的信息认知,它是一种认知和实践紧密结合的活动,因此,只有将接受的信息应用于实践活动,才标志着接受活动的最后成功。就马克思主义的知识性传播教育即马克思主义理论教育而言,这一应用过程即接受者将所学理论应用于经济、政治等各个领域实践的过程。就马克思主义的价值性传播教育即思想政治教育而言,即个体行为和态度的转变过程,"受教育者对教育信息的认同及态度或行为改变的程度越大,思想政治教育接受性就越高,思想政治教育的效果就越好"①。反之,则越差。

2. 情感效应机理

从情感维度看,马克思主义大众化并非纯粹的理性认知过程,而是一个情感表达和交流的过程。马克思主义大众化是一种认识活动,但又不是一般所理解的纯粹理性的活动,恰恰相反,非理性的因素(主要是情感)在这种认识活动中起到了非常重要的作用。正因为这样,马克思主义的经典作家非常重视人的情感因素在马克思主义传播教育中的作用。列宁就曾经说过:"没有'人的感情',就从来没有也不可能有人对于真理的追求。"② 列宁的这句话是从人类认识的广泛意义上来讲的,无疑也适用于马克思主义大众化这一具体的认识活动。作为一种认识活动,马克思主义大众化的独特性就在于,它不是简单的个体认识活动,而是个体(传播者)与个体(接受者)之间的一种认识关系。这种关系之中必然夹杂着情感。正是在这个意义上,毛泽东《在延安文艺座谈会上的讲话》提出:什么叫作大众化呢?就是"和工农兵大众的思想感情打成一片"③。

列宁和毛泽东的观点从心理学的角度也可以得到印证。现代心理学认为:从情感和行为的关系来看,情感对行为既有促进作用,也有干扰作用。适度的情绪兴奋,可以使身心处于活动的最佳状态,从而推动人们有效地完成工作任务;而当行为受到阻碍而产生消极情绪时,就会干扰行为

---

① 李德芳、杨素稳:《提高思想政治教育接受性的社会心理学分析》,《马克思主义与现实》,2007年第3期。

② 《列宁全集》(第25卷),人民出版社1988年版,第117页。

③ 《毛泽东选集》(第三卷),人民出版社1991年版,第851页。

的进程，降低行为效率。① 因此，要取得马克思主义大众化的良性效果，马克思主义传播者与接受者之间必须消除情感上的各种障碍，达到在情感上和谐、畅通和融洽的状态。

那么，接受者常常会出现哪些情感障碍呢？归纳起来主要有以下几种：

（1）淡漠感。主要表现为对理论内容不感兴趣。出现这种情绪的原因主要在于理论内容与接受者的利益诉求不存在对接性。同时，传播教育过程中的其他因素，如传播教育的方式方法呆板，社会环境对马克思主义理论宣传的弱化也可能造成这种情绪。

（2）腻烦感。表现为对多次重复出现的理论内容产生厌倦和厌恶的感觉，进一步则可能演变为情感上的抗拒，即"你越讲，我越不听"。传播教育内容和风格的简单重复、时间的过量，以及传播教育活动中各个方面创造性的缺乏，是导致接受者出现此种情绪的主要原因。

（3）怀疑感。表现为对理论内容的不相信。尤其是当理论内容与社会实际情况不相符合，或传播者本人行为与理论要求出现严重对立时，极容易助长这种情绪。

（4）隔膜感。表现为接受者与传播者之间的情感隔膜。这主要是由传播教育活动中的传播者和接受者的地位不平等和缺乏沟通造成的。由于马克思主义作为党和国家的指导思想，传播者在传播与马克思主义相关的一般性知识和价值观念的同时，还负有传播主流意识形态的职责，并因此带有某种党和国家代言人的身份特点。在缺乏思想对话和情感关怀的前提下，这种身份特点可能演化为一种高高在上的地位，与接受者构成对立。

（5）孤立感。表现为接受者个体在理论学习过程中的孤独和无助。这种情绪常常是由理论学习环境不完善、理论学习氛围淡薄造成的，在这样的环境中，只有个性较强的接受者才会学习和认同理论对象，而其他接受者往往由于孤立感的重压而选择放弃。

由于个体性格差异，接受者情感障碍导致的后果并不一致。在上述情感障碍的影响下，多数接受者在理论学习过程中会采取应付态度。这种态度具有两个重要的特点：第一，尊重马克思主义的理论权威，本身并不排斥马克思主义的思想理论。第二，对马克思主义理论的学习缺乏关切，认为学习马克思主义，既不会创造经济利益，也不能提高个人素养；学习马

---

① 参见田宝等：《教育心理学》，首都师范大学出版社2010年版，第268页。

克思主义是搞政治的人的事情,而自己的工作应该集中在实际业务上。如在大学思想政治理论课堂上,常常表现为如果老师讲得一般,学生就埋头做其他事情;如果老师讲得好,则抬起头来听一听。在一般大众中,常常表现为对媒体、领导问话回答中的空话、套话成堆,毫无内容。

某些个性特征强烈的个体,还可能出现逆反态度。任何人对外在和陌生的信息都有一种本能的防御,尤其是当传播者企图向接受者灌输某种思想理论原则时,随着说服活动的强化,接受者"自己会对这些原则感到越来越不能接受,因而也就越来越加强他们对这些原则的否定态度"①。这在个性特征强烈的个体身上,表现尤为明显。在应付态度下,接受者对接受客体的价值评价还基本属于中性;而在逆反态度下,接受者的价值评价则趋于负面性。逆反态度的存在,严重降低了马克思主义在大众中的接受度。

马克思主义大众化过程中主体的积极情感包括好奇感、兴趣感、适度的愉快感、适度的焦虑感、融洽感、道义感。前两种情感强调的是接受主体对接受客体本身的感觉。当接受主体感到自己的知识不足,而接受客体对他而言是新异的,就会产生好奇感。爱因斯坦曾经说:"我们思想的发展在某种意义上常常来源于好奇心。"② 当人们对某一认知对象产生了强烈的好奇感,往往会主动投入学习活动。兴趣感是接受主体力求获取认知的心理倾向。兴趣感包括个体兴趣和情景兴趣,前者是个体本身产生的,后者是个体从接受环境中体验到的。个体兴趣主要是由接受主体本身的知识背景、个性特征等决定的,而情景兴趣的产生则与传播教育者有很大的关系。例如,组织良好的课堂教学、集体活动,其所创造的现场气氛能给接受者带来一定程度的情景兴趣,使原本没有兴趣或兴趣薄弱的接受者主动投入课堂活动和集体活动中。上述淡漠感、腻烦感、孤立感等消极情感,在很大程度上都是因为缺乏个体兴趣或情景兴趣所致。愉快感和焦虑感强调的是接受主体在接受过程中产生的情绪。愉快感主要源于需要的满足。它存在层次之分:感官上获得的愉快是低层次的,从认知、信仰上获得的愉快感则是高层次的。接受主体的年龄、知识背景、性格偏好不同,对同一个对象产生的愉快感有可能是完全不同的。焦虑感是接受主体感觉

---

① [苏]肖·阿·纳奇拉什维里:《宣传心理学》,金初高译,新华出版社1984年版,第6页。

② 转引自王极盛:《科学心理学》,浙江教育出版社1986年版,第70页。

到不能胜任任务，但又看重任务完成的成绩时的一种情感。值得注意的是，与好奇感和兴趣感对主体接受活动的明确促进作用不同，愉快感和焦虑感的促进作用则更为复杂，过度的愉快和焦虑都会对认知产生负面作用。融洽感强调的是接受主体对接受过程中人际关系的感受，与隔膜感相对。道义感是基于道德良心而产生的一种情感，具体到马克思主义大众化的过程中，道义感则表现为接受主体对马克思主义及伟大的马克思主义者油然而生的敬畏，以及把自觉接受马克思主义作为一种责任、担当和使命，作为一种正义的事件。由于马克思主义大众化其中的一个重要的内涵是马克思主义的理想信念大众化，因此，道义感十分重要，它是接受主体自觉学习、接受马克思主义，确立马克思主义理想信念最为稳固的情感支持。融洽感和道义感虽然是由接受主体产生的，但造成这种情感的关键在于传播教育者。传播教育者对接受主体尊重、善待和爱的程度，直接决定着接受主体融洽感的程度。例如，在课堂教学中，往往是由教师对学生的"慈爱"，激起学生的良好情绪，并导致学生对教师的"敬爱"和引发学生间的"友爱"，并由此形成积极的情感交互影响的正循环过程。① 同样，传播教育者自身理想信仰的坚定、虔诚的程度，直接决定着接受主体道义感的程度。

积极情感不仅直接促进接受主体的自觉认知，而且"情感的意义还表现着人与人的平等关系，体现一种民主氛围，它能使教育者的意愿和想法得到真正的理解和认同，获得最大的工作效率"②。为创造良好的情感效应，最主要的，就是消除各种情感障碍，培养积极情感。

3. 动力作用机理

从意志维度看，马克思主义大众化是一种目的性活动。这种活动的动力，主要来自主体本身的内在动力或动机。

马克思认为："任何人如果不同时为了自己的某种需要和为了这种需要的器官而做事，他就什么也不能做。"③ "他们的需要即他们的本性。"④ 而在历史唯物主义看来，"任何人类历史的第一个前提无疑是有生命的个

---

① 卢家楣：《情感教学心理学》，上海教育出版社1993年版，第251页。
② 刘卓红：《论思想政治教育中情感育人的哲学基础》，《思想理论教育导刊》，2001年第4期。
③ 《马克思恩格斯全集》（第3卷），人民出版社1960年版，第286页。
④ 《马克思恩格斯全集》（第3卷），人民出版社1960年版，第514页。

人的存在。"① 人作为有生命的个体，其生存和发展首先有赖于衣、食、住、行等基本物质需要的满足以及安全的生活空间。因而，在接受主体的内部动力中，居于首位的是物质需要（包括安全保障需要）。这种需要是人类行为最基本也是最低层次的内部动力。正如邓小平曾指出的："不讲多劳多得，不重视物质利益，对少数先进分子可以，对广大群众不行，一段时间可以，长期不行。"② 离开人民大众的基本物质需要去空谈"理想""信念"，起码对大多数人来说是不切合实际的。"文革"期间整天高喊马克思主义的一些"革命""斗争"口号，不谈发展生产力，不讲物质利益，人们的基本生存条件得不到满足，导致人们不得不远离这样的"马克思主义"。其实，真正的马克思主义恰恰是要大力解放生产力、发展生产力，最大限度地满足人民群众的物质利益。

内部动力的另一个重要方面是精神需要，包括得到尊重、娱乐、政治参与、认知、理想信念等需要。

（1）得到尊重的需要。

尊重个体价值，是任何主体性活动的前提。毛泽东曾经深刻地指出："在群众面前把你的资格摆得越老，越像个'英雄'，越要出卖这一套，群众就越不买你的账。"③ 在马克思主义大众化活动中，传播者能否尊重人民大众的主体地位，在很大程度上影响着传播内容的接受与否及接受的程度。尤其是对接受和传播马克思主义的知识阶层来说，精神和人格上的尊重甚至比物质利益上的满足更为重要。新中国成立后历次对知识分子的思想改造和政治运动几乎把知识分子的人格和尊严摧毁殆尽，从此，知识分子被贬为"臭老九"，"知识越多越反动"，直到改革开放新时期才彻底扭转这种局面。

（2）娱乐需要。

娱乐是人的天性之一。美国实用主义教育家杜威认为，游戏和主动的作业在教学中具有重要作用，甚至可以说，"没有一些游戏和工作，就不可能有正常的有效的学习。"④ 寓教于乐能显著提升教育的实际效果，这

---

① 《马克思恩格斯全集》（第3卷），人民出版社1960年版，第23页。
② 《邓小平文选》（第二卷），人民出版社1994年版，第146页。
③ 《毛泽东选集》（第三卷），人民出版社1991年版，第851页。
④ ［美］杜威：《民主主义与教育》，王承绪译，人民教育出版社1990年版，第208页。

一点也已经为思想教育实践反复证明。马克思主义大众化进程中尤其需要知识分子通过自己的准确理解与科学研究把马恩经典著作中的晦涩拗口的欧式语言变成人民群众能看得懂听得明白的通俗语言,把马克思主义理论中的深奥哲理转换成人民群众易于理解和接受的道理。

(3) 政治参与需要。

现代社会的文明标志之一,就是人们越来越多地具有政治参与意识。而在参与政治的过程中,"个人越是与某种意识形态认同,他在以这种意识形态为主导的社会中就越显得得心应手。"[1] 因此,在以马克思主义作为指导思想的国度,通过理论学习和与此相结合的实践,获得初步的马克思主义思想观点,构成了大众实现自身政治参与的重要思想前提。

(4) 认知需要。

马克思主义是人类文明的杰出成果,由于其所具有的独特立场的无可替代性,以及其所针对的问题持续存在,在其诞生一百多年来,其知识谱系不断发展壮大,并一直吸引着世界上热爱思考的人们。公开宣称自己是无产阶级的理论体系,更使它增添了与大众的天然亲和力。我国工农群众过去学习马克思主义哲学时感受到的"哲学还家"[2],正是这种亲和力的真实写照。

(5) 理想信念的需要。

革命时代,"主义譬如一面旗子,旗子立起来了,大家才有所指望,才知所趋赴"[3]。和平时代,人们似乎不再争辩主义问题,但大众的信仰淡化甚至虚无,与物质生活富足的不协调越来越突出,一些人开始怀念革命时代的信仰,如何在新的时代条件下共建大众精神家园日益成为人们的迫切愿望。马克思主义对于现实与理想的辩证关系的强调,使其超越了宗教对来世和神性的奢求,为人们在现世追求理想社会和成就理想人格奠定了哲学基础,这使它理所当然地成为人们建设精神家园的重要思想资源。

在以上几种需要中,从物质需要到理想信念的需要构成了由低到高的基本次序。一般而言,在物质需要得不到满足的前提下,大众对认知、理想信念等难以发生兴趣。

外部动力大体上包括压力和引力两种。压力指接受主体受外部事物的

---

[1] 俞吾金:《意识形态论》,人民出版社2009年版,第2页。
[2] 参见《学哲学,用哲学,讲哲学》,《工人日报》,1958年12月12日。
[3] 《毛泽东早期文稿》,湖南出版社1990年版,第554页。

作用而产生的被动接受某种思想的力量，包括趋同压力、信息强化压力、政治权威压力、法律和纪律压力等。所谓趋同压力，也就是从众压力。社会心理学家指出，个体在群体中经常会不知不觉地感受到来自群体的压力，而不得不做出与群体中多数人一致的行为。实证研究表明，群体的规模越大、凝聚力越高，群体的意见越一致，群体成员越富有权威性，则个体越容易从众。个体越是处于非匿名的状态，地位越低，则越容易出现从众行为。① 通过宣传和教学活动中各种信息的正面强化（如表彰）和负面强化（如批评），也会在接受主体身上形成一定的压力。此外，由于马克思主义作为社会主义国家意识形态的核心内容，其指导思想的地位被载入党章和宪法，从而政治权威、法律和纪律规范也会对大众接受马克思主义构成压力。

引力是指接受主体受外部事物的作用而产生的自觉接受某种思想的力量。在马克思主义大众化过程中，它经常体现为接受客体本身的科学性所具有的吸引力、传播教育活动中运用各种载体形式所产生的吸引力、传播教育者的人格吸引力等。如果我们承认内部动力是一种"以自身需要为核心"的动力，外部动力中的压力是一种"以社会需要为核心"的动力②，那么，外部动力中的引力则是一种更为复杂的动力。它既不是单纯来自社会需要，更不是单纯来自接受者自身需要，而是由外在因素自身魅力的自然流露所引发的接受者与外在因素双方需要的自觉契合。因而，它能够起到外部压力难以达到的效果。"榜样"在思想教育活动中的重要作用已经被人们广泛关注。"事实上，行为的劝服力大于口头的说教，不仅对于儿童，就是对成人也是如此。"③ 实践证明，通过典型人格载体传播马克思主义的人生观、道德观和价值观是非常有效的一种途径。而优秀的传播教育者，也能借助其自身的人格吸引力，达到言行身教的良性传播效果。

内部动力和外部动力存在着如下关系：

首先，在主体接受活动的动力系统中，内部动力和外部动力都是起经常性作用的动力，二者构成了一种有机的合力。如在物质利益的问题上，

---

① 参见孙时进：《社会心理学》，复旦大学出版社2003年版，第203－206页。

② 刘居安：《思想政治教育接受主体动力问题探析》，《马克思主义与现实》，2004年第4期。

③ 刘京林：《大众传播心理学》，中国传媒大学出版社2005年版，第71页。

如果空讲马克思主义，人们的生活得不到改善，即使靠一时的政治权威能强制人们学习马克思主义，但由此建立的认同和信服不可能稳固和长久。反之，在物质利益得到较大改善的前提下，如果缺乏外在的信息强化，大众对于自身生活改善的归因不一定能够与马克思主义的指导思想联系起来，从而难以达到相应的接受效果。简单来说，缺乏内部或外部动力中的任何一种，就不可能产生真正的合力。

其次，内部动力相对于外部动力更为根本。作为一种主要的、起决定作用的动力，内部动力内源于并永远伴随接受主体的生命机体，且具有自我调节和自我发展的能力。在物质需要亟须满足的时候，生命机体对这一需要最为看重，这一需要也成为生命机体接受马克思主义的最强动力；在物质需要得到较好满足时，精神需要则成为重要的驱动力量。在精神需要内部，各种需要在不同时代也具有不同的重要性。当今时代，对于普通大众来说，基本的物质需要已在较大程度上得到满足，由此，其得到尊重的需要、娱乐需要和政治参与需要不断增强；同时，物质需要和浅层精神需要的满足，也预示着高层精神需要如理想信念需要将日益凸显。外在动力必须尊重和顺应内动力的要求，缺乏内在动力支撑的外在动力是难以持续的。

事实上，马克思主义大众化的以上三种作用机理并不是孤立运作的，而是构成了一种交互影响的关系。从信息认知机理与情感效应机理的关系来说，情感与接受主体的认知经历直接相关，熟悉的事物往往更容易导致接受主体产生强烈的情感反应。反过来，正如上文所提到的，没有情感的参与，就没有认知活动。从信息认知机理与动力作用机理的关系来说，接受主体只有在一定的信息认知基础上，才能形成活动的目的性。反过来，对目的性的执着追求又会主导认知过程。从动力作用机理与情感效应机理的关系来说，消极情感干扰意志行动，积极情感则会成为意志行动的动力。

（二）提升马克思主义大众化接受效果的几点对策

近年来，党和国家花费了巨大的人力、物力、财力来推动马克思主义大众化，并取得了不少成绩。然而不容否认的是，从接受的效果来看，尚有不尽人意之处。虽然从表面上看，大众对于马克思主义大众化活动有大范围的参与，但要使他们真正懂得、真正接受，则还需要付出较大努力。笔者认为，根据马克思主义大众化的作用机理，要提升主体接受效果，应该重视以下几个方面的工作。

1. 要尊重接受者的主体地位，建构以人为本的传播范式

通过以上分析可知，接受者在马克思主义大众化的接受结构中处于核心地位，在接受过程中发挥着决定性作用，这就要求我们必须尊重接受者的主体地位。要努力满足接受者各方面的合理需求，使接受者从马克思主义大众化活动中得到实质性的善待和益处。在现阶段，建构以人为本的传播范式首先应当做到：

（1）传播者在面向大众进行理论阐释时，要更多地让马克思主义维护人民大众利益的本来面貌展现在大众面前，让大众明白，马克思主义无非就是为劳动人民和普罗大众谋取福利。正如列宁所说的："整个宣传工作应该建立在经济建设的政治经验之上。……应当少说空话，因为空话满足不了劳动人民的需要。"① 这种需要首先是基本的物质、政治和文化需要。从政治角度来说，也就是要解决经济民生、政治民生和文化民生问题，并把这种问题的解决和马克思主义大众化结合起来。同时，要让马克思主义丰富的超越性内涵，如对人类历史的睿智思考、对劳动大众的大悲大悯、对社会理想的执着追求，转化为大众感受得到的精神食粮，使马克思主义获得在大众精神家园中的应有位置。近年来，一方面，我们看到，虚无主义思潮在中国兴起，一些人坦言自己没有任何信仰，只相信欲望、金钱；另一方面，基督教、佛教等在知识分子和普通大众中的传播正在加速。因此，不能笼统地说中国大众没有信仰需要，问题在于我们能不能满足他们的信仰需要。总之，无论物质施惠，还是精神濡染，都要求在整个传播教育过程中，始终贯穿着对大众的尊重。

（2）善待大众，构建充满情感关怀的传播教育方式。马克思主义是不断时代化的理论体系，当代中国马克思主义本身就是以解决中国大众面临的现实问题为使命的。但是，在马克思主义大众化的过程中，正如有的学者所指出的，一些过于严肃、情感不够丰富的中青年女教师也被学生"尊称"为马列主义"老太太"。"缺乏情感教育的马克思主义理论教育，教师变'老'了，活生生的充满时代精神的马克思主义似乎成了远离时代的古董。"② 善待大众，最为基本的要求是尊重大众，建立和大众之间的平等对话关系；更高的要求则包括关怀大众、帮助大众、为大众服务。

---

① 《列宁选集》（第四卷），人民出版社1995年版，第308－309页。
② 谭培文：《高校马克思主义大众化中的心理认知情感教育研究》，《井冈山大学学报》（社会科学版），2011年第1期。

宗教能够在日益世俗化、现代化的中国获得数量不可小觑的信众，其中一个重要原因正在于宗教传播者有效建立了与大众之间的紧密情感关系，而大众也正是在宗教传播者的感化下感受到了走向宗教信仰的情景兴趣，并确立自己的心灵归宿。在这个意义上，中国马克思主义大众化的传播教育者应该研究宗教传播的接受规律，学习其成功经验。有学者提出，外国传教士在中国西部人迹罕至的地方，克服重重困难建立教堂，为的就是宣传自己信奉的教义，这就是布道精神；宣传马列主义、毛泽东思想，也需要布道精神。① 这无疑是对马克思主义传播教育者提出的更高要求。

总之，只有尊重和满足大众各方面的需求，善待大众，才能激发大众的接受动力，使大众自觉接受马克思主义。

2. 要明确马克思主义的"绿色信息"定位

信息化时代，海量的信息充斥社会。在各种信息中，有些由于对人们的物质生活和精神生活毫无价值，甚至有害，只能属于垃圾信息和有害信息。从信息认知的角度来说，马克思主义要走进大众，不仅要保证其流入大众中的信息量，更要注重信息的质。只有保证信息的适量和高质，才能保证这种信息真正有益于人们的物质生活和精神生活。在人类思想史上，一种思想的普及与其思想品位的保持往往是两难的问题，因此，如何既实现马克思主义的大众化，又保证马克思主义思想理论信息的质，存在较大的难度。就目前而言，至少应该尽量做到以下几点。

（1）马克思主义大众化应当积极吸收其他各种思想文化的优长，但同时在面对多样化思想文化时又要保持清醒的"划界意识"。马克思主义有其自身鲜明的阶级立场和价值取向，这使它与其他各种社会思潮和文化形态区分开来。在我国过去，大众区分马克思主义与其他各种思想文化并不是一件很难的事，但在社会思潮和文化形态日益多元化的今天，马克思主义与其他各种思想文化的交流碰撞日趋频繁，这使得今天所谈论的马克思主义大众化与过去的"纵向改造"，即改造旧思想、学习新思想不同，今天更需要强调"横向认同"，即在多种多样的思想文化中识别、选择和认同马克思主义。因此，马克思主义大众化的一个首要前提就是理清何为马克思主义，何为非马克思主义，何为反马克思主义。尤其对在大众中有较大影响但又似是而非的思潮，应当实事求是地指出它们与马克思主义的

---

① 参见石仲泉：《宣传毛泽东思想要有"布道"精神》，"天下韶山网"：http://www.txssw.com/news/benchayaowen/39610.html，2011年12月29日。

根本分歧。在目前,特别应当划清马克思主义同反马克思主义、中国基本经济制度同私有化和单一公有制、中国特色社会主义民主同西方民主、社会主义思想文化同封建主义和资本主义腐朽思想文化这四个重大界限。

当然,保持清醒的"划界意识"并不等于封闭自守,当代中国马克思主义始终应当对各种优秀思想文化保持开放姿态。"划界意识"意味着马克思主义信仰者、传播教育者和接受者对马克思主义更为明确的自我认同,其目的不是为了截断马克思主义与其他各种思想文化的联系,而是为了防止其他思想文化的落后因素对马克思主义的侵蚀。例如,在处理马克思主义大众化与大众文化的关系时,既要吸收大众文化的成功经验,利用大众文化这一广阔的平台,也应当对大众文化中存在的各种消极思想保持清醒的距离。马克思主义大众化不等于迎合大众的庸俗化。中央2010年提出的"坚持社会主义先进文化前进方向,坚决抵制庸俗、低俗、媚俗之风"① 的口号,针对的就是当前文化大众化和马克思主义大众化中的各种混淆马克思主义与低俗文化的界限、不顾社会效益的出格行为。

(2) 马克思主义大众化在信息的数量、内容和形式各个方面都要适合接受主体的需要。生态学的观点启示我们,只有适量的才是最好的,只有适合的才是最好的。这从以上机理分析中也不难看到:过量的信息容易引起接受者的腻烦感,不适合接受者认知结构和认知习惯的信息很难被其接受。因此,在马克思主义大众化的过程中,首先应当保持信息的适量。长期以来,在马克思主义的传播普及中形成了一种不良的习惯做法,就是用"拼数量"的办法去宣传普及马克思主义,习惯这种做法的传播教育者乐观地以为,只要数量够了,大众多少会学一点。实际上,这是一种极不可取的做法。其一,过量的信息容易引起接受者的腻烦感;其二,这实际上是人力物力的浪费;其三,这容易为某些作风不正的传播教育者留下投机取巧的空隙。改变这种不良做法需要建立马克思主义大众化的质量评估机制,从理论作品内容、形式和对接受主体的跟踪调查等多方面进行监督评估。其次,马克思主义大众化的思想理论信息应当尽量适合大众的认知结构和认知习惯。从表层来看,由于中国大众目前的阶层分化,马克思主义大众化必须针对不同阶级和阶层的大众,选取不同内容和形式的思想理论信息。除继续研究党员干部、青年学生的思想发展趋势和特点,做好

---

① 《顺应时代要求深化文化体制改革 推动社会主义文化大发展大繁荣》,《人民日报》,2010年7月24日。

对党员干部、青年学生的马克思主义教育外，还应该研究普通市民、农民工、农民、新兴社会阶层的思想发展趋势和特点，开展针对性的马克思主义传播普及活动。从深层来看，适合大众的过程其实就是马克思主义与中国文化相结合或者说马克思主义本土化的过程，其关键在于适合中国大众已有的知识结构、认知习惯和文化心理。例如，中国大众重人伦的知识结构、重综合的思维习惯、重实际求稳定的文化心态等，都是长期形成的中国文化赋予他们的特点，马克思主义在中国大众中的传播和解释必须尊重并自觉结合这些特点。

3. 要加强马克思主义的理论创新，提高理论的现实针对性和解释力度

（1）从接受客体的角度来看，当前马克思主义大众化的接受效果不尽人意有三个重要原因：一是马克思主义对现实问题的针对性和解释力度不够，二是马克思主义的原生形态与其创新成果之间的逻辑关系存在不够清晰的地方，三是马克思主义的话语表达形式不够大众化。为此，需要从三方面进行对马克思主义理论创新：

在理论内容上，要强化当代中国马克思主义与现实的结合度。我们所要的"是活的马克思主义，不是死的马克思主义"①。所谓"活"，就是能结合新的时代条件进行理论创新，发展"创造性的马克思主义"。马克思主义的创造性，首先应当表现在解决大众的紧迫问题时能够"管用"，或者至少能够让大众看到解决问题的希望，只有这样的马克思主义，才能迎合大众的期待，得到大众的真正认可。随着中国当下思想文化的日益多元化，马克思主义在大众中的理论认同面临着越来越严峻的挑战。事实上，中国马克思主义在国内的傲慢姿态恰恰与其在国际上的失语状态形成鲜明对照。②造成这种不可思议的状况，其根本原因在于缺乏综合创新的意识。马克思主义的发展绝不可能采取闭门造车的方式，拒绝与社会多元思潮交流互动、固执己见只能造成自身创造力的衰竭。因此，中国马克思主义理论必须综合吸收中国当代其他社会思潮、其他学科的正确思想和方法，并自觉加以整合、创新。事实上，改革开放后当代中国发展的丰富实践为中国马克思主义理论创新提供了深厚的土壤，基于马克思主义立场，

---

① 《毛泽东文集》（第三卷），人民出版社1996年版，第332页。
② 参见李萍：《创新主流意识形态研究方式的三个维度》，《中国社会科学报》，2011年10月25日。

从多学科综合的角度深入分析中国特色的社会主义经济、政治和文化,并从理论上加以提升和概括,对于当代中国马克思主义发展及其大众化来说不仅是十分必要的,也是十分紧要的。从国内的角度看,这是中国马克思主义理论的自我发展;从国际的角度看,则是扩大中国马克思主义理论的国外影响和争取其在国际文化领域中的话语权问题。

在理论逻辑上,要不断建构和完善马克思主义的理论体系。马克思主义在自身的发展中,形成了不少创新成果,如列宁主义、毛泽东思想、邓小平理论等,从而使马克思主义存在不同的历史形态;同时,马克思主义在世界各国的实践,也出现了不同的结果。因此,当前马克思主义理论建构面临着以下任务:

第一,如何既突出当代中国马克思主义的理论创新意义又注意到它与马克思主义基础理论之间的逻辑关联。中国特色社会主义理论体系是当代中国的马克思主义,是马克思主义中国化的最新理论成果,在马克思主义大众化的过程中突出中国特色社会主义理论体系的创新意义和重大指导作用是十分必要的。但是,由于缺乏对马克思主义理论体系的整体意识和对中国特色社会主义理论在这一体系中的理论地位的恰当把握,有些传播教育者在突出中国特色社会主义理论体系的创新意义时,采取的却是将其与毛泽东思想及苏联模式的缺点加以比较的策略,因而在大众中造成了这样的客观效果,即似乎毛泽东思想就是落后的,苏联模式就是一无是处的。这样的做法显然不利于马克思主义的大众化。

第二,如何论证马克思主义各个理论形态之间的逻辑关系。例如,如何解释毛泽东思想与中国特色社会主义理论体系的关系,如何论证中国特色社会主义理论体系与马克思主义基本原理之间的理论关联,都是目前建构和完善马克思主义理论体系的过程中必须解决的迫切问题。对于这样的问题,不仅需要抽象的论证,更需要具体的分析;不仅需要逻辑的自洽,也需要与基本历史事实相吻合。缺乏严密逻辑分析的马克思主义理论体系只能是一个空壳,对大众而言,这无疑将加剧他们对"究竟什么是马克思主义"这样的问题的迷茫感。

第三,如何论证当代中国马克思主义与中国传统文化、西方文化之间的逻辑关系。思想文化领域的开放政策和社会阶层的分化、利益的多元,使当前中国出现了各种思潮和文化并存的局面,在这一形势下,相比过去,中国传统文化出现了一定程度的复苏,西方文化也借助中西文化交流而大量涌入中国。很显然,今天的大众面对的不只是单一化的马克思主义主流意识形态,其他各种思想文化不仅越来越多地展现在他们面前,而且正引起他们程度不同的兴趣。因此,马克思主义大众化的理论体系建构不仅需要论证马克思主义体系内部的逻辑关系,也必须讲清楚马克思主义和中国传统文化、西方文化之间的逻辑关系。如何看待当代中国马克思主义和儒家文化、当代西方思潮的关系?如何看待马克思主义和自由主义、文化保守主义的关系?这些都是马克思主义大众化过程中必须讲清楚的问题,尤其对中产阶层、知识分子和青年学生而言更是如此。

第四,如何论证马克思主义理论与实践的逻辑关系。如何看待新中国成立后社会主义探索过程中的曲折?如何看待苏联解体和东欧剧变以及当前世界社会主义的低潮?如何看待中国当前发展中存在的各种问题,尤其是贫富差距、腐败问题、房价过高、看病难看病贵、教育公平等问题,这些问题都需要做出清楚的解释。尤其对我国社会主义实践过程中出现的重大失误,要给出有说服力、能够自圆其说的解释。如果不能做到这一点,马克思主义在大众心目中的合法性就会出现严重危机。

在理论形式上,当代中国马克思主义要创造和更新话语表达,发出大众容易和乐于接受的声音。深受全球大众喜爱的美国"国家地理"频道常务副总裁史博恩指出,由于信息化时代同质化的频道如此之多,观众给纪录片的展示时间只有20秒,"如果你在20秒之内抓不住观众,你就已经失败了"[①]。在这转瞬即逝的时刻,大众没有耐心深入了解信息的具体内容,信息的外在形式如话语表达方式,此时便对大众的选择行为起着决定性的作用。如果总是重复一些老腔老调,或所谓"正确的废话",势必遭到大众的本能排斥。因此,如何将马克思主义的基本原理,特别是马克思主义中国化的最新理论成果转换为适合大众接受的话语形式,将马克思主义的经典形态转换为大众形态,就成了马克思主义大众化过程中不可忽视的问题。

(2)从主体接受的视角来看,当代中国马克思主义需要从以下几个方面创造和更新话语表达:

首先,从话语性质来看,应从革命性话语转变为建设性话语。新中国成立后,在我国意识形态建设过程中,长期沿用革命性话语,例如,强调意识形态领域的"斗争""阵地""战线""理论武器""敌对势力""运

---

① [美]史博恩、冷淞:《用娱乐的方式教育受众——专访美国国家地理频道常务副总裁史博恩》,《中国电视》,2006年第7期。

动",等等。这种话语在新中国成立初期确立社会主义意识形态主导地位的过程中曾经起到过积极作用,但随着改革开放和中国社会转型的深入,这种话语的弊端也在不断显露。从主体接受的视角来看,这样的话语由于其潜在的"战争文化心理"①,容易给大众造成一种紧张情绪,并且由于这种话语在立场上显见的"官方性",不利于传播教育者和大众之间的情感交流和融洽,事实上并不利于马克思主义的大众化。在革命性话语流行的时代,话语主导者与话语接受者之间不存在平等地位,在极端情形下,对话语接受者来说这种话语甚至是完全不容异议的。然而,正如著名语言哲学家巴赫金所说的,"在对话中,消灭对手也就消灭了话语生活中的对话领域"②。在这样的不平等对话中,话语交流并不能顺利展开,因而即使这种不平等对话能强行确立起一时的话语政治权威,但话语自身的理性权威却无法借助真实、平等的对话而树立。和平年代的马克思主义传播教育不能依赖战争年代延续下来的话语模式,而必须实现由革命性话语向建设性话语的转变。确立建设性话语不仅意味着语词的置换,更意味着对大众的尊重、善待和对大众疾苦的真诚关注。

其次,从话语内容来看,应更加贴近大众生活。马克思主义大众化从话语表达上来说最忌讳的就是装腔作势、空话套话成堆,因为这样的话语表达不仅不能解决大众的实际问题,更因为重复过多而容易使大众心理产生腻烦感,尽管这些话语也许是"正确"的。事实上,马克思主义从其根本价值取向上来说,无疑是人类思想史上迄今为止与大众尤其是处于弱势地位的大众最为契合的一种思想。然而,随着无产阶级革命取得胜利,马克思主义上升为国家意识形态,其话语表达日益规范和严肃,从而不可避免地与大众之间产生了某种话语"间距"。马克思主义大众化的话语表达必须打破这种话语"间距",才能取得成功。然而,话语内容的变革并不能被简单地理解为全盘接纳大众的生活话语。大众的生活话语本身是芜杂的,它既孕育着具有生命力的话语因素,又常常是语言的藏污纳垢之地。因此,马克思主义大众化话语内容变革的重任,只能落在主流意识形态建构者的肩上。

回顾历史,改革开放30多年来,我们在政治话语上的创新是取得了

---

① 参见陈思和:《当代文学观念中的战争文化心理》,《上海文学》,1988年第7期。
② [苏]巴赫金:《巴赫金全集》(第4卷),河北教育出版社1998年版,第417页。

较大成就的，如"发展是硬道理""共同富裕""和平发展""政治文明""和谐社会""科学发展观"，这些话语不仅在改革开放进程中为政治活动提供着持续的话语支撑，也获得了大众的广泛认同。但是，相较之下，中国的马克思主义学术话语则显得被动和虚弱。"马克思主义理论研究应该给党的意识形态提供学理支撑，以使之能真正引领社会思潮，这就需要创造当代中国马克思主义的学术概念和学术语言。"① 事实上，中国马克思主义理论界并不缺乏学术概念和学术语言，问题在于这种概念和语言如何不至于成为学院式的小众话语，而能真正成为反映大众生活的具有科学性和说服力的大众话语，这正是中国学者们需要努力的一个重要方向。

最后，从话语形式来看，应大胆借鉴富于表现力和生命力的新词汇。全球化的发展已经使中国日益走向世界，中国社会的发展日新月异，主流意识形态的话语表达形式已经无法孤立存在，而必须顺应时代发展大潮。早在延安时期，毛泽东就在《反对党八股》一文中强调，要学习人民的语言，学习西方和中国古代的语言。他说："要学人民的语言。人民的语言是很丰富的，生动活泼的，表现实际生活的。"② 因为人民大众最接近生活实践，他们的语言反映了丰富的生活实践。例如，中国目前的大众流行语如"房奴""富二代"等背后反映的其实都是某一领域的社会问题。马克思主义大众化的理论建构者必须主动了解和研究大众生活话语，尤其是大众流行语，以找到和大众之间的话语契合点，通过马克思主义的话语形式大众化推动话语本身的大众化。

4. 要搭建理论宣传的新型平台

信息化时代的迅猛发展，为信息传播方式展现了前所未有的丰富的可能性。网络、手机等新兴媒体的迅速发展，极大地扩展了信息传播的平台。然而，信息传播平台的扩展也给马克思主义大众化带来了极大的挑战：此前依靠党报、事业性出版社和广播台等为数不多的几种传统媒介，就可以轻而易举地掌握舆论宣传话语权的时代已经一去不复返了，如何在迅速发展的新兴媒体中争得话语优势是马克思主义传播者必须直面的问题。鉴于新兴媒体在大众中尤其是青年中发挥着越来越重要的作用，马克

---

① 陈锡喜：《重构社会主义意识形态话语体系的目标、原则和重点——以马克思主义中国化历史经验为视角的思考》，《毛泽东邓小平理论研究》，2011 年第 11 期。

② 北京外国语学院俄语系语言学教研组编：《马克思主义经典作家论语言》，商务印书馆 1959 年版，第 179 页。

思主义的传播者应当大胆探索马克思主义与新兴媒体的契合机制，充分发挥新兴媒体在马克思主义大众化中的作用。如针对新兴媒体的快捷化特点，传播者应力图使思想信息尽量简洁化和形象化，尤其要力图将马克思主义内化为基本思想方法，创作各种可读性强的理论作品、新闻作品和文艺作品，力戒佶屈聱牙、言不及义的长篇大论。对于传统媒体，在继承长期积累的优秀传播经验的同时，也要力争有新的思路。尤其需要摆脱对某种媒介的功能做单一化、教条化理解的倾向。如一些学者认为，发表在学术期刊上的论文具有学术性，而发表在报纸上的则没有学术性，这种对学术性的偏颇认识，无疑在马克思主义理论研究与现实实践、与人民大众之间隔断了"一条便捷的途径"。① 令人感到可喜的是，近年来电视公益广告和红色偶像剧的兴起、道德教育与电视娱乐节目的结合，在打破对电视媒介功能的传统认识上取得了可贵的成绩。总之，只有不断创造理论宣传的新型媒介，不断对传统媒介进行革新，马克思主义大众化才能获得宽广而稳固的传播接受平台。

结　语

马克思主义大众化是一项长期而又艰巨的任务，而作为马克思主义的接受者、研究者和传播者，知识阶层在其中起着至关重要的作用。以马克思主义为指导的中国共产党在推进马克思主义大众化的历史进程中，为提高马克思主义大众化主体接受性效果，既有过成功的经验，也有过失误的教训，但无论是成功的经验还是失误的教训都是我们今后继续推进马克思主义大众化的一笔宝贵财富。在推进马克思主义大众化新的历史征程中，我们既要继承过去的光荣传统和成功经验，更要避免重蹈过去失误的覆辙，还要探索新的历史条件下提高马克思主义大众化主体接受性的新机制和新方法，使马克思主义真正成为人民群众自觉接受和认同的科学理论。

---

① 参见叶汝贤：《未来中国马克思主义哲学》，《现代哲学》，2006 年第 3 期。

第四章 当代中国马克思主义教育的特点与规律研究

马克思主义理论教育是马克思主义大众化的重要途径。在当代中国,马克思主义理论教育主要包括学校的思想政治理论课教育教学、党校的干部培训、政治性社团的理论学习与研讨等。本课题集中研究的是学校的思想政治理论教育教学,也就是以思想政治理论课为主渠道的马克思主义理论教育。

马克思主义理论教育受到主导意识形态、教育对象、教育主体、教育中介和教育环境等多种因素的影响。各种因素的变化必然影响到马克思主义理论教育的变化,导致马克思主义理论教育出现了不同的特点。

从一般意义上讲,马克思主义理论教育有自身的特点和规律。宣传思想工作是执政党政治工作的组成部分,集中进行主旋律宣传,主要是通过社会动员、思想动员等方式进行宣传影响。相对于宣传思想工作而言,马克思主义理论教育属于教育,是根据思想政治教育规律对人们实施有目的有计划的影响,因而需要遵循受教育者思想形成发展变化的规律。因此,重视教育的科学性是马克思主义理论教育的一个特点。在教育系统内部,马克思主义理论教育也不同于科学知识教育,具有鲜明的价值性。科学知识是对客观事物规律性的揭示,科学教育只要告诉受教育者"是什么"就完成了任务;是与非的界限是显而易见的。马克思主义理论教育除了要告诉受教育者"是什么"之外,还要引导受教育者"信什么",知识教育的目标是指向理想信念。这种特征就是科学性与价值性的统一。

改革开放以来,受到国情、党情、世情变化的影响,马克思主义理论教育在目标、内容、方法、效果等方面都发生了诸多新变化。马克思主义理论教育也呈现出许多新特点。

第一,马克思主义与当代中国社会现实结合的需要日益强烈,理论创新的要求不断增强,理论如何解释现实的要求提高了。马克思主义是马克思和恩格斯在探索资本主义发展过程中存在的基本矛盾的基础上提出的理论。理论的核心是揭示如何建立一个自由人的联合体这样一个社会理想。在这个过程中，他们运用辩证唯物主义和历史唯物主义观点，剖析了资本主义社会的经济结构，揭示了人类社会演化发展的一般规律，为无产阶级的解放事业探寻理论根据。此后，马克思主义作为无产阶级革命实践的理论指导，不断地与有理论需要的国家的工人运动实践相结合，产生了马克思主义发展的不同成果。19世纪末20世纪初，国际共产主义运动在"如何取得政权"和"无产阶级政权如何治理国家"两个问题上出现了重大分歧。列宁发现了帝国主义发展不平衡规律，提出了"一国胜利"理论。苏维埃政权建立以后，斯大林面对在帝国主义包围中如何建成社会主义的难题，进行了一系列探索。20世纪上半叶，中国共产党人面临中国的革命道路如何走的难题，毛泽东直面这个问题形成了毛泽东思想。新中国成立之后，什么是社会主义，怎样建设社会主义成为迫切需要解决的问题，邓小平理论应运而生。面对新的形势，针对建设什么样的党、怎样建设党，实现什么样的发展、怎样发展等重大理论和实际问题，产生了"三个代表"重要思想和科学发展观。简言之，坚持一切从实际出发，理论联系实际，实事求是，在实践中检验真理和发展真理，是马克思主义最重要的理论品质。这种理论与时俱进的过程就是不断提出问题的过程，马克思主义理论形态的与时俱进，就是分析问题和解决问题的结果。马克思主义理论的这个品质也应该是马克思主义理论教育的品质。

当代中国社会，正在经历从传统向现代的转型。这个转型既有经济的、政治的，也有文化的、观念的。由于受到几千年传统文化特别是两千多年封建文化的影响，中国社会转型的压力极大。同时，新技术革命以来，特别是受到信息化的影响，现代化已经成为全球化的重要内容。这样，一方面是千年传统的制约，另一方面是时代变迁的加剧，二者结合在一起，形成了传统与现代的复合效应，即所谓的时空压缩。时空压缩在内容上是机遇与风险并存，成就与矛盾共生。这就是社会复杂性的表现。此外，现代社会也是变化迅速的社会。复杂与变化迅速叠加在一起，对理论创新的要求提高了。结果出现了理论创新的速度迟滞于社会实践发展的现象。

第二，社会环境对教育效果的影响不断强化，马克思主义理论教育与环境影响的关系出现了多向度的结果。

教育与环境的关系问题一直是人们讨论教育效果的关键问题之一。"环境决定论认为，环境决定了人的思想的产生，环境的变化也必然引起人的思想和行为的变化。环境决定论被法国著名思想家孟德斯鸠发展到了极致。他不仅认为人的思想和行为受到环境的决定,就是人的性格与心理也同样因环境的不同而不同。在所有的环境因素中,孟德斯鸠特别重视地理环境。与环境决定论对立的观点是环境无用论。构成环境无用论的观点有许多,其中具有代表性的是遗传决定论、本能决定论、意志决定论等。这些观点的共同之处是把人的生理、心理和遗传等内在的因素视为影响人的思想和行为的决定性因素,从而否定了环境的影响。"① 马克思在批判环境无用论的同时,也批判了机械的环境决定论。提出并论述了人与环境、实践与环境的辩证关系。马克思认为:"从前的一切唯物主义(包括费尔巴哈的唯物主义)的主要缺点是:对对象、现实、感性,只是从客体的或者直观的形式去理解,而不是把它们当作感性的人的活动,当作实践去理解,不是从主体方面去理解。"② "关于环境和教育起改变作用的唯物主义学说忘记了:环境是由人来改变的,而教育者本人一定是受教育的。……环境的改变和人的活动或自我改变的一致,只能被看作是并合理地理解为革命的实践。"③ 马克思主义揭示了人与环境、教育与环境的辩证关系,既坚持了唯物论,也坚持辩证法。

人的思想道德素质是在教育和环境共同作用的基础上形成的。所不同的是:教育是有目的、有计划、有组织地培养人的实践活动;环境既可以培养人也可以弱化教育的效果,同教育比较而言,环境对人的影响是多向度、多性质的。在现代社会,环境的多样化、多重性、多变性等特征更加显著。所谓的经济市场化、政治民主化、科技信息化、文化多元化等概括都是现代环境的基本属性。而竞争环境、媒介环境、网络虚拟环境等新环境因素的出现以及功能增强进一步提升了环境对教育、环境对人的影响力。

"环境对人的思想和心理的强化主要表现在三个方面:其一,反复强化。现代环境中,信息能够被储存起来,并可以通过传媒、网络等载体不断重复出现,增加与人们接触的频率。这样,同样的内容反复刺激人的感官,从而在人脑中留下了深刻的印象。其二,综合强化。一方面环境对人的作用是通过综合的方式进行的,是文字、图像、声音、动作等形式的共同作用;另一方面,环境是通过内容和功能综合发挥作用。一个主题形成

---

① 李辉:《现代思想政治教育环境研究》,广东人民出版社2005年版,第2页。
② 《马克思恩格斯选集》(第一卷),人民出版社1995年版,第54页。
③ 《马克思恩格斯选集》(第一卷),人民出版社1995年版,第55页。

以后,环境中的各种因素就可以经济的、政治的或文化的形式,以直接的或间接的方式作用于人的思想和心理。综合强化导致人的感官处于被同样刺激内容的包围之中,尽管其表现方式和作用途径不同。其三,累积强化。累积强化集中反映在信息环境对人的影响方面。信息的数字化为信息的集中提供了技术保证,光电传输使信息的大量传输成为可能,个人电脑终端的普及和国际互联网的发展为人们获得信息创造了条件。由此导致了信息量的剧增。信息量的不断增加使人们面对着不断累积的信息的影响和冲击,从而强化了人们的认知效果。"① 环境作用的强化改变了马克思主义理论教育的理念与方式。

其一,马克思主义理论教育是影响人的思想道德素质的一个因素,而不是唯一因素。作为主渠道,人们对思想政治理论教育功能的认识并没有很大的争议。主要分歧在于是不是受教育者的所有思想道德素质都是通过教育实现的?是不是所有的思想问题和道德问题都应该由教育来承担责任?这两个问题在本质上是一个问题,那就是到底应该如何判断教育的作用与环境作用的关系。

在相对封闭的环境中,教育的权威受到环境影响不大,或者说环境可以被控为一种教育力量,与教育共同发挥作用,由此,家庭和学校就成为主要的教育空间。"子不教,父之过;教不严,师之惰。"这样的认识充分肯定了教育和环境的合力效应。然而,在开放的现代社会中,随着环境影响力的加大,教育的功能被挤压到非常有限的空间里。互联网、大众传媒、人际交往等已经成为除学校教育之外的重要影响源。特别是国际互联网的影响,正在从固定的电脑终端向手机等移动终端拓展,正在从成人群体向未成年人群体拓展。大众传媒所产生的"儿童成人化"倾向更加严重。各种网络信息在未经净化过滤的情况下,铺天盖地地灌输到青少年大脑中。这一系列环境的影响都在弱化马克思主义理论教育的效果。

其二,马克思主义理论教育需要适应环境的变化,改变教育观念和教育方式。环境影响力的增强不是意味着不要教育,反而更加增强了教育的必要性。社会越是开放多元,越需要主导性的引领;主体选择空间越大,越需要方向的指导。这些都是马克思主义理论教育的价值所在。基于此,当下马克思主义理论教育需要改变的是观念和教育方式。

马克思主义理论教育一直以"理论只要彻底,就能说服人"的论断

---

① 李辉:《现代思想政治教育环境研究》,广东人民出版社2005年版,第5页。

为认识论基础。坚信只要理论具有科学性，就可以产生正确的价值判断。时至今日，这个逻辑受到了多方面的挑战，其中主要有：社会主义意识形态的一元要求与多种意识形态并存的矛盾、社会共同价值与个体取向个性化的矛盾、执政党的政治主张与社会现实之间的反差、意识形态传播规律与高等教育规律的矛盾，等等。虽然理还能服人，但是，其力度受到了来自环境和受教育者自身状况的挑战。从适应教育的规律出发，本研究提出"以学养人"的教育理念，试图增强"以理服人"的实效性。

　　青年学生是马克思主义大众化的重要对象和群体。马克思主义大众化的过程就是马克思主义被大众所接受、认同和运用的过程，同时也是马克思主义通过大众而展开实践、成为一种现实的物质力量的过程。对于马克思主义大众化的理解有多重维度，其中最深层的维度应该是文化的维度。在当代中国，这种文化维度可以从两个方面来阐释：一是马克思主义具有与民族文化和时代精神相契合的文化品质；二是马克思主义大众化的过程是一个向当代相关文化形态转化、获得大众文化认同和实现国家文化软实力提升的过程。前者是马克思主义大众化的理论前提，后者是马克思主义大众化的现实文化基础。要实现马克思主义的大众化，提高马克思主义教育的说服力、影响力和生命力，马克思主义教育必须回归马克思主义的基本立场。马克思主义教育的返本归真，主要包括回归马克思主义的人文关怀、回归马克思主义的批判精神和回归马克思主义的实践原则。

　　第三，受教育者的新变化对马克思主义理论教育提出了新要求。马克思主义大众化的过程也就是马克思主义理论被接受的过程。从接受的视角出发，不等于不重视受教育者的认识前提和接受心理。改革开放以来，受教育者（主要是青少年）的思想观念和思维方式发生了深刻变化，主要表现在：

　　其一，在思想观念层面，自我独立意识日渐凸显，一部分人自我中心倾向突出。个体与社会的关系是一个永恒的话题，自我意识的确立又是人在社会化进程中的必然阶段。当代青年大学生从小受到市场环境的陶冶和独生子女家庭成长氛围的影响，自我意识发展的速度和展现方式明显突出。一部分青年大学生开始习惯于以自我为轴心判断同周围世界的关系，主张以"我"的标准为标准，以"我"的原则为原则。至于他人，则是自己的手段和工具。这与自然成长状态下的青年期状态不同，后者是阶段性的对权威的叛逆，而前者则是自我中心的表现，叛逆所持续的时间要长久些。这种状态，对青少年接受马克思主义理论教育的影响主要表现在理论与现实的反差上。马克思主义是关于人类解放和自由的理论,涉及的是人类社会发展的大命题,中国化马克思主义是关于中国旗帜、中国道路、中国制度等问题的理论概括,也是当代中国社会发展的宏观问题。这些都是所谓的"大道理"。如果没有对人类发展的使命感、没有对国家前途的关怀意识,很难对这些问题产生兴趣。当代青少年自我中心意识的强化在某种程度上弱化了对"大道理"的追求,进而影响到教育的效果。

其二,在价值选择上,重视工具理性,轻视价值理性,产生了重器鄙道的选择心态。价值理性和工具理性的矛盾是现代社会功利化倾向的必然结果。本质上,这个矛盾就是目的与手段关系的矛盾的另一个表达方式,在中国传统社会被表达为道器关系。"《周易·系辞上传》云:'形而上者谓之道,形而下者谓之器。'孔颖达《正义》云:'道是无体之名,形是有质之称。凡有从无而生,形由道而立,是先道而后形,是道在形之上,形在道之下,故自形外已上者谓之道也;自形内而下者谓之器也。形虽处道器两畔之际,形在器不在道也。既有形质,可为器用,故云形而下者谓之器也。'"① 中国传统文化存在着重人伦轻自然、重伦理轻技术的传统,其中以朱熹的道器观影响最为深远。"他在解释《论语》的'君子不器'这一句话时,认为君子以'德'为'体',以'材'为'用'。如果一个人不足以为'君子',那就只能为'器'了。当君子所必需的'体',也就是'德'还不具备时,其用或人的行为表现,也必然不完美。"② 这段分析可以说把中国传统社会道器关系中的特点阐释得相当到位了。现代社会的"器"包括的内容更加广泛了,既有技术也有经济效益。在经济部门主要表现为对生产效益的追求;在学校主要表现为对知识教育的重视;在学生的自我选择中主要表现为对可以实现自我价值的技能素质的追求;在人生的选择上,主要表现为对金钱的追求。当代青少年对"器"的追求主要集中在技能和回报期待上。重视专业学习,重视那些对自己未来发展有直接作用的技能学习,轻视非智能和非技能因素的学习。对学业回报的重视主要体现在求职就业过程中,通常把能够被给予的待遇放在重要位置,而不是自己能做什么。这种对"器"的片面追求导致了精神家园缺

---

① 张岱年:《中国古典哲学概念范畴要论》,中国社会科学出版社1987年版,第70-71页。

② [美]列文森:《儒教中国及其现代命运》,郑大华、任菁译,中国社会科学出版社2000年版,第56页。

失带来的失衡。

其三，在认知方式上，当代青少年习惯于"读图"，疏离经典，一定程度对马克思主义理论教育提出了挑战。现代大众传媒以声光电等多媒体手段进行立体型的感性表达，极具诱惑力。这种以图像和声音为载体的感性表达方式同青少年的认知习惯相契合，在满足感官需要的同时也形成了读图的习惯以及快餐式的认知方式。热衷于读图的结果是疏离理性和抽象思维，喜欢漫画和图片，而远离经典。远离经典的结果则是创造性的削弱。创造性体现在知识的原生性上，现代的原生智慧又是建立在前人智慧的基础上的，经典恰恰是人类智慧的凝聚。远离经典也就远离了人类智慧的基础。

总之，当代中国马克思主义教育的实效性正经受着挑战，马克思主义教育内容的真理性受到冷落，受教育者对马克思主义教育的热情正在衰减。从教育效果分析，社会大众对马克思主义教育的态度可以区分为四种：一般性地拒绝马克思主义、注意了马克思主义、理解了马克思主义、接受了马克思主义。前三种态度占据很大比重，严重影响了马克思主义大众化的顺利推进。

社会主义市场经济体制建立后，社会大众关注的焦点从理论学习转向了利益获取，以利益为导向安排社会工作与生活，马克思主义因其与直接的实际利益的相对分离而被搁置；在全球化、网络化与信息化的时代背景下，人们接受信息的渠道日渐增多，接受的思想观念日益多元，西方文化、中国传统文化、消费文化、商业精英文化和草根文化等消解着马克思主义真理性的强势地位；当代中国转型期的社会现实及出现的社会问题对马克思主义教育形成了强劲的冲击，理论阐述的完美性与现实生活的缺憾性之间的反差降低了马克思主义教育对现实问题的回应力、解释力和说服力。这些都成为干扰马克思主义教育的外在因素。但是，从马克思主义教育本身而言，在当代中国，缺乏对马克思主义教育特点与规律深入和全面的研究，是另一重要而深层的原因。马克思主义作为一种意识形态，是科学性与价值性的有机统一。马克思主义教育固然需要重视对马克思主义概念、范畴和原理做出科学性的解释和说明，使其作为一种真理体系被受教育者注意、理解和接受。但是，教育者也应该重视对马克思主义的价值性特征所导致的教育特点与规律的不懈探讨。

鉴于此，本章主要从价值教育的视角，探讨开放社会条件下，作为价值认识范畴和实践理性范畴，当代马克思主义教育以接受性和发展性为主导的教育原则,使马克思主义教育与接受主体的需要相融合,与接受主体的发展相契合;以融渗性、平实性、民主性和示范性为圭臬的教育方法,关注马克思主义教育的生活化、隐性化;以层次性、阶段性和过程性为特色的教育形式、教育手段和教育内容设置,使马克思主义教育与不同群体、不同阶层和不同阶段的受教育者的需求相吻合;从理论上构建马克思主义教育与受教育者的利益和需求相联系的制度安排和政策设计,使马克思主义教育拥有牢固的制度平台;为提高马克思主义教育的说服力和感染力,教育者必须主动增强三种意识与能力,即增强与时代前沿对话的意识与能力,增强与相关学科领域对话的意识与能力,增强与世界对话的意识与能力;从对当代马克思主义教育内容、形式、方法和机制等多角度的细致分析中,全面挖掘社会走向开放后,面对不同制度、不同文化、不同价值观的碰撞、交错和整合,当代中国马克思主义教育实效性的一般规律;积极寻求经由马克思主义教育的途径,推动马克思主义大众化,为当代中国大众营造精神家园。

一、当代中国马克思主义教育的返本归真

教育是马克思主义大众化的重要方式和途径;青年学生是马克思主义大众化的重要对象和群体。实现马克思主义的大众化,提高马克思主义教育的说服力、影响力和生命力,马克思主义教育必须回归马克思主义的基本立场。马克思主义教育的返本归真,主要包括:回归马克思主义的人文关怀、回归马克思主义的批判精神和回归马克思主义的实践原则。

党的十七大提出了"开展中国特色社会主义理论体系宣传普及活动,推动当代中国马克思主义大众化"的战略任务,时任总书记胡锦涛《在纪念党的十一届三中全会召开30周年大会上的讲话》中强调,要"不断推动当代中国马克思主义大众化,让当代中国马克思主义放射出更加灿烂的真理光芒"。党的十八大进一步明确指出:"推进马克思主义中国化时代化大众化,坚持不懈用中国特色社会主义理论体系武装全党、教育人民,深入实施马克思主义理论研究和建设工程,建设哲学社会科学创新体系,推动中国特色社会主义理论体系教材进课堂进头脑。"① 推进马克思

---

① 《坚定不移沿着中国特色社会主义道路前进 为全面建成小康社会而奋斗》,人民出版社2012年版,第31-32页。

主义大众化的进程已经被确定为学校思想政治理论教育的基本任务。

马克思主义大众化，从主观的角度，就是如何使马克思主义理论被广大人民群众理解、认同、掌握，并自觉指导实践的过程；从客观的角度，就是如何通过科学有效的方式和途径达到主观的预期。无疑，教育是实现马克思主义大众化的重要方式和途径；青年学生是马克思主义大众化的重要对象和群体。

在中国当代的文化语境中，马克思主义教育主要是通过思想政治理论课程系统实施的。如1952年，教育部发布《关于全国高等学校开设马克思列宁主义毛泽东思想课程的指示》，规定高等学校一律开设《新民主主义论》《马克思主义政治经济学》《辩证唯物主义和历史唯物主义》三门政治理论课；1987年3月，国家教委提出了马克思主义教育课程改革的设想并逐步实施。课程改革之初，马克思主义理论课包括《中国革命史》《中国社会主义建设》《马克思主义原理》《世界政治经济与国际关系》；同时还增设了思想教育课程，包括《法律基础》《思想道德修养》。"两课"课程体系基本形成。至2005年中共中央发布文件，确定课程改革后的思想政治理论课程的体系为《马克思主义理论》《毛泽东思想、邓小平理论与"三个代表"重要思想》《思想道德修养与法律基础》。此后，课程名称还有所更改。尽管这些课程的名称和具体内容存有差异，但是它们都同属于马克思主义教育。因此，本文所使用的"马克思主义教育"，是指当代中国学校课程中以马克思主义立场、观点和方法为核心的价值教育。

价值教育是相对于知性教育而言的。前者属于价值认识的范畴，后者属于科学认识的范畴，他们的最大区别在于科学认识不依赖于主体自身特性，其认识终极是客体性的；而价值认识是依赖于主体自身特殊性的，其认识终极是主体性与客体性的统一，即科学性与价值性的统一。因此，马克思主义理论教育的说服力首先在于她本身的科学真理性，同时又必须关注教育对象的主体性成长的需要，只有两者最大限度一致时，教育的价值才能真正实现；只有使马克思主义的科学真理与青年学生人生发展、思想成长内在诉求相统一，教育的过程能够针对接受主体关心和应该关心的问题而展开，才能提高马克思主义教育的实效性，实现马克思主义的大众化。正如有学者指出："思想政治教育属于价值认识的范畴，而非科学认识的范畴。思想政治教育作为价值认识理论，具有较强的阶级性、政治性和鲜明的国家意识形态性。根据价值认识的特点，思想政治教育不仅要强调我们想教什么，同时必须要研究接受主体的特点、需要等，这样才能使主体性与客体性较好地统一，取得较好的教育效果。长期以来，我们对这个问题的认识是不够的，甚至将价值认识的问题当作科学认识的问题来处理，于是至少产生两个误区：一是将思想政治教育简单化，把它变成一厢情愿的事情，缺乏对价值教育特点的深入研究；二是夸大了思想政治教育的作用，夸大了教育活动中教师主体的作用。这显然是不合实际的，因为如果没有得到学生真正的理解，就不可能成为他们自己的认识。"① 为此，我们应该努力使马克思主义教育回归马克思主义的立场，即回归马克思主义的人文关怀、批判精神和实践原则。

（一）回归马克思主义的人文关怀

人文、人本或人道，具体表述不同，但是，实质和精髓都是指向对人的主体性地位的肯定和尊重，从而本质地区别于物本、神本、君本和民本。马克思主义的人文关怀主要是指，对人的生存状况、意义、目的和价值的关注，对人的解放、自由和发展的追求，对人的尊严和符合人性的生活条件的肯定。改革开放以来，马克思主义关于人的思想以及从马克思主义立场出发对人的问题的深入研究，越来越清晰地凸显出马克思主义的人文关怀；围绕马克思主义经典，对"人的本性、人的地位、人的价值、人的尊严、人的权利、人的发展、人的自由等各个方面的问题的研究"②日益揭示出人文关怀是马克思主义价值性的典型形态。

马克思主义的人文关怀充分体现在经典马克思主义对理想社会和人发展的应然性设定中。未来的共产主义社会被看作"以每个人的全面而自由的发展为基本原则的社会形式"③ "是通过人并且为了人而对人的本质的真正占有；因此，它是人向自身、向社会的即合乎人性的人的复归，这种复归是完全的，自觉的和在以往发展的全部财富的范围内生成的。这种共产主义，作为完成了的自然主义＝人道主义，而作为完成了的人道主义＝自然主义"④。对于个人发展的理想目标，马克思提出了"每个人的自由发展是一切人的自由发展的条件"⑤，"以一种全面的方式，也就是说作

---

① 李萍：《对思想政治教育走出困境的理性审视》，《中国高等教育》，2005年第15期，第19页。
② 贾高建：《马克思主义与人文关怀》，《理论前沿》，2000年第4期。
③ 《马克思恩格斯选集》（第一卷），人民出版社1995年版，第239页。
④ 《马克思恩格斯全集》（第3卷），人民出版社2002年版，第297页。
⑤ 《马克思恩格斯选集》（第一卷），人民出版社1995年版，第294页。

为一个完整的人，占有自己的全面的本质"①，"人的根本就是人本身"②等。马克思主义的人文关怀也直接体现在马克思主义对阶级社会和专制制度摧残人的抨击中。马克思在1843年致卢格的信中说："专制政体的原则总的来说是轻视人、蔑视人，使人不成其为人，""这种制度的原则就是使世界不成其为人的世界。"③ 因此，谁都不能否认，人文关怀构成了马克思主义的基本维度之一。④

马克思主义在中国的发展史，从某种意义上说，也是马克思主义的人文关怀起伏跌宕的生存史。回首20世纪二三十年代，马克思主义之所以能在"百家争鸣"的中国思想界获得认同和地位，根本原因正在于，它是在同进化论、无政府主义、自由主义、科学主义、民粹主义等西方思潮，同保守主义、三民主义、改良主义等本土思潮，以及民主社会主义、基尔特社会主义和国家社会主义等社会主义思潮诸理论主张的论战、交锋、碰撞和比较中，更妥帖地回应了当时中国社会中普遍存在的对国家前途和个人命运的沮丧、失望和精神的困扰、苦闷与悲观，向社会大众传递了个人的自信感和拯救民族的信心；⑤ 特别是马克思主义所昭示的经由阶级斗争所达成的共产主义理想社会，从根本上构成对现世苦难的一种反动和慰藉，彻底完成了对人的命运的理论把握。因此，人们从早期的马克思主义文本中，读出的有势不两立的阶级斗争，但是，其最终的指向是人的解放。此后，马克思主义被解读为"阶级斗争"的理论，使马克思主义沦为"见斗争不见人"的阶级斗争万能论，其内在的人性光芒被遮蔽甚至被扭曲。直至20世纪70年代末，中国共产党第十一届三中全会提出拨乱反正，改革开放后，马克思主义的人文关怀思想才再次彰显。关于真理标准、人道主义和异化、主体性和实践唯物主义等问题的争论，是其典型事件；"以人为本"载入党的纲领性文件，是其重要体现。

在马克思主义理论教育中，回归马克思主义的人文关怀就是要关怀学生主体，尤其是精神主体的成长。在当代意识形态多元化发展的情势下，如何引导处在"意识形态市场"激荡中的青年学生走出困境，增强学生

---

① 《马克思恩格斯全集》（第42卷），人民出版社2003年版，第123页。
② 《马克思恩格斯选集》（第一卷），人民出版社1995年版，第9页。
③ 《马克思恩格斯选集》（第一卷），人民出版社1995年版，第411、410页。
④ 参见俞吾金：《实践诠释学》，云南人民出版社2001年版，第153页。
⑤ 参见徐素华：《艾思奇研究在国外》，《哲学动态》，1996年第6期。

作为精神主体成长的内在素质与能力，真正提高马克思主义理论对深刻变化实践的解释力，是对马克思主义理论教育的极大挑战和考验，也成为马克思主义能否真正实现大众化的关键问题之一。从教育的角度，教育者必须要了解学生成长中的困惑与需求，教育的根本理念必须是"为人的"。马克思主义教育重视以理服人。但是，"理"既是"真理"，又是"说理"；"服"既是"说服"，又蕴含着"服务"。真理通过说理的方式，在服务人的需求中，实现说服人的教育目的，这是以理服人的应有之义。因此，只有激发学生主体的情感，"满足"学生的需要，"教"才能入心，才能转化为"育"。否则，再正确的原则，再好的内容，在教育的意义上，都是无济于事的。在这个意义上，教育应把关怀学生的生命价值和引导学生的思想发展，作为马克思主义教育的起点和归宿。

关爱学生的生命价值。从主体规定性的角度来说，人是寻求生命意义的存在物，人类活动所遵循的"内在的尺度"，是人与动物相区别的理性与思想。由于理性所赋予人的反省与思考的能力，人能清醒地意识到自身存在的有限，意识到生命的短暂与宝贵；由于理性赋予人的主体性的特质，人才能赋予生命的存在以价值。一个人如果不懂得生命存在的价值与意义，那就仅仅是活着而已。所以，寻找生命存在的意义就是为人生找到一个支点，就是为生命找到动力和源泉。因此，尊重受教育者生命的价值，引导他们思想与生命的成长，正是教育的应有之意，更是马克思主义教育的根本之意。一种回避或不能对生命存在意义给予回答与引导的教育一定不是好的教育；一种无视或无法满足受教育者成长需要的教育，也不可能是真正有效的教育。因此，如果马克思主义教育不能更有效地回应受教育者的生命价值，无助于其参与社会实践，提升人生意义，解答人生困惑，指引人生方向，那么，它就不是真正有效的教育。

引导学生的思想发展。无论是国家还是个人，发展才是根本的出路。发展不仅是当代社会进步的内在要求，而且是个体安身立命的内在要求，也是当今学生最根本的利益和需要。德国教育家第斯多惠在《德国教师教育指南》一书中，提出了"发展性的教学"的观点。他认为，教学只有在适应受教育者身心自由发展的原则下，才能取得重大的实效。为此，教师就必须按照受教育者的年龄和个性特征及其发展阶段，教授学生真正所需要的知识。德国教育家福禄贝尔也重视教育的发展性原则。他受德国哲学家谢林的影响，认为自然界的万物都在无限地发展着；人在其生命的整个过程中，也在不断地发展。因此，教育应该按照受教育者的本性，使他们在身体和精神两个方面都同样得到发展。在由革命的激情转向建设的理性的社会转型进程中，在后现代思潮的只言片语不经意间浸染学生头脑的思想变迁中，在族群救亡图存的历史使命悄然向个体安身立命的转化中，关注人的生存与发展成为马克思主义教育不容回避的理论难题和现实焦点。因此，马克思主义教育的重点，不应停留在防范学生出现思想取向的问题上，不应被异化为控制人和驯服人的手段，幻化成管理人的手段和钳制思想的方式，而应在于如何通过教育激发、调动学生发展的创造性，帮助学生发展自己，使马克思主义教育真正成为学生在寻求发展中的需要。

（二）回归马克思主义的批判精神

在一般语义上，"批判"主要包含三层意思：批示判断，评论、评断，对所认为错误的思想、言行进行批驳否定。[①] 经过"文化大革命"后，"批判"成为日常生活用语中不太美好的词语，成了你死我活的斗争或者无情彻底打击的代名词，这纯粹是历史的误会和扭曲。从哲学的层面对"批判"的要旨做出概括的话，其主要是方法论意义上的反思、扬弃和超越的思维方式。

批判精神是马克思主义理论的重要特质。它首先体现在马克思主义诞生的历史进程中。马克思主义直接继承了19世纪德国的古典哲学、英国的古典政治经济学和英法空想社会主义的优秀成果。它通过对德国古典哲学特别是其辩证法的扬弃，捍卫和发展了唯物主义；通过对英国古典政治经济学的反思和超越，创立了剩余价值理论；在对资本主义社会科学分析的基础上，指出了无产阶级才是创立新制度的社会力量，从而在汲取空想社会主义有益成果的同时，与其划清了界限。批判精神也体现在马克思主义对自身学说的态度中。对于其提出和设想的共产主义，马克思主义宣称："共产主义对我们来说不是应当确立的状况，不是现实应当与之相适应的理想。我们所称为共产主义的是那种消灭现存状况的现实的运动。"[②] 这就表明，共产主义在经典马克思主义理论中，不是既定的模式或者现存的结论，而是"消灭现存状况的现实的运动"，这正表达了马克思主义学说所内含的批判精神之特质。恩格斯也曾阐明了理论自我批判的必要性：

---

① 参见罗竹风：《汉语大词典》（第6卷），汉语大词典出版社1990年版，第366页。

② 《马克思恩格斯选集》（第一卷），人民出版社1995年版，第87页。

"很可能我们还差不多处在人类历史的开端,而将来会纠正我们的错误的后代,大概比我们有可能经常以十分轻蔑的态度纠正其认识错误的前代要多得多。"① 批判精神更体现在马克思、恩格斯对社会现实的立场和态度中。他们对异化的批判、对宗教的批判和对资本主义制度的批判,都体现了这种深刻的批判精神。在某种意义上,如有学者所言:"真正的理论从来都是批判现实的。对现实的无批判的理论与无理论批判的现实一样都是令人胆战心惊的。"②

马克思主义批判精神的根源在于其彻底的辩证法。"辩证法,在其神秘形式上,成了德国的时髦东西,因为它似乎使现存事物显得光彩。辩证法,在其合理形态上,引起了资产阶级及其夸夸其谈的代言人的恼怒和恐怖。因为辩证法在对现存事物的肯定的理解中同时包含对现存事物的否定的理解,即对现存事物的必然灭亡的理解;辩证法对每一种既成的形式都是从不断的运动中,因而也是从它的暂时性方面去理解;辩证法不崇拜任何东西,按其本质来说,它是批判的和革命的。"③ 回望中国特色社会主义理论与实践的探索,正是中国共产党坚持了马克思主义的这一基本立场和方法,否则,我们不可能真正开启社会主义现代化的伟大实践,也不可能在这不长的历史进程中取得如此举世瞩目的进步。

因此,在马克思主义理论的教育中,坚持马克思主义批判精神的特质十分重要。从教育的角度,就是要探索马克思主义教育如何由灌输现成结论向培养学生批判的思维方式方面转换。因为马克思主义不是既定的结论,而是对理论和社会的批判性立场和态度。正如恩格斯所说:"我们的理论是发展着的理论,而不是背得烂熟并机械地加以重复的教条。"④ 他同时指出:"马克思的整个世界观不是教义,而是方法,它提供的不是现成的教条,而是进一步研究的出发点和供这种研究使用的方法。"⑤ 可见,经典马克思主义不是将其理论视为已经完成了的教条,而是观察和认识世界的工具和方法。邓小平在1989年会见戈尔巴乔夫时,针对马克思主义和社会主义的理解问题,指出:"绝不能要求马克思为解决他去世之后上

---

① 《马克思恩格斯选集》(第三卷),人民出版社1995年版,第426页。
② 张一兵:《神会马克思》,中国人民大学出版社2004年版,第1页。
③ 《马克思恩格斯选集》(第二卷),人民出版社1995年版,第112页。
④ 《马克思恩格斯选集》(第四卷),人民出版社1995年版,第681页。
⑤ 《马克思恩格斯选集》(第四卷),人民出版社1995年版,第742-743页。

百年、几百年所产生的问题提供现成答案。"①

我国马克思主义理论教育的说服力、影响力不尽人意，在某种程度上反映了马克思主义这一基本立场和方法在马克思主义教育中的"缺场"。青年学生迫于应试压力而接受马克思主义教育，教育者的考核标准基于对马克思主义理论知识的掌握而确定。这就决定了理论知识的灌输而非马克思主义批判精神的运用成为马克思主义教育主导性的内容。马克思主义教育因此也只是一门"课"。教育者"以课本为本""以考纲为纲"，不断地将马克思主义作为既定的结论灌输给受教育者，难以发掘马克思主义的真正内涵。青年学生机械地重复记忆，却始终无法深入理解马克思主义的精髓。马克思主义理论教育必须回归到马克思主义批判精神这个基点，教育必须着力于培养学生正确思考的素质与能力，即善于批判的思考、善于批判的分析和善于批判的选择。

马克思主义的批判精神是培养科学思维方式的基础与基点。成长于市场化、信息化和全球化时代的当代青年学生有着强烈的独立意识和自主思考的要求，他们对社会中呈现出的美好事物保持着热切关注，对社会中流露出的丑恶现象坚守着警醒，对思想理论中大写的真理表达着追问。但是，这些理论气质常常缺乏严谨的批判精神，容易在诱惑和摇摆中走向极端。譬如，在直面中国现代化建设所导致的代价中，他们难以深刻认识马克思主义理论与中国现代化建设之间内在而紧密的关联，从而导致产生"拒斥"马克思主义的情绪。对此，马克思主义理论教育不应用"现成结论"简单否定学生的思考热情和追问；恰恰相反，我们应充分尊重和保护学生独立思考的热情；更重要的是，要善于在揭示马克思主义科学真理价值的同时，从方法论的意义上，帮助学生学会正确的思考，并逐渐形成科学的思维方式。

马克思主义理论教育要培养学生科学的思维方式，教育实践本身必须要深化和落实马克思主义的批判精神。不具有马克思主义批判精神的教育，不可能真正培养出具有科学思维的学生。有位学生在回顾中学期间接受马克思主义教育的感受时，说过这么一段话："所谓'社会主义好''社会主义制度具有无比优越性与强大生命力'，何以证明？从何体现？若说中国崛起足以证明，然而中国是世界上少数几个社会主义国家之中唯一较为发展的，古巴、朝鲜何以体现其优越性？若说资本主义存在剥削，

---

① 《邓小平文选》（第三卷），人民出版社1993年版，第291页。

现今世界上一些社会主义国家何尝没有？于是老师们便用一句'资本主义处于其向上、强盛阶段而社会主义不过处于初始阶段'带过。"学生只能在不解与无奈中"接受"简单的解释。的确，伴随新中国建立而起始的马克思主义理论教育，在不同历史时期具有不同的内涵和形式。不可否认的是，它在社会主义事业建设者和接班人的培养中发挥了极重要的作用。但是，我们必须清醒地认识到的是，当人类进入 21 世纪这个崭新的时代，所面临的变化不仅是巨大的，而且是极其深刻的。纵览中国 30 余年来改革开放的跌宕起伏，放眼全球化进程中世界形势的风起云涌，反思社会主义运动中的潮起潮落，既有成就，又有代价。对于前进和发展中出现的问题，马克思主义理论教育既不能居高临下灌输结论，也不能回避问题隔靴搔痒；既不能随风摇摆，更不能"以其昏昏，使人昭昭"。马克思主义理论教育必须善于主动正视，积极探索；必须善于在不同的视角、不同的声音和多元的可能中，和学生一起批判地思考分析，从而产生真正的教育引导。

（三）回归马克思主义的实践原则

"实践"是马克思主义理论的重要范畴和根本原则。在《关于费尔巴哈的提纲》中，马克思明确提出："全部社会生活在本质上是实践的。凡是把理论引向神秘主义的神秘东西，都能在人的实践中以及对这个实践的理解中得到合理的解决。""哲学家们只是用不同的方式解释世界，问题在于改变世界"。① 因此，哲学家对理论体系完满性的追求，必须服务于现实的实践活动；改变世界的实践是解释世界的立足点和归宿；理论必须服从实践，而不是实践受制于理论。在《德意志意识形态》中，马克思、恩格斯将其理论学说科学地概括为"实践唯物主义"，从而不仅区别于唯心主义，而且同旧唯物主义划清了界限，鲜明地体现了其本质特征和历史使命。他们指出："对实践的唯物主义者即共产主义者来说，全部问题都在于使现存世界革命化，实际地反对并改变现存的事物。"② 20 世纪七八十年代以来，随着真理标准问题讨论的持续和深化，马克思主义的实践原则在中国深入人心。

实践是马克思主义倡导的理论掌握群众的重要途径。马克思在《〈黑格尔法哲学批判〉导言》中指出："哲学把无产阶级当作自己的武器，同

---

① 《马克思恩格斯选集》（第一卷），人民出版社 1995 年版，第 56－57 页。
② 《马克思恩格斯选集》（第一卷），人民出版社 1995 年版，第 75 页。

样，无产阶级把哲学当作自己的精神武器；思想的闪电一旦彻底击中这块素朴的人民园地，德国人就会解放成为人。"① 在这句广为引用的经典语录中，马克思强调的是哲学对大众的掌握，抛出了思想必须"彻底击中"大众的问题。但是，如何才能掌握和"彻底击中"？"理论只要说服人〔ad hominem〕，就能掌握群众；而理论只要彻底，就能说服人〔ad hominem〕。所谓彻底，就是抓住事物的根本。但是，人的根本就是人本身。"② 因此，理论只要彻底或者抓住人本身，就能掌握群众。由此，"思想的闪电"何以能击中"素朴的人民园地"，关键因素是理论或者思想是否彻底，能否抓住事物的根本，能否抓住人本身。但是，理论的彻底性何以澄明？如果不澄明，"素朴的人民园地"何以被击中？

理论"灌输"和实践运用是马克思主义理论彻底性澄明的主要途径和方式，但理论"灌输"的效度最终受制于实践运用。在《怎么办？》一书中，列宁根据当时的情况曾提出，工人阶级的自发性只能形成工联主义的意识，只有从"外部"把科学社会主义学说灌输到无产阶级中去，才能使之产生科学社会主义思想体系，从而由"自发的阶级"转变成"自为的阶级"③。但是，工人阶级接受科学社会主义学说，并转化为自身的科学社会主义思想体系，根本的原因是这种社会主义学说的科学性，而不是灌输的强制性或者技巧性。而这种社会主义学说科学性的标准，固然有其逻辑上自足自洽的属性要求，但更在于其与实践的密切关联。

马克思主义非常重视实践原则。19世纪70年代，美国社会劳工党把马克思主义理论当作教条硬塞给美国工人，但是，工人活动并没有取得积极的成效。恩格斯批评了美国社会劳工党将马克思主义教条化的错误做法，并提出："越少从外面把这种理论硬灌输给美国人，而越多由他们通过自己亲身的经验（在德国人的帮助下）去检验它，它就越会深入他们的心坎。"④ 这就意味着，美国工人对马克思主义的真理性和价值性的认同，不能建立在完全灌输的基础上，而必须根据他们的社会实践。同时，马克思和恩格斯深入工人群众，并亲身参加革命斗争，以马克思主义理论指导社会实践，更在社会实践中检视和发展马克思主义理论。

---

① 《马克思恩格斯选集》（第一卷），人民出版社1995年版，第15-16页。
② 《马克思恩格斯选集》（第一卷），人民出版社1995年版，第9页。
③ 《列宁选集》（第一卷），人民出版社1995年版，第256页。
④ 《马克思恩格斯选集》（第四卷），人民出版社1995年版，第681页。

教育作为人类社会所特有的一种社会现象,"它从一开始,就具有明确的愿望和要求。它必须由年长一代有目的有意识有计划地把人们积累的有关生产斗争和社会生活的经验、知识和技能,系统地有步骤地传授给年轻一代"①。这意味着,教育从其发生学意义上,就是对社会实践的反思性总结和观念性传承,其源和流都在实践。这是衡量教育之真理性的重要标准。如果教育脱离了对实践的参与、对实践的反思和对实践的指导,那么,教育者即使全身心投入,也难以产生长久而持续"服人"的教育效果,而成为名副其实的"说教"。"说教"有两层含义:对于教育者而言,只是说一说而已,从不指望受教育者践行;对于受教育者而言,只是听一听罢了,从未想过以之指导社会实践。不讲理的教育,既是批评教育者没有清晰地阐发理论内在而严谨的逻辑体系,没有体现理论的自洽性,变得"强词夺理";更是嘲讽教育者对教育与实践之间内在关联的忽视,而使教育沦为纯粹的文字游戏。

　　马克思主义教育如果脱离了实践,不仅背离了马克思主义的本义,也违背了它作为教育类型的内在规定,就会成为无源之水、无本之木,就会流于空泛,沦为形式。马克思主义教育的实践原则一般是从三个方面去理解:在实践中教育、教育活的实践、为了实践的教育。"在实践中教育",主张马克思主义教育的方式要重视受教育者在社会实践的参与中理解和掌握马克思主义;"教育活的实践",主张马克思主义教育的内容要根据社会客观情势的变化而与时俱进;"为了实践的教育",主张马克思主义教育的目标在于指导受教育者的社会实践。萨特在《辩证理性批判》中指出:"我阅读了《资本论》和《德意志意识形态》:我光彩焕发地理解一切,而我在那里却丝毫没有理解。理解,那就是改变自身,走出自身之外:而这种阅读并不曾使我改变。但是使我开始改变的,却正相反,那是马克思主义的现实,工人群众沉重地出现在我的眼前,这支庞大而阴郁的队伍使马克思主义活了,它实行马克思主义,从远处对小资产阶级知识分子施加一种不可抗拒的吸引力。"② 是的,马克思主义教育不应只是停留在单向度的"理论"传导上,成为固化概念解释,已定结论的灌输形式,

---

　　① 王天一、夏之莲、朱美玉编著:《外国教育史》(上册),北京师范大学出版社1993年版,第3页。

　　② 何中华:《重读马克思:一种哲学观的当代诠释》,山东人民出版社2009年版,第49页。

马克思主义教育只有回归马克思主义的实践原则，坚持在实践中教育、教育活的实践、为了实践的教育，理论才能常青，教育才能常青。

除此以外，在马克思主义教育的具体实践中，必须要重视社会实践生活对马克思主义教育效果的影响。一百多年前，杜威曾提出"教育即生活"的思想，成为传统教育向现代教育转型的标志性理念。它不仅包含着对传统教育以课堂、教材为中心理念的批判内容；包含着儿童是生活的主体，教育要以儿童为中心的内容；也深刻地预设了社会实践生活对教育本身的影响。实践证明，马克思主义教育的内容与社会实践相映衬或相消解，会提升或降低马克思主义教育的实效。

"如果一个社会在道德教学上只偏重言辞，缺乏实践模范，或是教的是一套，社会上普遍行的又是另一套，那么这个社会就产生了道德危机。"① 中国数千年的文化传统使普罗大众形成了一种特殊的思维习惯：行动的依据不是建立在对理论本身内在严谨性与科学性的分析上，而是建立在对理论倡导者身体力行的观察和效仿上。对于多数不以理论研究为志业的当代青年而言，理论的真理性和接受性不是从思想到思想的逻辑检验，而是理论倡导者的言行与理论的契合性。尤其是对于马克思主义而言，它不是一般的民间或学理的社会意识形态，而是执政党的主流意识形态。因此，它能否拥有吸引当代青年的魅力，受制于"公权力集团"的典范。如果公权力集团只是将马克思主义理解为官方话语体系，说一套做一套，或者只希望别人信仰马克思主义，那么，不但无法说服青年人接受马克思主义，而且会消解青年人已经接受的马克思主义内容。马克思主义教育就沦为虚假的意识形态运动，其结局恰如马克思对资本主义意识形态的批判："占统治地位的将是越来越抽象的思想，即越来越具有普遍形式的思想。因为每一个企图取代旧统治阶级的新阶级，为了达到自己的目的不得不把自己的利益说成是社会全体成员的共同利益，就是说，这在观念上的表达就是：赋予自己的思想以普遍性的形式，把它们描绘成唯一合乎理性的、有普遍意义的思想。"② 沿袭如是误解前行，马克思主义教育被理解为纯粹意识形态的教化，其目的是使人成为特定社会阶级所需要的"被肢解"的存在，马克思主义教育就会蜕变为外在的强制，导致空洞感和无意义。在主体性批判意识日益强盛的开放社会中，青年学生或者采取

---

① 韦政通：《伦理思想的突破》，中国人民大学出版社2005年版，第153页。
② 《马克思恩格斯选集》（第一卷），人民出版社1995年版，第100页。

拒斥的态度,或者只是将其视为升学、谋职、考试的工具等,马克思主义的科学精髓并不能真正进入思想深处,从而导致广泛的马克思主义"虚伪化",不可避免地降低了马克思主义科学真理的说服力,而且增加了青年学生对马克思主义教育的逆反性,提高了马克思主义教育接受性的难度。

建立和完善社会主义市场经济体制的探索,及随之发生的更为深远的社会转型,为中国人更加真实地感受和走进马克思主义的意义世界,提供了极其宝贵的实践舞台及经验。马克思主义教育能否回归,坚持马克思主义的实践原则,是增强马克思主义理论的教育力、生命力的关键。

二、当代中国马克思主义大众化思维转换的新视角

"以理服人"是马克思主义理论传播的经典命题。"理论只要彻底,就能说服人"的论断是其认识论基础;社会主义意识形态的一元要求与多种意识形态并存的矛盾、社会共同价值与个体取向个性化的矛盾、执政党的政治主张与社会现实之间的反差、意识形态传播规律与高等教育规律的矛盾等,对"以理服人"提出了新的挑战。"以学养人"是当代马克思主义理论大众化在高校实践的新思维;是意识形态传播规律和高等教育规律互动的要求,其基本路径设想是以学养智、以学养德、以学养心。

(一)"以理服人"的现代境遇

"以理服人"既体现了马克思主义理论传播的逻辑,也是继承了马克思主义理论教育传统的结果。马克思主义在创立初始就已经出现了理论创新与理论"传播—教育"的关系。在理论创新的过程中,马克思和恩格斯面对着德国古典哲学、英国古典政治经济学和空想社会主义等学术现实的同时,也面对着作为社会主体的资产者和无产者。无产者的命运是劳动付出越多,自身就越贫困;与生产力结合得越紧密,个人就越没有自由。对无产者命运的关怀,使得马克思主义的经典作家在理论创立的初期就把理论的价值与人的解放结合在一起了。

马克思认为:"统治阶级的思想在每一时代都是占统治地位的思想。这就是说,一个阶级是社会上占统治地位的物质力量,同时也是社会上占统治地位的精神力量。支配着物质生产资料的阶级,同时也支配着精神生产资料,因此,那些没有精神生产资料的人的思想,一般地是隶属于这个

阶级的。"① 在当时的德国，黑格尔法哲学被马克思归结为占统治地位的思想。"德国的国家哲学和法哲学在黑格尔的著作中得到了最系统、最丰富和最终的表述；对这种哲学的批判既是对现代国家和对同它相联系的现实所做的批判性分析，又是对迄今为止的德国政治意识和法意识的整个形式的坚决否定，而这种意识的最主要、最普遍上升为科学的表现正是思辨的法哲学本身。"② 黑格尔法哲学恰恰成为遮蔽人的意识形态，需要通过确立无产阶级的阶级意识，从而使其成为一个阶级，来奠定德国解放的现实阶级基础。无产阶级解放的前提是精神解放，把哲学当作自己的精神武器。"思想的闪电一旦彻底击中这块素朴的人民园地，德国人就会解放成为人。"③ 至于思想的闪电何以能够成为精神力量，马克思提出理论彻底性的命题："批判的武器当然不能代替武器的批判，物质力量只能用物质力量来摧毁；但是理论一经掌握群众，也会变成物质力量。理论只要说服人，就能掌握群众；而理论只要彻底，就能说服人。所谓彻底，就是抓住事物的根本。但人的根本就是人本身。"④ "以理服人"的命题由此产生了。这个命题包含了以下几层意蕴：

其一，"理"是对规律的认识和把握。从文化演变的进程来看，人们对不同类型事物的认识，得出了不同的"理"，诸如物理、地理、伦理等等。"以理服人"中的"理"不是客观唯心主义预设的超越于现实和人之外的客观精神，而是人们对自然界、人类社会和人的思维的本质及其规律的认识和把握。对于马克思主义理论而言，就是如何揭示规律性，把握必然性。在当代中国，就是面对错综复杂、快速多变的环境，如何准确地概括出其中的规律。

其二，"以理服人"是知识形态转化为受众的思维形态的过程，是认识世界与解释世界的统一。对必然性与规律性的认识结果形成了知识形态，这种形态的马克思主义主要以社会意识形态、教材体系等呈现于世。以理服人的过程就是知识形态的马克思主义理论向个体的思维形态转化的过程。从另一个角度而言，这个过程也是认识世界和解释世界的统一。每个人都有认识世界的可能，但是对"理"的揭示多是由知识分子完成的。

---

① 《马克思恩格斯选集》（第一卷），人民出版社1995年版，第98页。
② 《马克思恩格斯选集》（第一卷），人民出版社1995年版，第8-9页。
③ 《马克思恩格斯选集》（第一卷），人民出版社1995年版，第15-16页。
④ 《马克思恩格斯选集》（第一卷），人民出版社1995年版，第9页。

被表述的"理"如何变成可以被认知的"理",还需要教育和学习的实践。

其三,"理"之所以能够服人,源于"理"本身的彻底性和人对"理"的可接受性的统一。在历史中,服人的方式有多种,比如以力服人、以权服人、以钱服人,等等。孟子曾讨论过其中的关系。他说,靠武力称霸必须要以国富民强为基础,是武力压服而非心悦诚服,而以仁道称霸,以理服人,则可以让人心悦诚服,使国力强大。古代中国的治国路径在这个脉络下沿革发展起来的"三纲五常""存天理灭人欲"等就是"理",即统治阶级的意识形态。以理服人的核心是接受和认同。接受和认同是将已有的思想和观念内化为一定群体或个体的世界观、人生观和价值观。在无产者没有产生自觉的阶级意识的时候,灌输和接受几乎是同时发生的。先进的知识分子所揭示的理论可以通过外铄的方式移植到无产者的头脑中去,前提是只要接受者有理论的需要。当代中国社会,价值观在分化,社会意识的表现形态开始多样化,异质的意识形态并存于一个时空,简单的外铄方式面对着一系列挑战,主要表现在如下几个方面:

(1) 社会主义意识形态的一元要求与意识形态的多样存在之间的矛盾,影响到"以理服人"的认识前提。社会主义的产生是近代的事情,但是作为可以与资本主义分庭抗礼的意识形态则是在十月革命之后。此后,"一球两制"以及两种意识形态的对立持续了将近一个世纪。同一个世界上,存在着两种关于社会发展之"理"——资本主义和社会主义。冷战时期,两个"理"之间是分庭对抗的。经济全球化以来,分庭抗"理"的时代终结了,可是,意识形态领域中的演变和反演变并没有结束。社会主义意识形态坚持以马克思主义为指导,可是,新自由主义、民主社会主义、历史虚无主义等思潮正在以各自的方式消解其主导性。以理服人的认识论前提受到了弱化。

(2) 社会主义核心价值体系的共同价值与个体多样的价值取向之间存在矛盾,影响到"以理服人"的接受效果。社会主义核心价值体系是社会主义意识形态在当代中国的表述方式之一。从社会发展的宏观视角而言,是国家文化软实力的展示形式,发挥着民族凝聚力的作用;从个体生活的微观层面而言,是个人精神生活和精神家园的皈依之所,是精神动力的源泉。不过,作为共同价值观的社会主义核心价值体系毕竟是整体性的,与个体的价值取向之间还有一定的距离。相反,拜金主义、个人主义、享乐主义等价值观却不缺乏市场。共性与个性的矛盾影响了以理服人的效果。

(3)"三个代表"重要思想所倡导的政治主张与社会现实之间的反差,影响到以理服人的权威性。"三个代表"重要思想从根本上回答了中国共产党的执政目标问题,是社会主义一般价值与中国当代现实的结合。不过,政治表达与社会现实之间存在着应然与实然的差别。其中最为敏感的是代表最广大人民群众的根本利益。近年来,在利益关系日益分化的过程中,不同阶层、不同类型的利益都产生了,利益的同质性被利益的异质性所消解。个人利益、团体利益、阶层利益、地区利益程度不同地与公共利益发生纷争。官场腐败、商场失信、学场失真等现实也不同程度地消解着社会公信。执政承诺与现实状况之间的矛盾必然减弱以理服人的权威性。

(4)意识形态传播规律与高等教育规律的矛盾,使"以理服人"在知识分子群体中遭遇一定程度的拒斥。在高等学校,"以理服人"同时受到两个规律的制约:一是意识形态的规律,一是高等教育规律。二者的结合点是高校马克思主义大众化科学性与价值性的辩证关系。遵循意识形态的规律,高校思想政治理论教育承担着对青年大学生进行马克思主义世界观、人生观、价值观教育的责任,需要坚持社会主义意识形态的主导性,批判和消解异己意识形态的影响。这种政治责任是其他教育渠道无法替代的。遵循高等教育规律,学术自由和批判精神一直是现代高等教育所崇尚的价值目标。不同观点、不同说法都可以在宽容的环境下共存共生。因此,精英意识和不同主张就成为追求学术自由的学人所倡导的目标了。至此,意识形态品质和学术品质之间出现了矛盾。

上述矛盾构成了当代中国马克思主义大众化的现实境遇。面对这些境遇,高校思想政治理论教育通过以情感人(情感教育)、以实顺人(实践教学)等方式来支撑以理服人的效果,同时,也取得了一定成效。但是,无论有多少种辅助的方式,都难免力不从心。"以学养人"的提出是对以高校为平台、以思想政治理论教育为渠道的当代马克思主义大众化实现方式的新阐释。

(二)"以学养人"的提出

中国古人倡导修养,即修身养性。修身的内容主要有两项:一是修德,一是修智,并提出了以学养智、以学养德等路径指向。"古之欲明明德于天下者,先治其国;欲治其国者,先齐其家;欲齐其家者,先修其身;欲修其身者,先正其心;……心正而后身修,身修而后家齐,家齐而后国治,国治而后天下平。"① 有研究者把"以学养德"界定为:"就是通过学习唤起并强化个体自身的道德情感,形成道德自律,进而影响他人。施于个体称'养性',惠及他人为'教化'。儒家修养体系中,知识学习的目的是立德,终极目标是'止于至善'。"② 在国外,19 世纪初的新人文主义提出了教养(Bildung)概念,区别教育(Erziehung)这一概念。"'教养'一词源于雕像术,其含义原指,依据直观化的原型或典型塑造(Bilden)艺术形象。新人文主义将这个词用于人类造型术,意指依据模范或原型造就人;而且新人文主义的人类造型的模范或原型是古希腊人。'培养古希腊那样的完人'是他们的教养理想。"③ 无论是修养,还是教养,所要倡导的都是发挥受教育者的主体性,避免片面教育带来的弊端。

"以学养人"比"以学养德"更宽泛,指以知识及知识的创造过程,养育人的精神与道德。知识是人类智慧的结晶,知识的创造过程是对知识产生的历史与实现的历时性梳理。"以学养人"就是在学习知识、理解知识、发现知识的过程中,养育人的精神素质。从其自然进程而言,是认知活动与情感活动、创新实践与意识品质形成、智力活动与非智力活动的互动;从与"以理服人"的关系而言,该问题主张的则是一种教育观,是适应高等教育规律和思想政治教育规律的教育观。

其一,"以学养人"是高校思想政治理论教育适应人的发展新要求的积极应对。任何教育都是在一定时空内进行的教育。时空变化自然改变了教育的观念、内容与模式。从传统到现代的转变是当代中国时空转化的核心内容。"现代"(modern)不仅是一个时间尺度,也是一个价值尺度,它指区别于中世纪的新时代精神与特征。④ 中国社会从传统到现代的转变最深刻的起点是党的十一届三中全会以来的改革开放。从此,开启了从政治主导到经济主导,从相对封闭到全方位开放转变的历史进程。人的改变是从受动状态向自主状态,从群体存在向主体存在转变。适应这些转变,高校思想政治理论教育一方面要培养大学生树立正确的世界观、人生观和

---

① 《礼记·大学》。
② 曾军:《以学养德》,《光明日报》2011 年 2 月 28 日,第 15 版。
③ [日] 佐藤正夫:《教学论原理》,钟启泉译,人民教育出版社 1996 年版,第 19 页。
④ 参见罗荣渠:《现代化新论:世界与中国的现代化进程》,北京大学出版社 1993 年版,第 6 页。

价值观,另一方面又要培养大学生的主体性和创造性;一方面要培养大学生适应社会的能力,规范人,另一方面又要培养大学生超越社会的能力,开发人。"以理服人"的教育思维方式关注人的受动性、适应性,"以学养人"的思维方式则关注人的主体性、超越性。传统的高校思想政治理论教育在教育观念上重视灌输,在教育内容上突出意识形态的主导性,在教育模式上主张权威主义。现代性所彰显的主体性、单子化、碎片化等特征正在消解着灌输的效果和权威主义的传统优势。"以学养人"改变了强制认同的思维,主张从受教育者的需要出发,在满足受教育者需要的过程中进行教育。

其二,"以学养人"是思想政治理论教育适应高等教育发展规律的需要。现代高等教育把道德教育和社会适应能力作为重要目标纳入教育的使命之中。著名教育学家雅斯贝尔斯认为大学的任务有四项:第一是研究、教学和专业知识课程;第二是教育与培养;第三是生命的精神交往;第四是学术。"就科学的意义而言,大学的四项任务是一个整体。它构成了大学的理想:大学是研究和传授科学的殿堂,是教育新人成长的世界,是个体之间富有生命的交往,是学术勃发的世界。每一任务借助参与其他任务,而变得更有意义和更加清晰。按大学的理想,这四项任务缺一不可,否则大学的质量就会降低。"[①] 雅斯贝尔斯的大学观超越了我国高等教育正在面对的规模化、标准化等带来的困扰,把高等教育传统的教学、科研和服务社会三个基本职能与人的精神成长连接起来。也有人针对现代高等教育如何使学生变得"聪明"这一目标提出质疑:"教育有两个目的:一个是要使学生变得聪明;一个是要使学生做有道德的人。如果我们使学生变得聪明而未使他们具有道德,那么,我们就为社会创造了危害。"[②] "以学养人"把思想政治教育规律和高等教育规律结合起来,在传递知识的过程中养育人的精神素质。对于当代中国马克思主义而言,就是通过中国特色社会主义理论,培养人的精神动力和形成社会凝聚力。

"以学养人"对"以理服人"的拓展主要表现在:通过理论生长背景的延伸,增添了理论解释的厚重感;通过理论发现与问题提出过程的延伸,把学人的学术品质与知识的魅力结合起来,增强了学术道德的陶冶;

---

① [德]雅斯贝尔斯:《什么是教育》,邹进译,生活·读书·新知三联书店1991年第1版,第149-150页。

② [美]德怀特·艾伦:《高等教育的新基石》,《求是学刊》,2005年第3期。

通过论题的比较和分析，拓宽了分析和理解的视野，增强了理论的说服力。

通过理论生长背景的延伸，增添了理论解释的厚重感。任何知识的产生都是有一定的历史条件的，即其生长的背景。马克思主义的产生有资本主义自由竞争时期生产的社会化与生产的无政府状态的经济背景；有劳动者劳动付出越多，生活越贫困的利益矛盾背景；有生产力越发达，人与自然、人与人之间关系越紧张的社会背景；等等。这些鲜活的历史主要集中在英国、法国、德国等国家的历史之中。以往，理论教育者在阐述马克思主义思想的彻底性的时候，重心是马克思主义理论的思想逻辑，很少揭示其历史逻辑，更很难将思想逻辑和历史逻辑统一起来，还原其原点。结果，理论被孤立了。"以学养人"的思维转换就是从还原历史出发，把理论的思想逻辑和历史逻辑结合起来，找到其历史的支点。

通过理论发现与问题提出过程的延伸，把学人的学术品质与知识的魅力结合起来。谈及经典力学，人们就会想到树上的苹果和牛顿的头。不管这是历史还是掌故，所内含的是规律的发现过程，是科学家的问题意识。马克思主义在传播—教育的过程中，如果能够把马克思的个性、情感、生活经历与马克思主义的理论发展结合起来，把毛泽东的浪漫主义与毛泽东思想结合起来，把打不倒的意志与邓小平理论结合起来，无疑可以在理论的逻辑魅力的基础上增强理论创立者的人格魅力，理论的吸引力将无形中得到提升。

通过论题的比较和分析，拓宽理论分析和理解的学术视野。科学是求真的，求真离不开争论。马克思主义和中国化的马克思主义也不例外。马克思和恩格斯在一生的学术探索中，几乎没有离开过争论。在他们的论著中，很难找到没有对手的论述。可是，马克思主义理论传播—教育的过程中，还有多少人关心那些令马克思、恩格斯激动过的、形形色色的人们？还有几个教育者能够谈得明白这些人是何以令马克思恩格斯心动的！中国共产党人在历史上经历过多次路线之争，毛泽东思想形成之前，与毛泽东进行过思想交锋的人不止一个，如今的理论宣传和理论教育者还能找到那些与其交锋过的思想和交锋过的人吗？中国特色社会主义理论体系正在面对新自由主义、民主社会主义、历史虚无主义三股思潮的挑战，然而，我们在强调理论彻底性的时候，却很少论及三大思潮及其影响。"以学养人"的思维是要还原这些论题的丰富性，通过比较增加说服力。

（三）"以学养人"的实现方式

以学养智、以学养德、以学养心是高校思想政治理论教育实现"以学养人"的主要途径，也是当代马克思主义大众化在高校推进的新思路。

第一，以学养智。对于当代中国马克思主义而言，以学养智就是指通过科学的世界观和方法论教育，培养人的判断力、选择力。人类最初把哲学作为智慧之学，是由于在知识形态有限的情况下，学和智是相通的。近代自然科学发展起来以后，学与智之间的关系显得有些复杂：一方面，随着人类对外部世界和内在自我认识的越来越深刻，知识的形态不断增加，知识的容量急剧膨胀；另一方面，知识在量的积累与质的飞跃之间出现了不对应状态。是否知识越多，智慧就越大成为一个问题。在这个背景下，科学的世界观和方法论不仅是一种能力，也是专门的知识了。基于该视角，高校思想政治理论教育在功能上也从单一的实现政治认同、满足社会意识形态统合需要，向开发人的智能素质拓展。"思想道德教育之所以具有并可以发展开发功能，是因为人在认识和改造世界的过程中，具有主观能动性，或叫自觉能动性。人的自觉能动性，不仅'是人区别于物的特点'，是人本质特征的表现，而且它对人的智力的发展和发挥产生巨大的作用。人的自觉能动性包括人的信仰、理想、道德、情感、意志等，这些精神因素都是思想道德教育所关涉的内容。思想道德教育的开发功能，就是通过充分发挥人的主观能动性，促进人的智力的充分发展和发挥，来发掘人的内在潜能的。"① 至于如何开发人的潜能，是一个值得专门探讨的课题。

第二，以学养德。通过道德教育和法律教育，培养人的社会适应能力。以学养德是中西文化的共同传统。比较而言，中国传统文化中的儒家建立起了一套载道的知识资源，以学养德的理论与实践更为丰富。在近现代，西方道德认知理论开始质疑知识通向德行的可能性。比如叔本华认为，德行和天才一样，都不是可以教得会的。理由是德行仅仅是个"意欲"（道德感情和意志）的东西，与道德认识无关。当代分析哲学家赖尔则认为品德不能分解，有知必然有情，有情必然有知。美德是正确的道德需要、一定的技能和知识的结合，其中有无正确的道德需要是区分是否有道德行为的唯一特质。至于"美德是否可教"，赖尔给予了否定回答：由

---

① 郑永廷：《论思想道德教育的功能发展》，《学校党建与思想教育》，1999年Z2期。

于道德需要不可教,所以美德不可教。赖尔认为,儿童通过学习榜样而获得美德,但有意识地为儿童树立好的榜样却不免失之于虚情假意、装腔作势,这样的"教"不能培养儿童的德行。① 这个争论并不影响以学养德的思路。思想与道德具有历史传承性,也就具有知识属性,自然可以通过知识传承,学理、学术、学人的三位一体为以学养德提供了更广阔的实践路径。学理是道理的另一种表述,学术是道理生成的方式,学人是道理的发现者与追随者。三者不仅体现在教师身上,同样体现在学生身上,是师生共有的品质。

第三,以学养心。通过人文教育培养心灵秩序的内在和谐。心是中国传统文化中的重要范畴,心灵和谐是个体在面对天、人、物、我四个向度影响过程中的内在统一状态。面对天,人在思考宇宙自然规律的神秘中,产生了信仰;面对人,个体需要处理与他人和群体的关系,形成了规则;面对物,出现了主体性外化和异化,产生了价值理性与工具理性的矛盾;面对我,出现了主格与宾格的矛盾;等等。高校思想政治理论教育通过真、善、美、圣的价值培育,涵养人的精神,滋养人的心灵,协调内心世界与客观世界的关系,建构个体安身立命的价值基础。人文教育内在于高校思想政治理论教育之中,其他的学科教育又对该教育提供了直接的文化资源支撑。因此,以学养心至少有两个教育途径:一是拓展高校思想政治理论教育的学术空间,还原其学脉。人生的问题不是断代的,许多问题从古至今一直在思考和探索着;现实的问题又是历史问题在新的环境下的嬗变,与历史连接着。为此,在理论传播与教育中,应侧重于一般问题的历时性梳理,重点问题的文化性铺垫,在更大的时空背景下寻找问题的学脉支撑。二是充分发挥人文社会科学的育人功能,挖掘其中的人性资源,通过学科教育涵养心灵世界。

总之,"以学养人"与"以理服人"是辩证统一的。在高校思想政治理论教育中,"以理服人"依托于"以学养人"才适合高等教育的属性。否则,不管理论的彻底性多么鲜明,都会显得苍白,缺乏吸引力。同样,"以学养人"也要以反映规律性为基础,内涵"理"的逻辑,否则就可能陷入价值判断的混乱之中,思想政治教育的主导性更无从谈起。

---

① 参见蒋一之:《"道德是否可教"问题的症结与解决》,《社会科学战线》,2007 年第 3 期。

三、当代中国马克思主义大众化的文化维度

马克思主义大众化的过程就是马克思主义被大众所接受、认同和运用的过程，同时也是马克思主义通过大众而展开实践、成为一种现实的物质力量的过程。对于马克思主义大众化的理解有多重维度，其中最深层的维度应该是文化的维度。在当代中国，这种文化维度可以从两个方面来阐释：一是马克思主义具有与民族文化和时代精神相契合的文化品质；二是马克思主义大众化的过程是一个向当代相关文化形态转化、获得大众文化认同和实现国家文化软实力提升的过程。前者是马克思主义大众化的理论前提，后者是马克思主义大众化的现实文化基础。

马克思主义大众化的研究从起初的"何以可能"到目前的"何以可行"，是从理论思维到实践探索的一大进步。纵观现实，对于"何以可行"的探讨主要是政治维度的，即从政治需要出发，依托一定的政治载体，以保证一定意识形态主导地位为归宿的思想传播与教育过程。毋庸置疑，政治维度是当代中国马克思主义大众化的主要视角。不过，除此之外，还有一个视角被忽视了，那就是文化维度。所谓文化维度，是把作为文化形态的马克思主义与文化的其他形态如知识、信仰、艺术、道德、法律、习俗等联系起来考察，探讨其大众化的可行。

马克思主义固有的文化品质是其能够与不同文化相结合的第一前提。通常人们把马克思主义理解为关于全世界无产阶级和全人类彻底解放的学说。基于阶级分析基础上的马克思主义多被归类为政治学说。事实上，马克思主义的政治思维和政治判断不是简单地从一定的阶级利益出发，也不可能仅从利益出发而能够确立起来的。人类文明积淀的自然科学成果、社会发展理论和人的发展理论从不同的视角和不同的问题进入马克思和恩格斯研究的视野。特别是德国古典哲学、英国古典政治经济学和英、法空想社会主义更直接成为他们批判继承的对象。"文化者，人类心能所开释出来之有价值的共业也。"[①] 基于文化共性的马克思主义赋予马克思主义可以影响、融合、衍生其他文化的可能。

具备了文化属性的马克思主义完全可以通过文化的对话、借鉴、交融和再生被大众所认同、接受和理解。这一逻辑已被马克思主义与近现代中

---

① 王德峰编选：《国性与民德：梁启超文选》，上海远东出版社1995年版，第254页。

国文化选择的历史过程所证实。马克思主义在中国的出场表面上看是"十月革命一声炮响"共振后的结果,实际上是基于中华民族在救亡图存的挣扎中强烈需要解除精神文化危机、摆脱文化两难困境的历史选择。近代中国的文化建构存在着"强国者(西方文明为代表的现代性)不能立国,而立国者(中国传统文化)又不能强国"①的深刻矛盾。十月革命的胜利,使中国的先进分子认识了马克思主义。1918 年,李大钊提出:"东洋文明既衰颓于静止之中,而西洋文明又疲命于物质之下。""非有第三新文明之崛起,不足以渡此危崖。"②瞿秋白也说:"新文化的基础,本当联合历史上相对峙的而现今时代之初又相补助的两种文化:东方与西方",马克思主义"将开全人类文化的新道路,亦即此足以光复四千余年文物灿烂的中国文化"③。早期马克思主义者以解救民族危亡的现实问题为中心,以理论阐释和理论论辩为主要形式进行了不懈努力,揭开了马克思主义大众化的最初篇章。而近代一度涣散的民族文化和民族精神也在这一过程中得以重聚、继承和发展。正如毛泽东所说:"自从中国人学会了马克思列宁主义以后,中国人在精神上就由被动转入主动。从这时起,近代世界历史上那种看不起中国人,看不起中国文化的时代应当完结了。"④在后来的革命与建设过程当中,中国共产党人自觉地把马克思主义与中国革命和建设实践相结合,实现了马克思主义在中国发展的历史性飞跃。毛泽东号召全党深入研究马克思主义,"洋八股必须废止,空洞抽象的调头必须少唱,教条主义必须休息,而代之以新鲜活泼的、为中国老百姓所喜闻乐见的中国作风和中国气派"⑤。邓小平提出打破对马克思主义的教条化理解,"钻研、吸收、融化和发展"古今中外的优秀文化,"创造出具有民族风格和时代特色"⑥的新成果。江泽民指出,"马克思主义具有与时俱进的理论品质"⑦,必须"坚持古为今用,洋为中用,与时俱进,推陈出新"⑧,使马克思主义大众化的程度不断加深。

---

① 武克全:《现代化扩展中的世界与中国》,学林出版社 1999 年版,第 431 页。
② 《李大钊文集》(上),人民出版社 1984 年版,第 560 页。
③ 《瞿秋白文集(文学编)》(第一卷),人民文学出版社 1985 年版,第 213 页。
④ 《毛泽东选集》(第四卷),人民出版社 1991 年版,第 15、16 页。
⑤ 《毛泽东选集》(第二卷),人民出版社 1991 年版,第 534 页。
⑥ 《邓小平文选》(第二卷),人民出版社 1994 年版,第 212 页。
⑦ 《江泽民文选》(第三卷),人民出版社 2006 年版,第 282 页。
⑧ 《江泽民论有中国特色社会主义(专题摘编)》,中央文献出版社 2002 年版,第 393 页。

当代中国的文化生态从文化维度思考，对马克思主义大众化提出了现实的要求。当代中国的文化生态格局主要由主流文化、精英文化和大众文化组成。主流文化以其政治强势成为文化市场中的主旋律，精英文化以其批判力影响着知识分子群体，大众文化则以其商业化、娱乐化的消费优势吸引着广大受众。三种文化交错影响，构成了当代中国文化生态的一个典型特征，即文化的多样性。而问题的关键是多样文化并不是在封闭的空间而是在开放的空间运行的。开放是市场和信息的共有属性，经济全球化和信息网络化是市场和信息开放的结果。当代中国文化生态经市场和信息开放的并构之后，再生了一个新的图景：一是文化的商业化取向，一是文化的政治化取向。文化的商业化取向是市场的趋利本性在文化中泛化的结果。文化的政治化取向是异质意识形态利用文化市场和开放的信息交流平台进行价值渗透，实施文化帝国的政治策略。由此，多样的文化生态与异质的文化冲突并存于一个平台上。如何构建主导文化、引领多样文化，如何建设核心文化、增强文化软实力等问题就是在这样的背景下提出来的。由此可见，当代中国的马克思主义大众化本身就承担着一种文化使命。

从文化的视角探讨当代中国马克思主义大众化，涉及马克思主义的文化形态转化、先进文化认同、文化软实力提升三个层次的问题。在一定程度上，三个问题的解决即是马克思主义大众化从理论思维走向现实方略的过程。

（一）当代中国马克思主义大众化是文化形态的转化过程

马克思主义具有文化品质，不等于马克思主义就可以直接与文化对接。历史上，马克思主义作为一种思潮，实现大众化的基本路径是由精英文化上升到权威主流文化的过程。大众是其上升为意识形态的推手。中国共产党完成了从革命党到执政党的转变之后，作为意识形态的马克思主义及其发展形态主要是通过政治精英和文化精英共建的，需要面向大众、影响大众，大众成为理论作用的终端。正是在这个意义上，中国共产党在十五大报告中强调的大众化实践才有意义："建设有中国特色的社会主义的文化，就是以马克思主义为指导，以培育有理想、有道德、有文化、有纪律的公民为目标，发展面向现代化、面向世界、面向未来的、民族的科学的大众的社会主义文化。"[①]换言之，马克思主义要保持新鲜的生命力，就

[①] 《中国共产党第十五次全国代表大会文件汇编》，人民出版社1997年版，第19页。

不能停留在官方倡导和学术研究的层面,而是要走下圣坛和讲台,与群众的精神需要相结合,实现从理论形态向文化形态的转化。实现转化的根本是发展马克思主义指导下的大众文化。

中国的大众文化在新中国前三十年一直处于被压抑的状态,改革开放以后随着市场经济的发展开始勃兴,且已成为中国文化领域的一道亮丽风景线,并产生了极大的影响。"从本质上说,大众文化是现代工业社会背景之下所产生的并与市场经济和商品社会相适应的一种市民文化,是以现代信息技术和大众传媒技术的发展为支撑、按商品市场规律去运作的、旨在使大量普通市民获得感性愉悦的日常文化形态。"① 大众文化的市场化运行逻辑和快乐原则有力地改变了固有的文化运作方式和文化格局。无论是从受众的人数、传播的范围、市场化的程度,还是对大众的吸引力和感染力方面,大众文化都超过了其他文化,因此,有人断言,"中国文化进入了一个大众文化的时代"②。

过去我们常有一种偏见,将主流文化与大众文化对立起来,用主流文化的思想内容和运营模式来管制整个社会文化生态,遏制大众文化的生长空间。作为主流文化核心和指导思想的马克思主义更是以一副严肃的面孔、抽象的原则、居高临下的姿态出现在大众面前,以教条式、公式化的思想限制了大众的精神文化发展要求,这不仅抑制了文化的繁荣和个性化发展,也阻碍了马克思主义自身在人民群众中的可接受度。最终在全球文化多元化的冲击下,在文化传播渠道多样化和文化消费个性化的趋势下,主流文化的主导能力显得力不从心,面临阵地丧失的危险。这说明,在大众文化强势崛起的时代,不能采用简单的拒斥态度,而是应当顺应文化发展的潮流,主动转变观念,充分利用大众文化的表现形式、传播方式和运营机制,实现主流文化与大众文化的良性互动。事实上,中国大众文化本身就是文化在现代化进程中的世俗形式,是具有积极意义的文化形态,在近三十年的文化发展中,不仅大众文化在不断翻译着主流文化的经典,主流文化也借用了大众文化的生产和传播方式。文化的大众化生产和大众化传播已经成为人们接触文化的主要方式。因此,"当代中国马克思主义大众化必须贴近大众文化生活、满足大众文化需要、尊重大众文化权利、反

---

① 黄长义:《当代中国马克思主义大众化的文化场域与路径选择》,《湖北大学学报》(哲学社会科学版),2008 年第 5 期。

② 尹鸿:《大众文化时代的批判意识》,《文艺理论研究》,1996 年第 3 期。

映大众文化理想和提升大众文化人格，实现主流文化与大众文化的整合与共生，提高主流意识形态的亲和力和对各种社会思潮的整合力，从而达到当代中国马克思主义的大众化与化大众的有机统一。"①

这种转化最直接的方式就是通俗化。所谓通俗化是一系列的转化过程，在表达方式上，就是将马克思主义深奥的理论文本转换成让大众喜闻乐见的语言形式。列宁曾经指出："最高限度的马克思主义＝最高限度的通俗和简单明了。"② 这一点是有经验可循的。毛泽东就是为此做出卓越贡献的一个典范。他用极富中国特色的语言阐释马克思主义理论，用大量的神话故事、成语典故、历史掌故、名言熟语等使其演讲和著作寓庄于谐、生动幽默。例如，他用"实事求是"一词来概括辩证唯物主义思想路线，用"有的放矢"来说明理论联系实际的工作原则，用"惩前毖后，治病救人"来形容处理党内斗争的方针，用"愚公移山"来借喻把革命进行到底的决心等。这种方式也为后来的中国共产党人所继承和运用。当今，我们耳熟能详的"中国特色社会主义""小康社会""和谐社会"等术语，也是党的路线方针的一种通俗化表达，使其更容易为广大人民群众接受并自觉实践。正如邓小平所说："学马列要精，要管用的。长篇的东西是少数搞专业的人读的，群众怎么读？要求都读大本子，那是形式主义的，办不到。……其实马克思主义并不玄奥。马克思主义是很朴实的东西，很朴实的道理。"③ 在当代社会，通俗化除了复杂文本向简单文本的转换之外，还表现为抽象文本向形象、可视的声像、影像作品的转换，从书面传播向电子传播拓展，以及由政府宣传动员为主向文化产业化发展并重的转向，等等。只有将马克思主义理论以通俗化的方式传递给大众，以马克思主义为核心的主流文化才能深深根植于大众文化的沃土，真正成为广大人民群众的"大众话语"。

当然，大众文化的发展过程并不必然与马克思主义大众化的过程相契合，大众文化也具有消极的方面，它的感性化、娱乐化、自发性特征与马克思主义大众化的理性化、高尚性、自觉性要求是存在冲突的。大众文化既可以成为主流文化的营养基因，又可以成为主流文化的异化力量。因

---

① 黄长义：《当代中国马克思主义大众化的文化场域与路径选择》，《湖北大学学报》（哲学社会科学版），2008年第5期。
② 《列宁全集》（第36卷），人民出版社1959年版，第467页。
③ 《邓小平文选》（第三卷），人民出版社1993年版，第382页。

此，要在文化形态转化中坚持马克思主义的指导作用，保证马克思主义通俗化而不庸俗化，仍然需要在思想文化建设工作中努力进行研究和探索。

（二）当代中国马克思主义大众化是先进文化的认同过程

所谓文化认同，是指人们对于某种文化的倾向性共识和认可，它经过文化的接触、融合和内化的过程而实现，能够支配人们的思维模式和价值取向。文化认同是"涂尔干称之为'集体良知'的东西，是将一个共同体中不同的个人团结起来的内在凝聚力"①。推进当代中国马克思主义的大众化，究其根本就是要实现当代中国马克思主义在广大人民群众中的内化，实现当代中国马克思主义由理论转化为方法、德行、信仰等主体的内在精神要素。从文化的角度看，首先就是一个文化认同的过程。马克思主义是社会主义先进文化的核心与灵魂，指引着先进文化的前进方向。推动当代中国马克思主义大众化，就是在当前的时代背景下推动广大群众对社会主义先进文化的认同，让社会主义先进文化真正成为广大群众共同的精神家园。

在当代中国，文化认同的问题之所以引起关注，主要源于新的历史境遇中出现的社会主义文化认同危机。在近现代中国历史上，中华民族曾经选择了马克思主义来重建民族文化认同，并以此作为能够获得归属感的价值支点。而当代中国所面临的文化境遇及危机，则是来源于全球化背景下多元文化思潮所带来的模糊化、碎片化和相对化，正如宾克莱所说，"我们的时代常被称为相对主义的时代"②。有学者提出："全球化产生了两种相反的文化发展趋势：一是市场原理推动的文化同质化，一是建构大量身份认同的文化碎裂化。"③ 在不同文化并存、交织、撞击的时期，文化的异质性必然导致文化认同的离散甚至消解。当代中国的文化认同危机主要表现在：文化的多元性、多样性和多变性正在冲击、消解着社会主义意识形态的主导地位；文化的商业化和世俗化弱化了人们对于高雅文化的追求；西方文化的强势输出冲击了传统文化的传承和连接等方面。

形成新的文化认同，既不是简单地回归过去的传统，也不是全盘西

---

① 张汝伦：《经济全球化和文化认同》，《哲学研究》，2001年第2期。

② [美] L. J. 宾克莱：《理想的冲突：西方社会中变化着的价值观念》，马元德等译，商务印书馆1986年版，第6页。

③ [澳] 尼克·奈特：《对全球化悖论的反思：中国寻求新的文化认同》，刘西安编译，《当代世界与社会主义》，2007年第1期。

化，而是要在新的时代条件下建构文化的整体目标和价值体系，寻求新时期国民精神的价值支点和精神归属。在当代中国复杂的文化生态下，只有社会主义先进文化是符合人类社会发展方向、体现先进生产力发展要求、代表最广大人民根本利益、反映时代进步潮流的文化，是建构文化认同的前提和基础。马克思主义是社会主义先进文化的核心和灵魂，当代马克思主义中国化的理论成果——中国特色社会主义理论体系，是针对中国发展的现实问题而产生的，是社会发展理路与人的发展需要的有机统一，它融合了东西方文化的精神智慧，是能够在当代中国聚合各种文化潮流、化解文化认同危机、推动文化和谐发展的核心因素。

因此，当代中国马克思主义大众化的过程与先进文化的认同过程是内在一致的。这种内在一致性从微观层面表现为当代中国马克思主义融入广大群众的思想意识中成为其共同的精神支柱，从宏观层面表现为以当代中国马克思主义为主导进行文化选择、文化整合和文化建构。

以当代中国马克思主义为核心的文化认同的形成，其实质就是要马克思主义由意识形态领域进入到人民群众的文化心理结构，成为人民群众稳定的价值基础和精神纽带。因此，当代中国马克思主义作为一种理论是否真正符合当代中国社会的发展要求，理论的实践又是否真正把握和契合了当代中国人的现实需要，是它能否在复杂多样的文化价值观念中确立其主导和核心地位，进而被人民群众普遍认同之根本所在。首先，当代中国马克思主义必须关注人民大众的现实生活，回答现实问题，注重改善民生，把先进文化与大众利益结合起来。其次，当代中国马克思主义必须能够把握人类社会文化发展的基本规律，确立在新的历史条件下的方位感，面对当代中国社会出现的种种矛盾和困境，需要合理总结社会转型所带来的社会、文化意义及后果，阐明未来发展的前景。改革开放以来，中国马克思主义一方面以开放的心态参与全球社会交往实践，从全球多元文化中汲取积极因素；另一方面立足群众史观，将中国的社会命运与当代中国人的命运结合起来，将国家利益与个人价值诉求结合起来，由此创造出了中国特色社会主义理论体系。中国特色社会主义理论体系作为当代马克思主义中国化理论成果，立足于社会主义初级阶段的基本国情，其精髓是解放思想、实事求是，主题是发展，核心是以人为本。它创造性提出和回答了一系列关系到中国前途和命运的重大问题：邓小平理论提出并初步回答了"什么是社会主义、怎样建设社会主义"；"三个代表"重要思想重点回答了"建设什么样的党、怎样建设党"；科学发展观正确回答了"实现什样的发展、怎样发展"。在新的时代条件下,马克思主义只有在精神文化层面得到人民大众的广泛认同,才能产生强大的生命力、创造力和感召力;而马克思主义只有始终着眼于人民大众的根本需要,真正了解和掌握群众,才能具备引领认同的价值基础。

(三) 当代中国马克思主义大众化是文化软实力的提升过程

提升文化软实力已经明确成为新时期文化发展的核心语汇,成为党和国家的一项重要发展战略。党的十七大报告中强调:"当今时代,文化越来越成为民族凝聚力和创造力的重要源泉、越来越成为综合国力竞争的重要因素,丰富精神文化生活越来越成为我国人民的热切愿望。要坚持社会主义先进文化前进方向,兴起社会主义文化建设新高潮,激发全民族文化创造活力,提高国家文化软实力,使人民基本文化权益得到更好保障,使社会文化生活更加丰富多彩,使人民精神风貌更加昂扬向上。"① 这表明我们党对社会主义文化发展的时代条件和时代要求有了自觉体认和深刻洞悉。从这个角度来看待当代中国马克思主义大众化,能够使当代中国马克思主义大众化研究具有更高的战略眼光和更深远的价值指向。

当代中国马克思主义大众化作用于文化软实力提升的表现,首先在于增强社会主义意识形态的主导性。文化是具有民族性、阶级性和时代性的,意识形态也是文化,且意识形态制约和规范着文化的内容和表现形式。提高文化软实力首先必须把握文化的性质和方向。马克思指出:"统治阶级的思想在每一个时代都是占统治地位的思想。"② 20世纪早期,卢卡奇、葛兰西等人也对意识形态主导性的问题进行了阐释,强调统治阶级以一种非暴力的"文化"的方式,实质就是用意识形态去教育民众、争取民众"同意",从而确立其领导权。增强社会主义意识形态主导性,才能在全球多元文化交汇中确立当代中国文化的位置而不迷失方向。在当代中国,应当通过马克思主义大众化的过程,使马克思主义从国家意识形态转换为大众意识形态,使马克思主义日常化、生活化,成为个人文化品格的一部分。

其次,当代中国马克思主义大众化对于文化软实力的提升表现在增强社会主义核心价值的凝聚力。社会主义核心价值是社会主义文化的内在支

---

① 胡锦涛:《高举中国特色社会主义伟大旗帜,为夺取全面建设小康社会新胜利而奋斗》,人民出版社2007年版,第33—34页。

② 《马克思恩格斯选集》(第一卷),人民出版社1995年版,第98页。

撑，是文化软实力建设的基本内容。由于中国社会的巨大变迁，当代中国人的价值观念日益呈现出新旧交替、中西杂糅的混乱和分裂状态，构建社会主义核心价值体系，形成全民族奋发向上的精神力量和团结和睦的精神纽带，显得格外迫切。马克思主义指导思想、中国特色社会主义共同理想、以爱国主义为核心的民族精神和以改革创新为核心的时代精神、社会主义荣辱观，这四个方面相互联系、相互促进，共同构成一个有机统一的整体，鲜明地回答了当代中国以什么样的精神旗帜来凝聚全民族、推动社会前进的重大问题。推进马克思主义大众化，形成人民群众对社会主义核心价值的自觉认同和践履，从而吸引、聚化多样化的文化价值观念，增强社会主义文化的内在凝聚力，是提升文化软实力的重要表现。

再次，当代中国马克思主义大众化还有利于扩大社会主义先进文化在世界范围的竞争力与影响力。文化的对外竞争力和影响力是一个国家文化软实力的重要标志。面对全球化浪潮中引发的国家软实力较量和西方强势文化的冲击，当代中国不仅要捍卫国家和民族的文化主体性，更要积极扩大国家和民族的文化影响力。冷战结束后，虽然和平与发展成为时代的主题，但不同文化价值观念之间的冲突和排斥一直在进行着，在少数西方排华势力的眼里，社会主义永远是一种异己的力量。对此，2002年江泽民在美国乔治·布什图书馆发表演讲时，主张"世界各种文明、社会制度和发展模式应相互交流和相互借鉴，在和平竞争中取长补短，在求同存异中共同发展"[①]，提倡"和而不同"的文化秩序模式。在当代中国进一步推进马克思主义大众化，让马克思主义成为人民大众所普遍接受和掌握的一种文化力量，有利于增强我们抵御文化风险的能力，有利于建立社会主义先进文化进行国际文化对话的自信，也有利于社会主义先进文化参与国际文化的平等竞争，从而实现国家文化软实力的提升。

综上所述，文化维度是当代马克思主义大众化不可或缺的重要视角。强调文化维度不是偏废政治维度，而是对政治维度的有效拓展。由于历史上人们对文化理解的分歧和现实世界文化图景的纷繁复杂，对如何切实有效地生产文化产品、拓展文化途径、选择文化载体等问题需要在理论上专门探讨、在实践中反复证伪。

---

① 江泽民：《在美国乔治·布什图书馆的演讲》，《人民日报》，2002年10月25日。

四、论大众化取向下的马克思主义理论教育

大众化是马克思主义理论教育的新取向,旨在实现马克思主义理论指导大众、凝聚大众、服务大众的价值目标。大众化取向下的马克思主义理论教育需要重新审视三个基本问题,即为何教、教什么和如何教。社会性政治认同与个体性精神提升的统一是对"为何教"的回应;理论的科学性与价值性的关系是对"教什么"的解答;他教与自教、说理与情感、学术性与通俗性之间的关系是对"如何教"的思考。

马克思主义理论教育是指在高校对青年大学生进行的系统的马克思主义教育,是高校思想政治理论教育的主要内容,其目的是让大学生运用马克思主义的立场、观点和方法分析现实社会问题,接受和认同中国特色社会主义理论体系,树立中国特色社会主义共同理想。马克思主义大众化是在新的历史时期,用马克思主义及其最新理论成果武装头脑,构建共同的思想基础,形成价值共识的过程。高校马克思主义理论教育不能无视大众化这一社会主义意识形态走向,社会主义意识形态的战略发展更离不开高校马克思主义理论教育的长久支持。本部分从大众化的意识形态目标出发,审视高校马克思主义理论教育面对的主要问题与应对思路。

(一)"为何教":社会性政治认同与个体性精神提升的统一

从历史的视角来看,马克思主义理论教育与马克思主义理论的发展是一个互动共生的过程。马克思主义理论是在总结无产阶级革命实践的基础上产生并服务于无产阶级实践,无产阶级如何在实践中产生阶级意识,变自发斗争为自觉斗争,是马克思和恩格斯在19世纪所关注的课题,这个课题在俄国、中国的无产阶级革命进程中一直持续并不断得到回答。马克思把理论的使命归结为实践,强调:"对实践的唯物主义者即共产主义者来说,全部问题都在于使现存世界革命化,实际地反对并改变现存的事物。"① "哲学把无产阶级当作自己的物质武器,同样,无产阶级也把哲学当作自己的精神武器。思想的闪电一旦彻底击中这块素朴的人民园地,德国人就会成为人。"② 换言之,没有无产阶级革命实践,就没有马克思主义理论的诞生;同样没有革命的理论,就没有革命的实践。在总结无产阶

---

① 《马克思恩格斯选集》(第一卷),人民出版社1995年版,第75页。
② 《马克思恩格斯选集》(第一卷),人民出版社1995年版,第15页。

级革命实践经验和教训的基础上，列宁进一步提出工人阶级从自发到自觉转化的必要与可能："各国的历史都证明：工人阶级单靠自己本身的力量，只能形成工联主义的意识，即确信必须结成工会，必须同厂主斗争，必须向政府争取颁布对工人是必要的某些法律，如此等等。"① 要使工人运动摆脱工联主义的自发状态，自觉进行社会主义革命，首先要培养工人的阶级意识，使工人阶级意识到他们的利益与资本主义制度之间的不可调和性。而"阶级政治意识只能从外面灌输给工人，即只能从经济斗争范围外面，从工人同厂主的关系范围外面灌输给工人。只有从一切阶级和阶层同国家和政府的关系方面，只有从一切阶级的相互关系方面，才能汲取到这种知识"②。这就是马克思主义理论"为何教"的最初前提。

从革命战争到和平发展转变之后，马克思主义理论教育的价值何在，一直困扰着教育者和受教育者，困扰着当代社会。"为何教"的追问还在延续。在这个问题上，有两个视角在回应：一是社会的，一是个体的。社会视角是实现政治认同，回答执政的合理性问题；个体视角是提升人的精神素养，回应人的发展问题。

"统治阶级的思想在每一个时代都是占统治地位的思想。这就是说，一个阶级是社会上占统治地位的物质力量，同时也是社会上占统治地位的精神力量。"③ 政治认同是统治阶级思想保持主导性的渠道。任何政治体系要存在都需要对其社会成员进行政治思想、政治信念、政治态度和政治行为方式等方面的教化，把主流意识形态和主导价值观灌输到社会成员的头脑中，促使社会成员自觉纠正思想偏差，规范政治行为，从而实现社会成员的政治观念和政治行为的整合，达到政治认同的目的。任何政治系统不仅通过已经拥有的军事、经济等硬权力来使其权力合法化，而且试图为之寻找一个道德与法律基础，寻找一个民众认可和接受的原则与信仰来使其权力合法化。如果只有军事、经济等硬权力而没有对道德、法律、政治制度等软权力的认同，执政党只能依靠专制和暴政维持统治，这样的政权不可能持久而牢固。软权力以潜移默化的方式起作用，能够使民众从内心深处产生对执政党的支持和认可，使执政党的政治统治根基更加稳固。党和政府要强化大学生的政治认同，就必须加强软权力建设，推进马克思主

---

① 《列宁选集》（第一卷），人民出版社1995年版，第317页。
② 《列宁选集》（第一卷），人民出版社1995年版，第363页。
③ 《马克思恩格斯选集》（第一卷），人民出版社1995年版，第98页。

义理论教育的大众化，使马克思主义理论成为大学生普遍认同的价值观念，使中国特色社会主义理论体系在大学生思想中生根发芽。马克思主义理论教育要达到大学生认同现有政治体系的目标是无可厚非的，但是，过去的马克思主义理论教育只强调政治认同，维护社会稳定，忽视了提升和丰富大学生的精神生活。马克思主义理论教育固然要对大学生进行意识形态的传播，但它更是一种精神文化活动，通过其独特的精神文化品质和精神文化生产过程影响大学生精神世界的建构。

  人具有精神属性，教育是满足人的精神需要的重要渠道。我国现代化进程中的重要目标是实现人的全面发展，人的精神发展是人的全面发展的重要内容。在经济市场化和全球化的进程中，物质至上、利益优先等价值取向的影响逐渐被强化，经济快速发展所需要的道德资源却没有得到同步发展，明显滞后。在科技信息化的进程中，面对国际互联网带来的海量信息和虚拟空间，人的主体性受到了挑战。在交往空间扩大、流动性增强的过程中，社会对公共道德和个人品德的要求日益提高。在当代大学生身上，主要表现为工具理性与价值理性的矛盾：一方面受社会环境影响，渴望物质、追求功利；另一方面受学校教育影响，渴望意义、追求理想。工具理性与价值理性双重挤压的结果是，大学生产生焦躁、急躁、浮躁等不良情绪，处于迷惘、焦虑中。如何满足人的精神需要，怎样培育和提升人的思想道德素质，是马克思主义大众化的时代职责。在现阶段的中国，丰富和发展大学生的精神生活，就要坚持社会主义核心价值体系，用社会主义核心价值体系引领各种精神文化产品的创作，对低俗化、庸俗化、媚俗化的文化产品予以鞭挞和抵制，形成有利于提升大学生精神生活发展的良好文化生态环境。文化是思想的载体，如果剔除丰富的人文内涵，马克思主义理论教育的内容将是空洞的。马克思主义理论教育的最终目的是实现人的全面发展，尤其是丰富和发展人的精神生活，它只有深入人的心灵、向内求善才能作为一种文化积淀内化到人的精神世界，才能更有效地展示自己的社会价值。社会越发展，马克思主义理论教育的文化功能就应越突出。

  （二）"教什么"：理论的科学性与价值性的辩证

  马克思主义理论教育的主要内容是马克思主义与当代中国马克思主义。科学性与价值性的统一是理论教育内容的主要特点。为此要处理好基本原理教育与创新理论教育、科学性教育与意识形态性教育之间的关系。

  第一，基本原理教育与创新理论教育的关系。过去，马克思主义理论教育的侧重点是马克思主义基本原理。马克思主义基本原理是贯穿马克思主义理论始终的东西，如唯物辩证法、唯物史观、实事求是、具体问题具体分析、资本主义必然被社会主义所代替，等等，这些是马克思主义理论的精华部分。马克思主义理论教育绝不能忽视、背离这些内容，必须高度重视并讲清楚这些内容，才能为大学生树立起科学的世界观、人生观、价值观奠定坚实的理论基石。但是，如果仅限于此，就会导致不联系实际而教条化地理解马克思主义。只有用不断丰富和发展着的理论教育大学生，才能激发学生的学习兴趣；只有这样马克思主义理论才更有说服力，更容易被学生认同。

马克思主义理论教育的重点要随着中国社会实践的发展而不断变化，马克思主义中国化的主题不同，马克思主义理论教育的重点也不同，其重点应是"当代中国的马克思主义"。十一届三中全会后，马克思主义中国化的主题是"什么是社会主义，如何建设社会主义"，教育重点是中国特色的社会主义建设理论；中共十六大后，马克思主义中国化的主题又增加了"建设什么样的党，如何建设党"，教育重点是中国特色社会主义建设理论和党建理论；中共十七大后，马克思主义中国化的主题是"中国要什么样的发展，如何发展"，教育重点是科学发展观。党的十七大报告提出要"坚持不懈地用马克思主义中国化的最新成果武装全党、教育人民，用中国特色社会主义共同理想凝聚力量，用以爱国主义为核心的民族精神和以改革创新为核心的时代精神鼓舞斗志，用社会主义荣辱观引领风尚，巩固全党全国各族人民团结奋斗的共同思想基础"。当前，新自由主义、民主社会主义、历史虚无主义等各种社会思潮争论的焦点实际都是围绕"什么是社会主义、怎样建设社会主义"展开的，因此，如何认识当代社会主义，特别是如何认识当代中国特色的社会主义，这是马克思主义理论教育必须回答的根本问题。大众化取向下的马克思主义理论教育就是要让大学生正确认识中国特色社会主义，进而树立中国特色社会主义共同理想。

在经济全球化、政治多极化、文化多元化、信息网络化的环境中，各种社会思潮纷纭激荡，影响着大学生的思想和行为。面对百家争鸣的非主流社会思潮，如果马克思主义理论教育的内容仅仅是作为主流意识形态的马克思主义理论，那么教学过程中就不可避免地向大学生强制灌输这些理论，这样势必导致主流意识形态与非主流意识形态之间的矛盾对立，从而加剧多元文化价值观之间的矛盾冲突，影响马克思主义理论教育的实际成效。马克思主义理论教育确实要使作为主流意识形态的马克思主义得到加强、普及并为大学生接受，不过，最好是通过有针对性地介绍、评析非主流社会思潮，让大学生辨明其中的合理与偏颇之处，在尊重差异和包容多样的同时，最大限度地形成社会思想共识。马克思主义理论教育要实现大众化，必须关注现实社会矛盾，把握大学生的思想脉搏，用马克思主义唯物史观的方法分析各种社会思潮，避免将理论联系实际简单化、庸俗化，这样才能适应时代的需要，使教育才更具说服力。

马克思主义理论教育不能放弃马克思主义的基本立场、观点和方法，同时要解放思想，与时俱进，在解放思想中统一思想，即在批判非主流社会思潮中坚持马克思主义的立场和坚定社会主义的信仰，依据发展着的理论进行理论教育。

第二，科学性与意识形态性的关系。马克思主义理论不是纯粹的经验事实的科学，也不是脱离现实而纯粹面向人的内心精神世界的人生价值理论，它是直面现实社会矛盾而深切关怀人类前途命运的经世致用之学，它始终是真理与价值、现实与理想、实践与理论的具体的历史的统一，是严格的科学性和浓厚的价值性高度统一的理论体系。马克思主义是关于自然界、人类社会和思维发展的普遍规律的科学，马克思主义随着实践的发展而不断创新，其精髓部分是人类不可逾越的知识成果。马克思主义的科学性为马克思主义理论教育的科学性提供了理论支持。只有强调马克思主义理论的科学性，才能使大学生划清马克思主义与反马克思主义之间的界限，自觉地用马克思主义理论指导社会实践，否则，马克思主义理论教育就变成空洞的政治口号。只有强调马克思主义理论的意识形态性才能为马克思主义理论的科学性指明方向，才能使大学生始终站在广大人民群众的立场上分析批判各种社会思潮，旗帜鲜明地维护社会主义意识形态话语权。马克思主义理论教育的科学性与意识形态性是不可分割的有机统一体，科学性是其前提和条件，意识形态性是其目的和保证。

过去，由于受"左"的思潮的影响，马克思主义理论教育将科学性教育与意识形态性教育截然对立起来，只强调意识形态性而忽视科学性，致使马克思主义理论教育被完全政治化。新中国成立后不久，特别是"文革"期间，在"以阶级斗争为纲"的思想指导下，不断强化政治运动，出现"泛意识形态化"，马克思主义被教条化、被视为"放之四海而皆准"的绝对真理，从而导致马克思主义理论教育离马克思主义的真思想越来越远。究其原因，是人们掌握的马克思主义理论知识相当欠缺，没有从整体上准确把握马克思主义理论知识体系。对大学生进行较为系统的马克思主义理论科学知识教育，是当前在大学生中普及马克思主义的必要的认知基础。但是，近年来又走到另一极端，马克思主义理论教育只强调科学性而忽视价值性，出现马克思主义理论教育"非意识形态化"的倾向。当前我国正处于急剧变革的社会转型期，利益关系日趋复杂，思想观念日趋多样，政治不稳定的因素不断增多。国际国内的"意识形态终结论"和"淡化意识形态论"不绝于耳，其本质是"终结""淡化"以马克思主义为指导的社会主义意识形态，为西方的新自由主义鸣锣开道。马克思曾指出："如果从观念上来考察，那么一定的意识形式的解体足以使整个时代覆灭。"① 马克思主义理论教育除了知识性教育之外，还要承担一个重要而特殊的任务，即意识形态性教育，帮助大学生自觉地把马克思主义理论内化为自身的价值标准和行动指南，对马克思主义指导的中国特色社会主义事业发展前景充满信心。实践证明，马克思主义理论教育弱化或强化意识形态性教育都是危险的，必须进行科学的意识形态教育。

（三）"如何教"：处理好他教与自教、说理与情感、学术性与通俗性之间的关系

第一，他教与自教的统一。任何一个教育过程都必须充分发挥教师的主导性和学生的自觉性，都是他教与自教的辩证统一。他教与自教是区分受教育者存在的工具性与主体性的根本标志，受教育者主体性发展的落脚点是从他教走向自教。由于受传统思维模式的影响，马克思主义理论教育过分强调其维护社会稳定的功能，忽视大学生的个性特征和接受能力；强调理论灌输，忽视大学生精神世界的建构；强调教育者的主体性，忽视大学生的主体性等问题。马克思主义理论能否被大学生认同，既受教师的影响，但更取决于大学生认知程度与知行转化的程度。"任何理性教育，形象的感染，都是外部的客体，都只有通过主体的心理过程才能起到这样或那样的作用。如果没有主体内心的心理过程的发生，任何教育都等于零。"② 马克思主义理论教育者不仅要苦练内功，更要根据大学生的特点探索引导其自教的方法，促进他教与自教的耦合同构。大众化取向下的马克思主义理论教育的理想状态就是大学生自我教育，通过自教促进理论认知、情感发展及知行转化，从而使其高度自觉地认同马克思主义理论。

---

① 《马克思恩格斯全集》第46卷（下），人民出版社1980年版，第35页。
② 王礼湛等主编：《思想政治教育学》，浙江大学出版社1989年版，第264页。

第二,说理与情感的统一。马克思主义理论是建立在唯物史观基础上的科学理论,马克思主义理论教育必须讲道理,要把真理性贯穿始终。真理能够正确反映事物的本质和进步趋势,只有真理才能掌握人、说服人。理论一旦为群众掌握就会变成强大的物质力量,理论怎样才能为群众掌握呢?理论必须是彻底的、根本的。马克思主义理论要为大学生掌握,马克思主义理论教育就必须与客观事实相符合,揭示社会和人发展的规律和方向,增强其说理性。但是,真理性的东西并不一定能为大学生所接受和认同,大学生还要从自身价值的角度进行筛选,真理性的东西可能会被他们认为没有价值而拒绝接受,虚假性的东西可能会被他们认为有价值而选择吸纳。马克思主义理论教育本身所内含的真理能否为大学生认同,关键取决于是否符合他们内在的价值尺度和能否满足他们的情感需求。"人们总是认同那些与自己的利益、情感和信仰相一致或相近似的东西,利益、情感和信仰影响着人们对'他者'的评价问题,这就注定了从一开始人们的认同就是一个价值问题。"① 因此,要让大学生认同马克思主义理论,除了进行说理性教育之外,还必须进行情感性教育,联系他们的思想实际,解决他们遇到的实际问题。这样的教育活动具有一定的感情色彩,情理交融,将大道理变得有血有肉,讲起来好理解、易接受。教师的"真信""真教"必须在"真行"中体现出来,在关心学生生活和关注学生发展中体现出来,在教师言传身教的影响下,学生才会"真信""真学""真行"。

第三,学术性与通俗性的统一。在以往的马克思主义理论教育过程中,教育者往往用政治话语、学术话语代替大众话语,教育者不分时间、不分场合、不分对象地套用"政治话语""学术话语",使大学生不能正确理解和接受,形成"言者谆谆,听者藐藐"的负效果。马克思主义从来就不是纯粹的学术话语,而是与实践相结合的理论,是随着实践不断发展,经得起实践考验的理论。"凡是把理论导致神秘主义的神秘东西,都能在人的实践中及对这个实践的理解中得到合理的解决。"② 马克思主义敢于直面现实生活和社会矛盾,特别关注弱势群体的历史命运,不懈地追求每个人的自由全面发展,这些是马克思主义话语的魅力所在,是马克思

---

① 贾英健:《认同的哲学意蕴与价值认同的本质》,《山东师范大学学报》(人文社会科学版),2006年第1期。

② 《马克思恩格斯选集》(第一卷),人民出版社1995年版,第60页。

主义话语权的深厚基础。马克思主义理论要能被大学生认同，化为大学生的行动指南，就必须使教育工作做到"三贴近"，而要做到"三贴近"就必须将政治话语、学术话语转换为生活话语。毛泽东曾经指出，所有的理论工作者"应当学会不用书本上的公式而用为群众事业而奋斗的战士们的语言来和群众讲话"①。

当前，伴随着全球化、信息化、网络化时代的到来，外来语言、信息语言、网络语言越来越流行，这对大学生的思维方式、价值观念和行为方式都产生了重要影响。马克思主义理论教育者要与时俱进地吸收新的时代语言，运用与时俱进的大众话语将当代中国马克思主义理论融入时代发展中去。在现阶段，大众化取向下的马克思主义理论教育就是要用通俗化的话语解释中国特色社会主义理论体系，帮助大学生树立起坚定的中国特色社会主义理想信念。正像毛泽东所说："什么叫做大众化呢？就是我们的文艺工作者的思想感情和工农兵大众的思想感情打成一片。而要打成一片，就应当认真学习群众的语言。如果连群众的语言都有许多不懂，还讲什么文艺创造呢？"② 马克思主义理论教育在关注学术发展，用学术性话语表达问题的同时，更要关注社会现实问题和大学生的思想困惑，构建一套适合大学生的通俗性话语体系。

五、"回归人"：马克思主义理论教育的价值归属

"批判的武器当然不能代替武器的批判，物质力量只能用物质力量来摧毁；但是理论一经掌握群众，也会变成物质力量。理论只要说服人，就能掌握群众；而理论只要彻底，就能说服人。所谓彻底，就是抓住事物的根本。但人的根本就是人本身。"③ 人的根本就是人本身，也是当代中国马克思主义大众化的价值指向。"回归人"是对历史上影响过学校德育的神本、物本理念反思的结果；是中国共产党以人为本的执政理念在学校人才培养实践中的体现。"回归人"不是简单地回归人的经济属性、政治属性、道德属性，而是回归每个人个性的自由全面发展。"回归人"的学校德育一方面需要确立理解人、关怀人、服务人的实践理路，另一方面更需

---

① 《毛泽东选集》（第三卷），人民出版社1991年版，第842页。
② 《毛泽东选集》（第三卷），人民出版社1991年版，第851页。
③ 《马克思恩格斯选集》（第一卷），人民出版社1995年版，第9页。

要把发展人作为学校德育目标归属。

新中国成立60多年来,实现了从半殖民地半封建社会到民族独立、人民当家作主的新社会的历史性转变,从新民主主义革命到社会主义革命和建设的历史性转变;改革开放30多年来,实现了从高度集中的计划经济体制到充满活力的社会主义市场经济体制、从封闭半封闭到全方位开放的历史性转变。两个重要的历史时期、三个历史性转变的重要收获之一是人本观念的确立。在高等教育发展的过程中,主要表现就是"以人为本"的教育理念的确立。该理念在教育实践中的主要表现就是满足学生精神生活需要、关怀学生学习和生活中的难题和矛盾、服务于学生的成长成才。近年来,在党和政府的积极组织和推动下,人本价值已经细化到学生学习、生活等具体的领域之中,并开始固化到相应的制度层。但是,在市场功利规则被泛化、跨文化互动中的主导价值受到冲击、网络空间多质信息和虚拟交往不断生成的过程中,人本价值指向的是传统的政治人、道德人,还是时下流行的经济人?是单向度的人,还是整体的人?依然值得探讨。问题追问的结果就是,"回归人"的话题并没有因为以人为本的教育理念的提出和实践而终结。忽视对该问题的继续追问,势必产生如下两个结果:一是把人本抽象化,走回到抽象人性论支撑下的人论观;一是把人本片面化,走回到人的异化的现实怪圈中。

马克思主义大众化"回归人"这个命题,内涵了两个子命题:一是大众化的价值指向是人本身,进一步而言,就是当代青年学生。因而,以人为本的判断也就是以生为本。在这个层面上,人本观和生本观是一致的。二是高校德育的实践路径从发展器物向发展人的整体素质转变。在这个层面上,"回归人"不仅是一个观念问题,更是一个实践难题。

从理论视角而言,"回归人"之所以必要,之所以值得继续探讨,更多的是来自于生本德育观与教育现实之间的矛盾,是新的教育价值观与传统教育价值观指导下的教育实践之间的矛盾。

其一,学校教育执着于量化指标的发展思路阻碍了德育人本目标的实施。量化指标是我国学校教育的普遍现象。在中小学是应试教育,通过升学率来评估教育质量。在大学是物化模式,将高等教育与市场紧密衔接在一起。一些高校把能赚多少钱的经济目标作为发展目标,一些高校把科研成果的产出量作为衡量教育成就的主要指标,一些学校甚至把评比排位作为体现业绩的依据,等等。有学者这样描述道:"二十世纪九十年代后期开始,中国的大学陷入了因扩招而导致的盲目扩张的泥潭中,外延式的发展取代了本应有的内涵的建设,逐利的目标轻易地遮蔽了大学教育本应有的教书育人的功能,流水线式的人才生产成为高等教育最主要的人才培养方式。更为要命的是,在这样的背景下,大学逐渐地与'市场'自觉接轨,沦落为整个全球化格局下人才生产链上的组成部分,而不再对这样的现实产生反省、质疑,更谈不上超越。"① 大学三个职能中的教育、科研和社会服务没有在高等教育体制内得到平衡发展。高等教育产业化、高等教育行政化等倾向都是泛功利化的集中表现,而学术的量化和指标化的影响要比前二者、更深刻更严重。在学校把学术产量作为目标的导向下,学术成果中的造假、浮夸等现象自然屡禁不止。表面上,高校增加了学术产量,但是,其负面影响不仅影响教师这个群体,还影响到大学生。应试教育、学术量化在体制上弱化了德育首位教育观的现实化,误导了学生的自我价值观,进而阻碍了人本目标的实施。

其二,学生自我发展中重视技能素质忽视非技能素质的价值取向,导致学校德育人本目标缺少内在认同基础。当年,马克思在分析资本主义制度负面影响的时候,谈及资本对资本家和工人的双重异化。资本不仅异化了工人,也异化了资本家。异化的动力源是商品拜物教和金钱拜物教。借鉴马克思的思维逻辑,我们也可以把人们对学校德育的态度理解为双重片面化。一方面,如前所述,是对教育者的片面化;另一方面是对学生的片面化。一部分学生把工具性知识的学习放在第一位,然后是理性知识,最后才是价值知识。如果没有考试和分数的制衡,那么,世界观、价值观和人生观的修养就没么容易被边缘化。"教育在向现代化的转型中发生了变异。它从指向人自身的存在,指向人的发展和完善,走向了对于外部世界的征服和占有。"② 具体表现在"教育要使人成为现代体制庞大机器上的零部件,要把人塑造成为物的手段。教育所关注的人之发展,也只能是局限于一部分'有用'知识的获得和相应的认知的发展,凡是无助于人去占有、征服对象性世界的知识经验和人格素质在当代教育中都会被边缘化,甚至被驱逐出教育领域。"③ 由此,出现了一个矛盾:从物本反思中

---

① 刘亚军:《学术精神的失落与大学的误区》,《云梦学刊》,2007年第4期,第15页。
② 鲁洁:《边缘化 外在化 知识化:道德教育的现代综合症》,《教育研究》,2005年第12期。
③ 鲁洁:《边缘化 外在化 知识化:道德教育的现代综合症》,《教育研究》,2005年第12期。

确立的人本教育观与物本惯性中的自我发展观之间难以契合。

无论是教育主体还是学习主体存在的问题,其根源是社会。市场化进程的一个结果就是社会规则的市场化。市场是商品交换的场所,也是交换规则的生成空间。支撑这个空间和规则的是物质利益机制。市场规则与教育本性碰撞后,教育的超越性被市场弱化甚至消解了,人的回归遇到阻碍,也因此愈显迫切和必要。

经历了经济市场化进程的完善、政治民主化诉求的增强、科技信息化影响的深化,以及人们对教育本质理解的深入,"回归人"的可能性在增强。

第一,科学发展观是学校德育"回归人"的宏观前提。回归人的诉求与科学发展的价值契合是德育价值重构的重要支点。我国经历了以政治为中心到以经济建设为中心的重点发展,奠定了中国特色社会主义的政治基础和经济基础。不过,在重点发展的过程中,出现的人与自然、人与人关系的矛盾也成为进一步发展的掣肘,更成为社会主义价值指向的障碍。从片面发展到协调发展,从重眼前发展到可持续发展,一方面是对现实社会发展过程中出现的问题的理性反思,另一方面也是基于经济全球化过程中对资本扩张本性的再反思。马克思提出资本具有价值增值和扩张两个基本属性。前者为资本家获得财富提供了可能,后者则产生了人与人的关系、人与环境关系的紧张。人的价值在这个过程中被异化了。马克思之后的许多学者延续马克思的思维,从不同的视角和立场探讨了人的价值被异化的表现,如卢卡奇的物化和物化意识,马克斯·韦伯的工具理性和价值理性等。

科学发展观切合现实地回答了如何发展和怎样发展等问题,但是核心问题是发展"为了谁"。这个问题的答案就是以人为本发展目标的确立。科学发展观以社会主义意识形态的影响力将在相当一段时间内成为中国社会发展的价值导向,也必然对德育产生影响。因为社会价值是教育价值的基础,也是教育价值现实化的有力保障。科学发展观是在反思物本和器本价值的基础上提出了人本目标的,从社会视角回答发展的价值归宿是人不是物。同样,学校德育也在服务于人还是服务于物的选择中寻找自身的价值定位。服务于人的德育一直受到服务于物的德育理念的现实制衡,无法得到现实的支持。这些年来,高等教育在集中讨论大学是什么,大学的使命何在等问题。大学不是知识的复制机器,而是培育人的创造能力的场所;大学不是职业训练场,而是学习、生活和精神养成的场所;大学不是与世隔绝的象牙塔，而是社会结构中的组成部分，等等。所有这些共识都集中到了人本身。学校德育"回归人"已具备了良好的社会基础。

第二，人才战略工程的实施是学校德育"回归人"的政策基础。社会发展的资源依赖大致经历了自然资源依赖、资本依赖、人力资源依赖等几个阶段。自然资源为农业文明和工业文明提供了重要的发展条件；资本则成为主导着工业文明的主要力量；人力资源是知识经济发展过程中被提出和被重视的新的资源形态。这种资源直接来源于人本身，来源于人的主观能动性的外化程度。正是在这个发展的认识中，21世纪的竞争被定位为人才的竞争。人才战略成为国家发展战略的重要组成部分。高校是人才培养的主要基地，人才战略工程自然也使得社会发展的聚焦点集中到了高校。

人才战略工程的实施不可回避的一个问题是：什么是人才的要素？换言之，对人才的理解应该是什么样的？人的素质存在着不同的细化方式，大致包括要素说、系统说等几种观点。要素说突出德、智、体、美等要素的相对独立性。系统说突出各要素之间的互动关系，如情商与智商的区分，突出了情商的价值；文化的硬实力与软实力的划分，突出了软实力的现实功能。无论是要素说还是关系说，都是把人视为一个整体来看待的。在这个整体中，"德"的地位一直在选择中得到提升。在要素说中，德育被定位为首位；在关系说中，德育（或非智力因素）被定位为主导力量。从这些理论的发展中，我们可以明晰这样一个结论：人才战略工程将人的要素从社会发展系统中突出出来；在人力资源的再认识中，人的非智力因素从人的整体素质中被突出出来。这就为德育回归人提供了有力的政策支持。

第三，个体的协调发展的价值取向是学校德育"回归人"的心理条件。社会发展取向必然影响到人的自我选择取向。社会的重点发展产生了片面发展的自我取向。片面发展的个人取向在不同时期有不同的表现。在以政治为中心的时代，表现为单一的政治人取向，在红与专的选择中侧重于红；在经济为中心的时代，表现为单一的经济人的取向，财富和获得财富成为典型的价值目标；在和谐发展目标指向下，单一的发展目标受到了质疑，产生了人的整体的和谐的发展需要。

整体的和谐的发展需要表现在学习目标中，一方面受着应试教育惯性的影响，受到市场中资源向最佳处配置规则的影响，而延续着功利性选择；另一方面在这些外部挤压下，当代青年也滋生了渴望崇高、自觉担当社会责任、呼唤理解和宽容等人生追求。人的精神需要和精神生活的全面发展获得了较高的认同,需要的强度也在增强。个体从片面重视技能、手段,到与心理、精神并重;从片面地追求个人荣誉或物质财富,到价值、信仰和心理并重,迫切要求德育回归人的精神世界,关心人、关怀人。

回归人的取向要求当代中国马克思主义理论教育要从人的需要出发,建构全面发展的教育路径;从人的发展出发,建构精神成长的引导路径;从人的心路历程出发,建构健康人格培育的关怀路径。

第一,从人的需要出发,建构全面发展的教育路径。马克思认为需要是人的本性。回归人,第一个面对的就是人的需要。青少年处于人生发展的重要时期,学习、生活、成长等方面的需要不断增强。在中小学阶段,他们的需要还处于受制于父母、老师影响的相对依赖期;在大学阶段,这种依赖性不断弱化,自我相对独立性逐渐增强,反映自我需要的内容在丰富。其中,既有基本的生活需要,也有自我发挥的需要;既有物质满足的需要,也有精神追求的需要;既有朋辈群体交往的需要,也有恋爱婚姻的情感需要;既有专业技能学习的需要,也有德、智、体平衡协调发展的需要。同时,从成长的社会环境来看,学习竞争、发展竞争、就业竞争等压力日益增大,导致他们对自我发展的关注度不断提高,自我需要与社会需要的关系发生了一定的变化。历史上,马克思主义理论教育在众多需要中重点关注人的政治需要;在自我需要与社会需要之间侧重于关注社会需要。从而形成了以"为社会培养人"的政治教育路径。现实中,一些人基于竞争压力和社会影响,侧重于关心技能、金钱等手段价值,轻视理想信念、德行养育等精神价值。出现了重智轻德、重现实轻长远、重手段轻价值等现象。历史出现的价值选择的单一性和现实存在的价值选择的片面性都是片面发展的表现,不同的是前者形成的基础是由政治中心决定的,后者是市场化负面影响所致。其实质都是一样的。回归人的教育,从满足人的需要出发,不是简单适应人的所有需要,而是把青少年的自我发展与其社会化的基本要求结合起来,从其综合需要出发,拓宽德育的教育路径。这里路径既包括传统的理论教育,也包括新兴的生活教育、心理教育、社会教育、环境教育,等等。

第二,从人的发展出发,建构精神成长的引导路径。追求自由个性的全面发展是马克思对未来人的发展的理想预言,也是一定时代的人在反思中发展的基础。人的发展不仅有物质生活的,也有精神生活的。精神生活包括理想信念、价值选择、情感丰富等。现时代,人的发展已经从单向度的物质需要转向物质与精神的综合发展。人的理想信念、心理素质、情感归属、意志品质等需要日益强烈。这些需要得不到满足，一些人就会陷入价值困惑和情感困扰之中。现代社会的快速发展、矛盾多重、开放竞争等环境因素强化了这些矛盾。而这些矛盾通过家庭生活、校园生活和社会生活的变化对学生的思想、心理等方面产生影响；通过网络等现代信息传播平台，深化影响的力度。这些影响产生的结果是：一方面，学生自我设计、自我规划更务实了；另一方面，焦虑、躁动、迷茫也在增强。存在着精神需求不断增加、精神发展日益迫切的新特征：

①培养学生道德自觉。道德既是社会规范，也是内心秩序。道德自觉是二者的统一。党的教育方针把可靠接班人和合格建设者作为教育的任务，这为青少年的道德素质提出了更高的要求。其中既有公民责任的一般要求，也有政治使命的特殊要求。无论是哪个层面的要求都可以归结为道德自觉。道德教育是学校德育的重要内容。青少年的道德自觉养成离不开思想政治理论课，这是保证道德认知的主渠道；但是更重要的是通过道德参与和道德实践生成自我的道德自觉意识，现有的志愿者服务、勤工助学、关爱关怀活动等都是很有效的方式。

②丰富人文情感和人文精神。人文是相对于科技而言的现代人发展的重要向度。人文素质是人的重要组成部分。回归人的学校德育需要培养青少年的人文精神和人文情感。重技能轻人文是现代人价值选择的突出特点，一些同学把专业技能的学习作为今后职业选择的基础，安身立命的本钱，而把非专业的知识作为可有可无的附属品。这种取向与科技时代的人文诉求的大趋势形成矛盾。科技时代导致了器物主导的产生，也导致了器物主导下人类生存观的变化。科技进步支撑了人类的进步，佐证了人是万物尺度的古老预言；同时，科技成果的滥用带来了能源危机、生态失衡等难题，人文主义在反思中倡导人文价值对科技主义的制衡。当代青少年人文情感和人文精神的培养，一靠教育，二靠修养。而教育的目的也是为了修养。

③加强青少年的理想信念教育。理想信念教育是思想政治教育的核心内容。在现代社会，作为人的生活方式的理想信念成为一定社会发展的共同理想和个体发展的精神动力。学习动力、价值选择等问题都程度不同地与理想信念有关。理想信念教育实质上是进行人作为一个什么样的人的教育，是回归人的核心问题。现有的理想信念教育除了要重视政治理想信念教育之外，还要重视生活理想、职业理想、道德理想等内容；除了重视理

性的信念教育，还要重视日常生活中的信念教育。

第三，从人的心路历程出发，建构健康人格培育的关怀路径。关怀个体的最有效途径就是从人的心路历程出发，关心青少年个体的困扰和问题。当代学生情感丰富、个性突出、心理压力大，需要更多的心理关怀和心理指导。2004年，《中共中央国务院关于进一步加强和改进大学生思想政治教育的意见》指出：思想政治教育"坚持解决思想问题与解决实际问题相结合。既要讲道理又要办实事，既以理服人又以情感人"[1]。党的十七大明确指出，加强和改进思想政治工作，注重人文关怀和心理疏导。心理疏导主要包括压力疏导、矛盾疏导、情感疏导等。

压力大是当代青少年的普遍问题，学业竞争、职业竞争正在改变着同学的人生态度和价值选择。在竞争中，不论胜者还是败者，都处于高压之下。由此引发了情感的抑郁、个别的自杀现象等。压力疏导的重心是改变其生存的外部条件和增强自我的内在适应力。

矛盾凸显是现代社会的新问题。改革开放以来，我国社会变迁中的贫富差距、教育公平、政治公正、地区平衡等利益关系问题日渐突出；不同意识形态的竞争也在加剧。这些社会矛盾以不同的方式影响到他们的价值观念。如果不客观应对、及时疏导，必将引发更大的矛盾，不利于人的心灵和谐和社会稳定。

青少年正处于情感丰富期，各种情感相互交错，相互影响。这些情感既有个体的，也有群体的，而个体情感和群体情感经常相互作用。压力增大、社会矛盾凸显都可以通过情感反映出来。因此，情感教育和情感疏导就成为一个现实的教育任务。

总之，以人为本的执政理念为学校德育回归人提供了政治保证，人的自身发展为学校德育"回归人"提供了心理基础，"回归人"的学校德育才是真正的人的德育。

---

[1] 教育部社会科学司组编：《普通高校思想政治理论课文献选编：1949—2008》，中国人民大学出版社2008年第3版，第203页。

第五章　当代中国马克思主义传播的特点与方式研究

　　由于时代境遇的变迁，中国马克思主义大众化的传播在早期和当代呈现出不同的方式和特征，传播主体、传播对象以及传播媒介发生了深刻转变。在历史发展的进程中，逐步形成了马克思主义理论传播时代化、中国化和大众化的内在逻辑与现实诉求。一方面，马克思主义传播从理论到现实，获得了更为充实的民族性、时代性内容；另一方面，作为意识形态，马克思主义传播从知识分子到普罗大众，契合了自身以及社会历史发展的客观要求。本章旨在从马克思主义大众化早期传播到当代传播的纵向梳理和横向比较研究中，通过对时代性、症候性问题的凸显和剖析，力求探寻马克思主义在中国传播的发展路径，使马克思主义在中国实现时代化、大众化，以推动马克思主义在当代的发展。在研究对象的选择上，我们无意也难以做到对马克思主义传播研究的详细而全面的阐述，故力求在学界已有成果的基础上，能够对某些问题从新的角度进行新的思考与新的认识。

　　在中国马克思主义大众化早期传播研究中，路径、视野和效果成为我们研究的聚焦点。一种学说的传播，路径决定了其传播的途径与方式，对源头的追根溯源可以明了马克思主义中国化的起始之端，它对马克思主义的诠释在很大程度上决定了中国对马克思主义的理解与把握；视野的研究则意在说明马克思主义的学说何以能够被中国人所认同，个中缘由的阐释指向一种学说从传播到接受的内在机制；效果的把握则揭示出马克思主义在中国的深远影响，只有被普罗大众所接受并对其国民性改造发挥重要作用，才是马克思主义大众化的体现，也是马克思主义具有生命力的原因之所在。

　　就传播路径而言，五四运动前马克思主义从日本到中国的传播，使马克思主义具有了日本特色，从源头深刻地影响了马克思主义中国化的进程。自19世纪70年代起，近代社会主义思潮由西方传入东方，中日两国也各自独立地获取有关西方社会主义思想的信息。然而这一态势在后来发生了变化,中国在汲取社会主义思想的过程中发生了中断,而日本却保持持续引进的步伐。作为东方最早走上资本主义道路的国家,日本在西学东渐的历史进程中,充当了在东亚各国传播社会主义思想的先锋,这就意味着在社会主义思潮和马克思主义学说传入中国的早期,日本作为传播的特殊渠道留下了难以磨灭的痕迹。

五四运动前,日本作为马克思主义学说传入中国的主要渠道,启迪了中国早期进步知识分子,萌发了他们初步的共产主义思想。值得一提的是,这一时期的马克思主义是作为社会主义学说的一条支脉,与其他社会主义思想并行在中国传播的。从横向来看,这一时期马克思主义的传播,比起以往中国通过其他渠道获得的有关介绍要丰富和翔实得多;从纵向来看,在信息相对封闭的时代里,中国人民便是通过日本这一特殊渠道,利用地理和语言优势,接触、了解和认识马克思主义。比起俄国,日本是最早向中国介绍马克思主义的媒介。多年来,我国学术界对于十月革命以来马克思主义传播的俄国渠道研究较多,而对日本在五四运动前向中国传播马克思主义的历史意义的介绍显然不够。研究和梳理五四运动前马克思主义传播的日本渠道,分析中国各阶级对经由日本传播的马克思主义的选择、探索、争论及其传播特点,梳理出马克思主义从日本到中国这一地域的跨越历程,并通过日、俄两条传播路径的比较,进一步论证日本作为在中国传播马克思主义的重要支流与补充,以及日本式的马克思主义对早期具有初步共产主义思想的知识分子的启迪,同时从起源上分析马克思主义从日本到中国传播的深远意义,有利于进一步了解我国早期社会主义运动艰辛曲折的发展历程,并认识到马克思主义作为富有生命力的科学理论在中国进行传播的力量源泉。

在中国近代科学发展史的视野中研究马克思主义的接受理论,凸显了中国马克思主义大众化的另一条路径,即科学之路。马克思主义作为科学,契合了近代中国亟待寻找出路改变社会现实的迫切性及其民族文化心理,由崇拜科学到接受马克思主义。就此而言,近代中国科学观的发展与转换构成了马克思主义大众化传播、接受与认同的中国化视野。中国思想和学术在19世纪到20世纪之交经历了两次重大的范式转变:20世纪初从传统的经学范式向进化论范式的转化,20世纪20年代开始的向唯物史观范式的再度转换。在这两次重要的范式转变中,科学的影响均起着重要的作用。从科学被最早引进的洋务运动到马克思主义得以确立的五四新文化运动,"科学"的含义和指称的内容经历了三个阶段的衍变:洋务运动时期、维新变法时期和新文化运动时期。与这一进程相对应，近代中国人对于科学的态度，经历了从接受科学器物到接受科学知识，从科学之功利价值到科学之思想方法价值，从科学精神到科学崇拜，从自然科学到社会科学再到科学社会主义的过程。

五四运动时期的基本原则和策略在于，坚持科学主义的基本思想文化之路不变，但放弃用像进化论那种"形而下"的科学理论来诠释科学的做法，而将科学主义发展为含义更为宽泛并且更加"形而上"的一种解释原则，即科学的基本观念、科学精神和科学方法。科学内涵的这种从具体到抽象、从形而下到形而上的变化，极大地提升了科学主义的解释力度和影响力，使科学从此获得了在不同思想论争中裁决胜负的价值尺度的作用，真正意义上的科学主义由此诞生。不难理解和想象，以揭示人类社会发展规律为主旨的唯物史观正是在这种情况下被当时先进的思想家们所接受的。在陈独秀、李大钊等一批由崇奉进化论转而信奉马克思主义的人看来，唯物史观取代进化论完全是由于前者比后者更科学，因而对人类社会的发展更有说服力。马克思主义具有更为深邃的科学意涵和更为自觉的科学意识。中国人正是以接受科学的心理，最后选定马克思主义的科学社会主义。

马克思主义在中国广泛传播的一个重要效果在于，加剧了近代中国国民性改造思潮的分化。国民性改造实质上涉及价值观的转型和变迁，是一项长期的复杂系统工程。在近代中国国民性改造大潮中，马克思主义发挥了重要作用，即从与西方价值观的比照中笼统地谈论国民性转变为运用唯物史观剖析国民性现状及其形成根源，并把国民性改造思潮从上流社会和知识分子拓展至普罗大众。在国民性改造途径上，从主张优先实行文化变革转变到强调思想启蒙与政治革命同步进行，从强调个人改造的优先性转变为重视个人改造与社会改造的双向互动，国民性改造具备了真正深入中国社会的可能。基于阶级解放的需要，国民性改造目标从绝对的个人主义转变为集体主义价值观，从追求个人至上转变为强调人的社会性和民族责任感，从树资本主义新民转变为立无产阶级新人。因此，合理评估马克思主义在近代中国国民性改造思潮中的地位和作用，有利于厘清并前瞻当代中国转型期马克思主义与价值观重构的关系。首先，国民性改造（或价值观变迁，下同）与现代化是双向驱动、相互形塑的关系，不宜过分渲染国民性改造在现代化进程中的地位和作用。其次，要合理评估文化启蒙与社会革命在国民性改造中的地位和作用。启蒙与救亡既是近代中国国民性改造思潮拟承担的历史任务，又是困扰这一思潮的主要矛盾。虽然李大钊也曾提出"心物两面的改造"并强调"一致进行"，但随着革命形势的发展，救亡终究还是压倒了启蒙，早期马克思主义者所希望的启蒙与救亡并行不悖的局面并没有出现，但它对中国国民性的改造却不可忽略。

与中国马克思主义早期传播相比，当代中国马克思主义的传播日益凸显全球化时代的特质与诉求，契合当今时代的变化与发展。就此而言，中国马克思主义大众化在当代传播呈现出三大特点：契合意识形态在当代发展的诉求，呈现"文化化"；契合大众传媒在当代发展的特点，呈现"感性化"；契合传播对象在当代发展的变化，呈现"层次化"。

就"文化化"而言，马克思主义是当代中国主导的意识形态。意识形态"文化化"是意识形态在当今社会发展的趋势和选择，它既关系到价值观的认同、传递与影响，又关乎文化安全与文化软实力。在全球化时代，文化与意识形态恰恰因其认同、意义与价值呈现出紧密的联结：一方面，国家意识形态因文化交融而面临日益增多的挑战，多元社会思想和价值观念并存，国家意识形态的主导地位有可能在不同文化的冲突中，在外来价值观的冲击下处于被颠覆的危险境遇。另一方面，国家意识形态也因文化融合而得以不断扩张。文化的本质核心在于能够为人们提供认同感、归属感与价值感的意义系统。文化虽不是意识形态本身的总和，却必然承载意识形态，这便是意识形态"文化化"的内在依据。意识形态"文化化"的核心是达成对意识形态倡导的价值观与维护的社会的认同。价值认同实际上就是去异求同或存异求同的过程。马克思主义大众化便是让主导的意识形态被广大民众所接受、认同与信仰，马克思主义在当代的发展已经越来越自觉地意识到必须适应时代的特质和受众的发展，走意识形态"文化化"的道路，即将意识形态这一特定的价值观的表达与诉求，植根于文化的母体中，从狭隘的政治宣教变成文化熏陶，从强制灌输到润物无声，从硬性说教到软性感化，只有这样，意识形态所宣传的主导价值观才能更好地被广大民众所接受、认同。

就"感性化"而言，马克思主义大众化的关键则是马克思主义学说如何被有效传播和广泛接受。当代文化传播领域发生了深刻的变革，在以立体网络、数码复制和零距离传播为特征的电子媒介时代，传播模式广泛而深入地改变、整合着人类活动与人类生活世界的内在关联，在深层次上塑造着人们的情感、幻想、价值观，以及对自我和世界的认知方式。传统形式让位于各种综合的媒体实验，电视的普及使整个人类生活视像化，形象取代语言成为文化转型的典型标志，视觉文化以其形象吸引大众的眼球及注意力，成为引发大众兴趣并被大众接受、认同的传播方法。当代西方马克思主义学者的媒介批判理论分析了消费社会语境下，大众传媒所承载的构建意识形态景观的功能，其隐性地将消费主义、享乐主义作为一种普世化的价值观，植入人们对于日常世界的生存体验，从而界定、支配着新的文化领导权。就此而言，如何在瓦解意识形态景观的同时，建构新的社会主义文化领导权，成为马克思主义大众化面临的重要问题和突破口。当代马克思主义传播需要契合文化传媒的变化，研究从封闭到开放的网络时代当代文化传播模式、传播中介、传播载体等发生转换的内在机制，文化传播与接受模式的新特点，力求使表达方式通俗化、形象化、感性化，以扩大受众面。

就"层次化"而言，当代中国马克思主义传播方式在实践探索领域表现为主体的层次化特征。这是因为在全球化时代，经济多元化、生活方式的多样化、价值观的多元化使得每一主体的需要、利益与选择呈现出多样化；这是因为在信息时代，网络既是平等的力量又是解放的力量，传播载体也从第一媒介时代向第二媒介时代、从印刷文化向电子文化转换，它使知识与信息成为非垄断品，学说的拥有与诠释也不再为某个阶级所独享，言论与思想的传播更是从主体性日益向主体间性变化。因而，当代马克思主义的传播需要从受众角度，根据分层理论，依据不同对象，采用不同方式，要研究不同群体的利益诉求，将国家利益与个人需要两者很好地契合，力求使当代中国繁荣富强、社会和谐的目标与个体的自由、全面发展的需求相契合，以得到大众真正的价值认同，从而不断推动马克思主义的时代化、大众化。

一、当代中国马克思主义大众化的早期传播

在中国马克思主义大众化早期传播研究中，我们的研究围绕着路径、视野和效果三个方面进行，对学术界尚未深入的问题进行思考与探讨。

（一）路径：五四运动前马克思主义从日本到中国的传播

"五W"模式，又被人们称为传播过程的五个要素，即五个"W"：who（谁来传播），says what（传播什么），through what channel（传播渠道），to whom（传播对象）和 with what effect（传播效果）。"五W"模式为我们认识事物提供了有效的工具，利用这种模式来研究马克思主义从日

本到中国的传播特点,无疑具有重大的理论意义和现实意义。以"五W"模式作为分析的理论依据,深入探讨五四运动前从日本传入中国的马克思主义这五个传播要素的特点体现,并由此说明对马克思主义从日本到中国传播路径研究之必要。

马克思主义由日本传入中国的这条路径,从传播主体看,最早接触马克思主义且成为传播主体的便是当时留学日本的青年知识分子。20世纪初社会主义运动"风靡日本",各种日文社会主义著述纷纷涌现,专门从事社会主义研究的团体相继成立,中国一批怀着向西方学习以摆脱积贫积弱局面愿望的青年学生,如饥似渴地来到日本寻求强国的真理。他们置身于社会主义浪潮中,耳濡目染,不可避免地接触了社会主义学说。当时国际社会主义洪流的回旋激荡,国内人民大众与帝国主义、封建主义之间的矛盾日益尖锐,在革命舆论和革命形势推动之下,他们产生了接近社会主义的愿望,而他们对劳动人民所受的剥削和压迫的关切,又决定了他们不能不对社会主义持同情的态度。苦苦冥想救国救民真理的留日学生从社会主义那里受到了启迪和鼓舞,纷纷把社会主义作为一种新的救国学说加以吸收和引进。1903—1907年前后,留日学界掀起了一次评介社会主义学说的热潮,他们竞相将各种宣传社会主义的日文书籍译成中文介绍到国内,其中对马克思学说的介绍更是给人以耳目一新的感觉。除了译介日文著述进行社会主义思想的宣传外,他们还创立进步组织团体、创办新兴报纸杂志,将所吸收的日本学者的有关思想加以消化和改造使之适合中国国情并不断传入国内,为国人拓展视野和启蒙思想注入了新的活力。随后日本的社会主义运动逐渐向马克思社会主义靠拢,"开始产生了愿意站在马克思主义立场上的新思潮"①,这就进一步促使留日学生对社会问题和政治学说的关注更具有革命性和战斗性,这一时期他们已不满足于一般社会主义的宣传,而是转向了对马克思理论更为系统的介绍。

马克思主义由日本传入中国的这条路径,从传播内容来看,侧重于对马克思主义做出学理的解读,主要体现在对资本主义、社会主义的认识,以及对实现社会主义的途径和依靠力量等方面进行了学理上的解读;在关于资本主义的认识上,早期日本社会主义者立足于经济层面对资本主义制度展开批判,留日学生引进日本学者的论述,将马克思经济学说的形成看

---

① [日]日本共产党中央委员会编:《日本共产党的六十年》(上),段元培等译,李永生校,人民出版社1986年版,第11–12页。

作资本主义社会贫富差距扩大的产物,用以解决民生不平等和社会分配不公平等资本主义制度问题;在关于社会主义的认识上,早期日本社会主义者认为,社会主义是社会发展的必然趋势,社会主义的目的就是"变资本之私有为共有"①,受日本学者的影响,留日学生也认为社会主义是消灭资本主义制度、消灭剥削、消除两极分化的社会;在关于实现社会主义途径和依靠力量的认识上,早期日本社会主义者大都提倡用人道主义观点来解读马克思主义、看待现实社会中的贫富差距等社会问题,且他们多将实现社会主义的责任寄托在志士仁人身上,改良主义特征明显。受此影响,在近代中国革命的初期,革命者忽略了人民群众的力量,一定程度上影响了实现社会主义的进程。可以说,在日本特定的语境下,日本社会主义者对马克思主义学说形态的解读,直接影响了中国留日学生对马克思主义的认知。

马克思主义由日本传入中国的这条路径,从传播渠道来看,对马克思主义的介绍大多是翻译转述性的。1900年12月6日,中国留学生最早创办的刊物《译书汇编》在日本东京创刊,创刊号登载了日本有贺长雄的《近世政治史》,向国人介绍了社会主义和马克思领导的第一国际。1902年11月,上海商务印书馆出版由中国国民丛书社翻译的《广长舌》。1902—1903年间,上海的广智书局出版了由赵必振翻译、幸德秋水撰写的《二十世纪之怪物帝国主义》和福井准造撰写的《近世社会主义》,将"科学的社会主义"概念介绍到中国。1903年7月,资产阶级革命派在日本东京创办的报刊《浙江潮》出版发行了由中国达识译社翻译的《社会主义神髓》一书,以马克思的科学社会主义为立足点,辅之以《共产党宣言》和《资本论》第一卷以及《社会主义从空想到科学的发展》三本著作,引证马克思、恩格斯的学说阐述及其观点。1908年1月15日,中国无政府主义派别主办的《天义报》刊载民鸣复译自堺利彦和幸德秋水日译本《共产党宣言》1888年英文版序言,在第16—19合期刊出了《共产党宣言》的前言部分和第一章"资产者和无产者"的中译本,首次完整地翻译引进马克思、恩格斯的代表作,进一步帮助国人对马克思学说做比较完整的理解。1919年4月,《晨报》副刊登载了渊泉(陈溥贤)译的以河上肇的《马克思的〈资本论〉》为蓝本的《近世社会主义鼻祖马

---

① 高军、王桧林等编:《五四运动前马克思主义在中国的介绍与传播》,湖南人民出版社1986年版,第47-59页。

思之奋斗生涯》。5月，相继刊载了渊泉（陈溥贤）译的《马克思的唯物史观》，原著为河上肇的《马克思的社会主义理论体系其二》，以及李大钊撰写的《我的马克思主义观》，以河上肇在《社会问题研究》一至三期上连载的《马克思社会主义之理论的体系》一文为蓝本，系统、全面地阐明了马克思主义基本原理。6月又登载了渊泉（陈溥贤）根据高昌素之的日译本《马克思资本论解说》转译的《马氏资本论释义》，原著为考茨基的《卡尔·马克思的经济学说》。可见，以上无论是对马克思学说的概貌介绍还是关于马克思主义经典理论著作的翻译介绍，都是建立在日本渠道翻译转述性的基础上。

马克思主义从日本传入中国，在传播对象上，表现为受众渐广、理解深浅不一的特点。中国最早接触到马克思主义的人大多为早年留学日本的青年知识分子，其中有资产阶级改良派、资产阶级革命派、小资产阶级知识分子、无产阶级进步分子等，他们通过研读日本学者译著的社会主义书籍和与日本社会主义者的交往探讨，较之国人对社会主义有了更早更多的了解。在一定意义上，他们既是日本式的马克思主义的传播主体，同时也是受众群体。可见，早年马克思主义从日本传入中国的传播虽有一定的规模，但其影响只局限于知识界的极少数人。随后，先进知识分子通过报纸等进步刊物的宣传、借译日文社会主义书籍、撰写社会主义论题著作、不同派别评介争论等方式，使得马克思主义在中国的受众范围逐步扩大。1902—1904年，梁启超连发几篇文章论及马克思及其学说，引起了一部分赞同改良观点的资产阶级知识分子的注意，然而由于他们是刚刚接触社会主义，对马克思学说的了解还很有限，接触的仅仅是零星的、断裂的马克思学说的片段。资产阶级革命派对社会主义的关注和研究比改良派略晚，在介绍西方社会主义流派的过程中，客观上也宣传了一些科学社会主义的基本观点，并试图通过传播马克思科学社会主义理论来补正"三民主义"思想，为建立资产阶级共和国奠定理论基础。受其影响，资产阶级和小资产阶级知识分子也开始注意到马克思主义学说。继资产阶级革命派之后，无产阶级先进分子以寻求解决中国问题为目标向中国输入马克思主义，而受众的群体既有无产阶级知识分子，也有广大的工人和农民群众，既促成了无产阶级的思想成长，也为共产主义者的发展壮大奠定了一定的思想基础。

同时，不同的受众群体对马克思主义的理解水平也是参差不齐、深浅不一的。在传播的早期阶段，受众群体接触到的仅仅是有关马克思及其生平的粗浅介绍，随后，受众群体中有些人借助于日文著述引进评介资料，已大致确立了接受马克思学说的取向。在传播的后期，有些人基于对已有传入内容的理解，加入自己的思考，甚至基本具备了对马克思主义学说进行独立阐释的能力。

马克思主义从日本传入中国，在传播效果方面体现为跟在日本潮流后面亦步亦趋、潮起潮落的特点。20世纪初期流传于中国的马克思主义学说，大致随日本吸收西方社会主义思想的盛衰而跌宕起伏。1902—1903年间，随着日本社会主义运动进入第一个高潮，各种日文社会主义著述相继问世，激励了在日本的中国人并带动国内的同气相求者，迎来社会主义著述在中国传播的第一个活跃期，也迎来了马克思及其学说在中国的第一个普及阶段。此后，日本社会主义运动进入艰难时期，相关领域的著述有所减少，与其相应，传入中国的有关马克思主义学说的著述数量增长也明显趋缓。1918年，受俄国十月社会主义革命的影响，日本社会主义运动大规模地复兴，关于马克思主义的传播也愈加广泛。这一时期，中国又大量从日本引进日译马克思主义著作，吸取日本学者关于马克思主义的研究成果，迎来了五四运动前马克思主义从日本到中国传播的最后高潮。可以说，这一时期有关马克思主义的传入轨迹和知识积累，直接构成了五四运动后马克思主义在中国传播的先行思想资料，其中围绕马克思学说所积累的评介史料、所经历的辨识争论、所形成的日本式马克思主义术语和叙述风格，汇总起来，颇为可观，且富于东方特色。这一时期日本式的马克思主义在中国传播的发展和突破，为五四运动后马克思主义学说传入中国的内容、范围和影响奠定了基本的格局，也为以后的传播历史铺设了道路，开启了端倪，提供了借鉴。

毛泽东有一句广为流传的名言："十月革命一声炮响，给我们送来了马克思列宁主义。"[①] 这句话见于1949年6月30日纪念中国共产党建立28周年而发表的《论人民民主专政》一文。此后一段时间，许多有关"马克思主义传入"的文章，都会引用毛泽东的这句名言而将十月革命作为马克思主义在中国早期传播的起点。关于这一点，国内外学术界都曾产生不小的争议，哥伦比亚大学中国史教授韦慕庭在为李又宁《社会主义向中国的传入》这篇博士论文写序时指出，在现代化的早期阶段，对社会主义的引进，"中国受惠于日本"，而在社会主义传入中国的问题上，

[①] 《毛泽东选集》（第四卷），人民出版社1991年版，第1471页。

"很明显,俄国的作用,最初是微不足道的"①。其实,毛泽东的阐释,在很大程度上,是从十月革命的实践意义出发,阐发中国无产阶级先进分子经过俄国人的介绍,以马克思主义为指导来观察中国的命运,并决定走俄国人的路。但倘若从马克思主义在中国传播的起源出发,客观而言,在五四运动以前中国受到的是经由日本传入的马克思主义的影响,五四运动后才逐步让位于由俄国传入的马克思主义。因此,在20世纪初到五四运动前马克思主义在中国传播的初始阶段,日本作为主要渠道的作用与地位不可忽视,对其进行深入研究就成为马克思主义早期传播研究中不可忽略的重要内容。

不过,从日本传入中国的社会主义思潮是一个大杂烩式的拼盘,而马克思主义也作为介绍对象被包裹在社会主义思潮中,被赋予各式各样的解释。在早期日本流行的社会主义思潮中,各类社会主义学说并存,除了马克思的科学社会主义外,还有具有浓厚的基督教色彩的社会主义、乌托邦社会主义、激进自由主义、国家社会主义、无政府主义等,不分轩轾,统统纳入社会主义的思想范畴。中国最初通过日本中转站吸收马克思社会主义学说时,摆在面前的就是这样一个大杂烩式的思想拼盘。这个拼盘带给中国思想界的影响是,既能从各种类型的社会主义思想中感受与传统专制观念和正统资本主义观念不同的新鲜思潮,又在有关社会主义的五花八门解释中感到莫衷一是,如坠云里雾里,往往把马克思及其学说同社会主义思潮中各种非马克思主义甚至是反马克思主义的代表人物及其学说混淆在一起,形成一种难辨彼此的局面。日文社会主义著作中提到的用马克思的科学社会主义解决社会中的贫富差距问题,颇具感召力。依此而论,凡是对国内现状甚至国外情况感到不满的人士,不仅可以从马克思的科学社会主义,也可以从各种舶来的社会主义思想中,找到某种感兴趣的思想类型作为各自的理论武器。这个社会主义的思想拼盘本身,其内容相互矛盾抵牾之处甚多,它传入中国后,又衍生出各种思想倾向或流派,争相打着科学社会主义的招牌,不仅马克思主义者讲社会主义,资产阶级改良派讲社会主义,资产阶级革命派讲社会主义,就连无政府主义者也讲社会主义。而各种派别,也从各自的立场与角度诠释和运用马克思主义,在不同程度上也为马克思主义学说的传入做出了某种贡献。梁启超一派一向反对运用

---

① 李又宁:《社会主义向中国的传入》,哥伦比亚大学博士论文1971年,"序言",第 V – VII 页。

马克思学说触动现行社会制度的过激行为，他们期望在不改变现行社会组织和经济利益格局的前提下，实行君主立宪，对于由此可能产生的社会弊端，通过社会改良加以矫正，至于马克思主义学说的社会革命方案，足以引起警觉，但没有必要付诸实行。孙中山及其支持者乃至信奉无政府主义的临时同盟者，坚信有必要利用或借助国家权力对现行社会经济组织加以调整甚至改革，趁中国贫富差距尚未悬殊恶化，防患于未然，于是主张从马克思主义学说中吸取理论滋养，而且还力图从具有科学性与系统性的马克思主义学说中吸收一些对他们本阶级有所裨益的成分，以更好地进行中国式的"社会革命"，实现中国的富强。以李大钊为代表的中国无产阶级先进分子主张用马克思主义理论拯救苦难的中国。早年留学日本时他们大多受日本的马克思主义者的熏陶，将马克思主义作为改变国家命运的工具加以研究。他们满怀救国报国之志，深入研究社会问题，探讨社会改造方案，为传播马克思主义做出了积极的努力，促进了科学社会主义学说在全国的传播。

显然，从日本传入的马克思社会主义比起中国以前通过其他渠道获得的有关介绍要丰富和翔实得多，但由于日本社会主义者从西方输入马克思主义文本时结合了日本本土的实际以及传播者的主观偏好，这就使原生态的马克思主义的文本打上了日本民族文化的烙印，最终形成了日本社会主义者视野下的马克思主义。在特定视野影响下，日本社会主义者优先选择并传播了马克思学说中的科学社会主义和政治经济学的内容，而对历史唯物主义，特别是阶级斗争学说则关注较少，这直接影响了中国留日学生对马克思主义的认知，进而影响了马克思主义在中国的传播。日本社会主义者在翻译马克思主义经典著作时，总会掺入译者自己的倾向性看法，这种主观色彩浓厚的解读范式同时也影响了中国早期先进分子对马克思主义的理解。例如，日本早期社会主义者认为日本社会尚未发展到资本主义社会贫富差距悬殊的阶段，因此对社会主义着重于研究，以防患于未然。这种具有日本早期特色的解读方式，一经传入中国，随即使国人思考东西方的社会发展差异，并采纳日本社会主义者的分析方式。此后在一定的时期内，但凡涉及如何解决社会问题的时候，国人多倾向于温和方式，避免采用过激方式，一定程度上影响了马克思主义中国化的进程。

德国汉学家李博教授在其《汉语中的马克思主义术语的起源与作用：从词汇—概念角度看日本和中国对马克思主义的接受》一书中特别指出，"大约直到1919年，即'五四运动'那一年，中国人对欧洲各社会主流派的了解，包括对马克思、恩格斯创立的社会主义学说的了解几乎全部来自日语，或是欧洲语言原著的日文翻译，或是日语的社会主义著作"①。历史的机遇，让日本成为思想中转的特殊渠道，这使得马克思主义学说在进入中国之前，先经过日本学人的选择、消化、加工和修改，不可避免地带有日本自身的特色。

日本与中国同是东亚国家，同属东方文化范畴的儒家文化圈，有着大致相似的传统文化背景。马克思主义理论对于近代日本知识分子的吸引力，是在经过长期与日本正统思想的传统磨合中逐渐形成的，可以说，儒家思想传统有助于日本知识分子接受马克思主义理论，而日本早期的社会主义思想，包括对马克思主义学说的解读，均带有浓厚的传统文化色彩。在带有传统文化色彩的社会主义思想中，人们对美好社会理想的憧憬，既有以西方思想为主要来源的近代空想社会主义思想，也有儒家的大同思想和平均思想等古代空想社会主义思想因素。进而，日本式的马克思主义经过早期知识精英之手通过跨域传播的方式引入中国，对马克思主义进行了第二次儒家思想渗透。因此，马克思主义通过日本这一特殊渠道传入中国，经过两次传统思想的解读，不可避免地带有浓郁的东方特色。日本学者对马克思主义所做的"东方文化解读"，尤其是基于古代传统文化，将大同思想和平均观念与马克思所描绘的共产主义社会目标联系起来，做出东方传统式的解读，这种借鉴传统文化观念转述马克思社会主义的做法，有助于中国知识分子认同、接受、理解并传播马克思主义。

总之，日本作为马克思主义传入中国的最早渠道，在20世纪初留下了极其深刻的印记，这一印记是当时其他任何国家所不能比拟的。就其宣传性质而言，这条路径较为民间化；就其宣传深度而言，当时不少国人都自觉、主动地接受了在日本正在形成中的马克思主义启蒙。这条路径为黑暗专制的中国打开了禁锢的铁窗，照进了第一道新思想的曙光，掀起了中国近代史上一次学习和探索马克思主义学说的思想新潮流，推动了中国人民的思想解放运动。可以说，马克思主义由日本到中国的早期传播，为马克思主义在中国的生根、开花、结果做了历史性的拓荒与启蒙。另一方面，由于当时日本学者对马克思主义学说的研究和介绍存在许多问题与缺点，以及中国知识分子的知识和思想准备不足，

---

① ［德］李博：《汉语中的马克思主义术语的起源与作用：从词汇—概念角度看日本和中国对马克思主义的接受》，赵倩等译，中国社会科学出版社2003年版，第79页。

认识水平不高，对马克思主义的理解还比较表层，导致马克思主义在中国宣传介绍的全面性与准确性较俄国路径相对较差，传播范围相对较窄，社会影响也相对泛泛。但有一点是毋庸置疑的，即日本路径是让国人认识、了解源于西方的马克思主义，俄国路径则是进一步促成国人接受、信仰马克思主义，并最终在行动上为马克思主义而奋斗终生，使马克思主义成为共产党成立的理论基石。

（二）视野：从科学发展史角度看中国人接受马克思主义的原因

中国人为什么接受马克思主义？马克思主义作为一种完全外来的、其产生背景也与中国文化有着巨大差异的、崇尚革命和进步的思想体系，为什么会被对自己的文化充满信心，并且视复古与和平为最高价值的中华民族所接受？因为旧民主主义革命屡屡受挫所导致的中国出路的困境，因为西方文明对中国的霸权统治和在"一战"中的"破产"使中国人"欲信而难爱"，因为几千年固有文明的"原罪"和难以割舍使中国人"爱而难信之"，中国人陷于选择的两难境地。马克思主义作为西方文明的代表者和批判者的双重身份，作为与中华文明有不少契合点的先进理论，就成为中国人的一个必然选择了。

中国人接受马克思主义还存在一个文化逻辑上的论证：中国人是以接受科学的心理，最后选定马克思主义的科学社会主义的，在中国现代的大多数思想家看来，相信科学就必定相信"科学的主义"（科学主义）。思想史学者似乎对科学对人类历史特别是思想史的影响缺乏足够的关注。而在我们看来，如果不能恰当地把握科学与中国现代思想的关系，就不可能真正理解中国近现代社会及其思想的演变。可以这样说，中国现代性的确立，均在极大程度上有赖于以科学的名义为其所做的辩护。换句话说，科学可以被视为近现代中国社会及其文化重铸新"秩序"和新"意义"的重要思想武器。

从接受科学器物到接受科学知识，中国思想和学术在19世纪到20世纪之交经历了两次重大的范式转变：先是在20世纪初完成了从传统的经学范式向进化论范式的转化，接着在20世纪20年代又开始了向唯物史观范式的再度转换。在这两次重要的范式转变中，科学的影响均起着重要的作用。从科学被最早引进的洋务运动到马克思主义得以确立的五四新文化运动，"科学"的含义和指称的内容经历了三个阶段的衍变：洋务运动时期、维新变法时期和新文化运动时期。

从历史的角度来看,"科学"(science)一词来源于拉丁文"scientia",原意为"学问""知识"的意思,后通过日本于甲午战争前后传入中国。在较长的一段时间里,这一外来概念与"理学""格致"等传统概念并存。五四新文化运动时期,科学的地位获得了极大的提升,成为与民主并驾齐驱的时代宠儿,也是启蒙的主要内容之一。

中国古代崇义轻利,排斥"机巧"之物的发明。儒道两家最为明显,庄子就认为机井的发明会带来道德的败坏,喜机巧者"必有机心"。所以,第一次鸦片战争期间只有两个中国人愿意接受科学器物,这就是主张"师夷长技以制夷"的魏源及林则徐。直到第二次鸦片战争之后,科学器物的威力才真正震撼了古老的中国,从而开始了一场引进科学器物的洋务运动。

此时人们眼中的科学基本上是纯器物的"船坚炮利""声光化电",进而是制器的科学技术知识,于是买船造炮,创办新式学堂,引进科学知识和科学学科。在洋务运动期间,算学、测量、汽机、化学、地理、天文、行船、博物学、医学、工艺、水陆兵法、年表、新闻纸、造船、交涉公法、零件等新型知识被大量译介到中国,这种西方的科技知识被作为不同于中国传统文化的、一种全新的具独立价值的文化来接受。但与科学有关的制度,如大学和专业学会,几乎还没有进入中国人的视野。直到清末,中国几乎还没有真正的科学家,也很少有人开展科学研究。①

洋务运动对包括科技在内的西学的较大规模的引进,加深了中国社会对科学价值的认识。但洋务派对科学的理解完全是功利的,甚至只是极狭隘的政治实用主义。甲午战争的惨败使中国人对科学的认识又进了一步:器物性、知识性的科学离开了与之配套的社会制度,尤其是文化体系,是难以发挥作用的,必须以隐藏在科学器物和知识后面的科学思想方法与精神来批判我们的固有文化与制度。

从科学之功利价值到科学之思想方法价值。维新变法时期除依然重视科学的器物性质和工具功能外,科学的另一种性质——作为认识事物的一种方法、原则和精神开始得到先进思想家的重视。甲午战争的惨败给国人的教训之一,不仅是中国对西方科学的吸收和引进在数量上远远不够,而且使人怀疑在使西方强盛的科学技术背后,可能隐藏着一种被我们民族所

---

① 参见李廷举、吉田中:《中日文化交流史大系》(科技卷),浙江人民出版社1996年版,第288-289页。

忽视的科学精神。在维新派看来，甲午战争以前引进的西学内容极为狭窄，并且有严重的舍本逐末之弊，不仅在西学的两大基本内容——"定宪法以出政治"与"明格致以兴艺学"方面重后者而轻前者，即使就后者而言，也是重技艺和产品而轻理论和方法。这是中国之所以战败的根本原因。与这种疑虑相伴随的是对中国传统文化能否适应现代世界的日益增长的担心。这种疑虑和担心最终导致了戊戌维新运动的登场，此时传统文化的实质性变革才真正拉开了序幕。正如郭颖颐所说，这一运动是对传统框架能否适应现代世界提出疑问的最早端倪[1]，自此才开始了较为广泛的西方科学文化和资产阶级民主思想的传播。"在这段时间内，现代科学在中国显示了它的文化功能。"[2] 科学的这种文化功能，最初是严复通过翻译赫胥黎的《天演论》所阐发的令国人感到耳目一新的进化历史观来实现的，这是把中国一切旧传统价值拉到科学理性的法庭上加以审判的开端，表达了一种以科学思想方法来反传统的理性精神，它满足了中国知识分子要求变革社会的心理需求。

在维新派看来，科学之所以是致国富强的命脉之一，不仅在于科学是生产力发展的推进器，更重要的是在于科学的追求真理、讲究实践、实事求是的精神。[3] 这种认识在介绍和引进西方科学、哲学和政治思想最有力的严复身上表现得最为明显。在他看来，西方文化优于中国文化的地方或西方文化的命脉并不在"汽机兵械之伦"的"形之下粗迹"，而主要在于其"于学术则黜伪而崇诚，于刑政则屈私以为公而已"[4]。其将科学精神概括为"黜伪而存真"可谓十分精到。虽然从总体上看，包括严复在内的中国近代思想家一开始就是将科学视为富国强兵的手段，但一般国人对"为科学而科学""科学本身就是有价值的"的西方思想和价值观还是没有真正认同，这一点对以后的中国科学乃至整个学术和思想的发展产生了不可忽视的消极影响，但相比于洋务派的纯器物性的科学观，这一认识仍然是一个相当显著的进步。

现代科学在中国的传播，不仅需要思想家们的启蒙与呐喊，也有赖于

---

[1] [美]郭颖颐：《中国现代思想中的唯科学主义：1900—1950》，雷颐译，江苏人民出版社1995年版，第4页。

[2] 董光璧：《二十世纪中国科学》，北京大学出版社2007年版，第15页。

[3] 虞和平主编：《中国现代化历程》（第一卷），江苏人民出版社2001年版，第278页。

[4] 王栻主编：《严复集》（第一册），中华书局1986年版，第2页。

体制的变革作为支撑。因此，如果没有以"旧学"为主要内容的科举制的废除，作为"新学"的科学的确立是难以想象的，此后所发生的其他重要变化也是不可能的。所以，虽然直到后来的五四新文化运动，科学的至尊地位才得以全面确立，但此前废除科举制的意义也是不能低估的：它"不仅颠覆了一种知识体系，而且也颠覆了一种绵延已久的阶层，进而颠覆了一种政治形态"①，从而成为新型知识精英和政治精英产生的最基本的知识背景和政治背景。

此后，随着新的教育体系的建立，科学成了现代学校的一个主要科目，社会的主导力量逐渐由传统的士大夫变为科学家、技术专家以及具有现代知识背景的新一代政治家，从而带来了社会的结构性转变。

对科学性质和功能的这种更加"形而上"的新认识以及其他因素，使前一阶段主宰社会变革的洋务派官僚变成时代的"落伍者"而逐渐淡出政治前台，取而代之的是思想家。使思想家们能够对传统文化实行摧枯拉朽的批判、第一次站在中国历史的前台呼风唤雨的力量，是科学的思想方法，具体来说此时主要是进化论。与它在西方发源地的情况有所不同，进化论在危机深重的近代中国，是被当作自然和宇宙不可移易的终极真理与社会和人生必须遵守的根本之道而为知识界所广泛接受的。"进化论沉重地打击了传统经学的宇宙观和世界观；进化、发展的直线取代了经学循环往复的圆圈。进化论成为中国现代学术的第一个规范。而作为中国学术前沿和显学的历史学则成了这一范式革命中首当其冲的学科，也成为这一范式革命成功与否的重要决定因素。将进化论引进史学，重新认识历史发展规律，自然成了实现这一学术范式革命进而完成现代整体思想变革的重要体现。"②

进化论的意义不仅在于纯学术性的知识范式的变革，更为重要和关键的还在于，它借助于这种知识类型的转换为古老的中国开启了通向现代社会及其政治的道路。因为，"进化论不仅动摇了传统合法化知识的崇高地位，而且也捣毁了传统政治体系赖以生存的知识基础。它教导人们不是要追寻永恒的过去，而是要展望崭新的未来。它把中国人从传统的回溯式思

---

① 刘建军：《中国现代政治的成长：一项对政治知识基础的研究》，天津人民出版社2003年版，第214页。

② 段治文：《中国现代科学文化的兴起》，上海人民出版社2001年版，第173页。

维方式中解脱出来,使他们可以在以后崭新的知识结构中把握自己的将来"①。

进化论的输入彻底打破了固定、僵化的时间结构,使历史的运动再也不是以往那种宿命般的轮回而转变为一种不可遏止的上升的线性运动,从而使"历史"在中国人的生活中第一次获得了真实的意义,并进而为此后中国社会的一切变革奠定了不可或缺的思想和心理基础,成为中国知识界重新认识世界、观察历史的思想武器。

此外,现代社会所津津乐道的文明与野蛮的划分,也建立在这一"力性"秩序的基础之上。"正是进步历史观支持的力性秩序与文野之辨,导致了把中西两个不同类型的文化形态放置在同一个平面上加以理解的现代意识形态。既然西强中弱,那么,西方代表着新的、先进的、优秀的文明与文化,那么,一方面,西方的现在构成了中国的明天,中国的现在则意味着旧的、落后的。如此一来,中西文化之争就被构想为新旧古今之别。追赶西方、自觉西化,就成为走上先进文明之必然途径。这样,不是自性的保持,而是自性的改造甚至放弃,就成为中国现代性意识的主导倾向。"② 进化论在中国历史上最重大的文化和思想意义就在于,它通过"优胜劣败的观念,摧毁了传统的保守的义理道统至上的观念,当义理不能帮助我们解决生存危机,为了生存,人们就应该抛弃这种过时的教条"③。

从科学精神到科学崇拜,五四新文化运动后,中国学术和思想范式再度经历了重要的转换:从进化论转向马克思主义的唯物史观。在标志着中国近现代历史重大转折的三大运动中,五四运动对中国社会的诊断无疑是最深刻的,对科学的理解也是最"激进"的:①科学精神。也就是求真精神,就是对自然宇宙和社会人生的问题用科学思想方法分析认知。②科学崇拜。近百年来科学的屡建奇功,科学的功利价值和工具价值大大彰显,远远超过了它的求真价值,人们对科学的功利作用陷入了迷信境地,产生一种新的科学崇拜。

正如卡西尔所说:"科学是人的智力发展中的最后一步,并且可以被

---

① 刘建军:《中国现代政治的成长:一项对政治知识基础的研究》,天津人民出版社2003年版,第295页。
② 陈赟:《困境中的中国现代性意识》,华东师范大学出版社2005年版,第102页。
③ 萧功秦:《与政治浪漫主义告别》,湖北教育出版社2001年版,第425–426页。

看成是人类文化的最高最独特的成就。……在我们现代世界中,再也没有第二种力量可以与科学思想的力量相匹敌。它被看成是我们全部人类活动的顶点和极致,被看成是人类历史的最后篇章和人的哲学的最重要主题。"① 如果说卡西尔是在正面赞赏科学的作用,那么怀特海、伽达默尔和罗蒂下面各自的一段话就多少是对科学在现代世界的至尊地位所感到的一种无奈:"每一个时代都有一种占支配地位的专门活动。在本书所讨论的三个世纪中,科学方面所产生的宇宙观压倒了其他方面所形成的旧观点而独步一时。"②"这一时代是一个科学的时代,科学正把自己本身和自己的应用扩展于整个世界。"③ "自从启蒙时代以来,特别是自从康德以来,自然科学一直被看作是知识的一个范型,文化的其他领域必须依照这个范型加以衡量。"④霍布斯鲍姆在谈到科学时说:"在人类努力进取的所有领域中,成就最大的莫过于'科学',即知识的进步。这一时期受过教育的人不但为他们的科学自豪,而且打算把所有其他形式的智力活动都置于科学之下。"⑤

五四时期的思想家们对科学的"激进"理解在于:一方面将科学理解为一种现代的价值观或一种广泛的思想态度,即提倡科学精神、求实态度和理性思维,这种理解旨在用科学作为一种方法以达到根本改变中国文化和思想的目的。另一方面是对科学的崇拜,认为科学并不仅仅是对自然界的描述,而且是解决所有社会人生问题的、放之四海而皆准的普遍真理。因此,自然有自然科学,社会理所当然就有社会科学;前者是对自然界永恒不变的客观规律的反映,而后者则是对人类社会不可移易的客观规律的反映。虽然一个是自然界,一个是人类社会,但在当时人的眼里,两者之间并没有什么不可逾越的界限——因为在这个世界上科学只能有一个。正是对科学的这样一种认识使马克思主义扎根中国成为一件顺理成章的事情。从思想的内在逻辑来看,造成中国思想和学术第二次重大范式转变即进化论被马克思主义唯物史观所取代的根源在于,这一时期科学开始

---

① [德] 卡西尔:《人论》,甘阳译,上海译文出版社1985年版,第263页。
② [英] 怀特海:《科学与近代世界》,何钦译,商务印书馆1959年版,第Ⅲ页。
③ [德] 伽达默尔:《科学时代的理性》,薛华等译,国际文化出版公司1988年版,第1页。
④ [美] 罗蒂:《后哲学文化》,黄勇编译,上海译文出版社1992年版,第75页。
⑤ [英] 艾瑞克·霍布斯鲍姆:《资本的年代》,张晓华等译,江苏人民出版社1999年版,第341页。

在中国流行并迅速成为衡量一切思想主张的基本尺度。

具体来看，这种具有中国特色的"科学主义"的内容可概括为如下几点：①认为科学不仅是自强之本，而且是照亮中国政治、道德、学术、思想领域的火炬。社会问题必须用科学解决，必须根据科学去选择材料，才能得到唯一真实的解决。唯有"欧洲近世确有价值的科学"，才能救中国于黑暗；只有运用"归纳论理之术，科学实证之法"，才能使"学术兴、真理明"。对中国政治、道德、学术等，有三术乃是起死之神丹，这就是："归纳的理论""历史的眼光"和"进化的观念"。②科学既是技术，也是理论；不仅指自然科学，而且指社会科学。③科学是反封建、反愚昧的武器，是唤醒人民的号角，具有空前的战斗性。④主张用科学精神剖析国民性，把科学精神作为重塑国民性的武器。[①] 如果这样来理解科学，从接受科学到接受马克思主义就是完全符合逻辑的一件事情。

从自然科学到社会科学再到科学社会主义，陈独秀对科学的认识表现于其著名的《敬告青年》一文："科学者何？吾人对于事物之概念，综合客观之现象，诉之主观之理性而不矛盾之谓也。想象者何？既超脱客观之现象，复抛弃主观之理性，凭空构造，有假定而无实证，不可以人间已有之智灵，明其理由，道其法则者也。在昔蒙昧之世，当今浅化之民，有想象而无科学。宗教美文，皆想象时代之产物。"[②] 1921年6月1日，当广东读者皆平来信讨论"科学思想"时，陈独秀在回信中对空泛的旧文学、哲学提出了质疑，而且表示要以纯粹"事实"论证的态度痛改前非："说到科学思想，实在是一件悲观的事，我们中国人底脑子被几千年底文学、哲学闹得发昏，此时简直可以说没有科学的头脑和兴趣了。平常人不用说，就是习科学的人只是书架上放了几本科学书，书房里书桌上很少陈设着化学药品或机械工具。无论什么学校里都是国文、外国语、历史、地理底功课占了最大部分，出版界更是不用说了。更进一步说，不但中国，合全世界说，现在只应该专门研究科学，已经不是空谈哲学的时代了。西洋自苏格拉底以至杜威、罗素，印度自邬婆尼沙陀六师以至达哥尔，中国自老聃、孔丘以至康有为、章炳麟都是胡说乱讲，都是过去的梦话，今后我们对于

[①] 参见段治文：《中国现代科学文化的兴起》，上海人民出版社2001年版，第63–67页。

[②] 陈独秀：《敬告青年》，袁伟时编著：《告别中世纪：五四文献选粹与解读》，广东人民出版社2004年版，第76–77页。

当代中国马克思主义大众化的历史与前瞻

学术思想的责任，只应该把人事物质一样一样地分析出不可动摇的事实来，我以为这就是科学，也可以说是哲学；若离开人事物质底分析而空谈什么形而上的哲学，想用这种玄杳的速成法来解决什么宇宙人生问题，简直是过去的迷梦，我们快醒了！试问人事物质而外，还有什么宇宙人生？"①

陈独秀是如此简洁地接受了马克思主义，他说："欧洲近代以自然科学证实归纳法，马克思就以自然科学的归纳法应用于社会科学。马克思搜集了许多社会上的事实，一一证明其原理和学说。所以现代的人都称马克思的学说为科学的社会学，因为他应用自然科学归纳法研究社会科学。马克思所说的经济学或社会学，都是以这种科学归纳法作根据，所以都可相信的，都有根据的。"②

中国现代科学主义的滥觞于戊戌维新时期，那时的科学主义的含义还显得十分狭隘：科学在此时具体地、主要地指进化论。这种意义上的科学主义很容易遭到人们的诟病。而五四时期显然已经吸取了前一阶段科学主义过于局限在某一具体科学理论上的"失足"之处，他们的基本原则和策略是，坚持科学主义的基本思想文化之路不变，但放弃用像进化论那种"形而下"的科学理论来诠释科学的做法，而将科学主义发展为含义更为宽泛并且更加"形而上"的一种解释原则，即科学的基本观念、科学精神和科学方法。科学内涵的这种从具体到抽象、从形而下到形而上的变化，极大地提升了科学主义的解释力度和影响力，使科学从此获得了在不同思想论争中裁决胜负的价值尺度的作用，真正意义上的科学主义由此产生。不难理解和想象，以揭示人类社会发展规律为主旨的唯物史观正是在这种情况下被当时先进的思想家们所接受的。

在陈独秀、李大钊等一批由崇奉进化论转而信奉马克思主义的人看来，唯物史观取代进化论完全是由于前者比后者更科学，因而对人类社会的发展更有说服力。李大钊指出，如果"以历史行程的价值的本位为准"即对历史的发展是否予以肯定为标准，进化论和唯物史观是一致的，都是与"退落的或循环的历史观"相对立的"进步的历史观"。但如果"以历史进展的动因为准，唯物史观则更胜一筹，因为它把历史进化的动因归于'物质'，归于'社会的生产方式'"，社会"以其内部促进自己进化的最高动因，就是生产力"。陈独秀已经注意到了此前已为维新派所呼吁的

---

① 《陈独秀文章选编》（中），生活·读书·新知三联书店1984年版，第127页。
② 《陈独秀著作》（第一卷），上海人民出版社1993年版，第364页。

"道德革命"的经济原因。他说:"西洋个人独立主义,乃兼伦理、经济二者而言,诚以经济上个人独立主义为根本也。"在谈到唯物史观对进化论的发展时,陈独秀指出:"唯物史观固然含有自然进化的意义,但是他的要求并不只此,我以为唯物史观底要义又是告诉我们:历史上一切制度变化是随着经济制度底变化而变化的",因而,"创造历史之最有效最根本的方法,即经济制度的革命"。①

确实,与当时中国的其他思想流派相比,马克思主义具有更为深邃的科学意涵和更为自觉的科学意识。早在"问题与主义之争"中,中国最早的马克思主义者李大钊就用他心目中的科学——马克思主义来反驳胡适实用主义的点滴改良主张。他坚持认为中国的问题只有采取"根本解决"的办法才能奏效,而"经济问题的解决,是根本的解决"②。这种所谓"根本的解决"就是建立在李大钊所理解的科学——唯物史观的基础之上的。李大钊和其他所有马克思主义者都相信唯物史观是符合社会发展规律的科学,因此用它来改造中国社会、解决中国问题就是一种必然的选择。瞿秋白把这一点说得十分明确,他指出,"颠覆一切旧社会的武器正是科学",因为科学能够促进物质文明和精神文明的发达和进步,从而成为"颠覆东方文化之恶性的武器"。所以,无产阶级和劳动人民就"应当用敌人所怕的武器",这样"方能正当的为大多数劳动平民运用科学,以破宗法社会封建制度的遗迹,方能得真正文化的发展"。③ 陈独秀后来在总结科玄论战时认为,马克思主义的唯物史观是一种人生哲学,哲学是社会科学的一门学科,而社会科学是科学的观察分类说明等方法应用到人类社会的结果,因此,唯物史观是科学,是"完全真理"。他声称:"我们相信只有客观的物质原因可以变动社会,可以解释历史,可以支配人生观,这便是'唯物的历史观'。"④"我们现在认定,只有这两位先生(指科学与民主——引者注)可以救治中国政治上、道德上、学术上、思想上一切的黑暗。若因为拥护这两位先生,一切政府的压迫,社会的攻击笑骂,

---

① 以上李大钊、陈独秀的观点均转引自陈卫平:《"五四"新文化运动中的进化论》,《学术月刊》,1996年第4期。
② 《李大钊选集》,人民出版社1959年版,第233页。
③ 以上瞿秋白的观点参见瞿秋白:《东方文化与世界革命》,《新青年》季刊第1期,1923年6月15日。
④ 《陈独秀文章选编》(中),生活·读书·新知三联书店1984年版,第354页。

就是断头流血,都不推辞。"①

1923 年发生的那场著名的科学与人生观的论战(即科玄论战)在中国思想史上具有深远的意义和影响。按当时颇有声望的《努力周报》的话说,这是中国与西方接触 30 年来的第一次大论战,它标志着科学主义在中国"大获全胜",是传统思想与现代思想、传统世界观与现代科学世界观的分水岭。在这以后,"中国人的想象力已完全被科学精神所掌握"②。此后的其他几次重要论战尽管主题各有不同,但科学对它们的决定性影响却是显而易见的。例如,"1928 年关于中国社会史的大论战,完全是严格沿着马克思主义路线进行的,参战的每一方都尽量表明自己是根据不变的物质力量来解决社会问题的科学家。尽管描述模式不同,但每一方都遵循马克思的社会存在决定人们行为的理论。"③ 进一步看,这一论战确立了科学在中国社会及其思想界的至尊地位,从此以后,各种主义只有以科学的名义才能获得中国社会的通行证,科玄论战最大的思想意义是使马克思主义在中国思想界开始独占鳌头。

在现代中国的许多思想家看来,中国近代的积贫积弱,根本原因在于文化,因此解决问题的关键就在于文化,舍此别无他途。"正是在这种焦虑民族危亡的氛围中,作为传统传递者(如果不是制度传递者)的中国知识分子——其精英为士绅——开始强烈呼唤一种新文化。"④ 这种新文化的特征就在于对科学知识的重视,对科学方法、原则和精神的尊重。因此,以科学作为改造中国传统文化和中国社会的手段就是一个必然的结论。而由于科学所具有的创新品格,必须"取法乎上",选择最科学、最先进的马克思主义作为变革中国社会的利器,就是一个最终的,同样也是确定不移的结论。

(三)影响:马克思主义促使了五四后期国民性改造思想的分化

随着马克思主义在中国的广泛传播及影响的深入,五四后期中国的国

---

① 《陈独秀文章选编》(上),生活・读书・新知三联书店 1984 年版,第 318 页。
② [美]郭颖颐:《中国现代思想中的唯科学主义》,雷颐译,江苏人民出版社 1995 年版,第 14 页。
③ [美]郭颖颐:《中国现代思想中的唯科学主义》,雷颐译,江苏人民出版社 1995 年版,第 14 页。
④ [美]郭颖颐:《中国现代思想中的唯科学主义》,雷颐译,江苏人民出版社 1995 年版,第 5 页。

民性改造思潮出现了分化。除了原有的资本主义国民性改造思潮之外，还出现了以马克思主义为指导的国民性改造思潮。马克思主义国民性改造思潮在理论基础、国民性改造目标和国民性改造方法等方面都不同于同时期的自由主义者和文化保守主义者的观点，它开启了近代中国国民性改造的新范式。

在国民性改造思潮中，首先面对的问题是如何对既有的国民性做出梳理和评估。近代国民性改造思潮主要根据西方个人主义价值观，笼统地分析作为民族整体的中国人长期以来形成的民族劣根性。这就容易模糊不同阶级、阶层在国民性上表现出来的差异，难以做到有的放矢地剖析国民性，一定程度夸大了对国民劣根性程度的估计。如李大钊在转变为马克思主义者之前，把虚伪、阴狠、寡耻、卑弱、内残等劣根性，看成是整个中华民族的劣根性，笼统地指责中国人群德堕落、人心昏罔、国风不作、世道衰微。这一时期，他认为改造国民性"惟在上流阶级，以身作则，而急急以立宪国民之修养相劝勉"①。转变为马克思主义者之后，他开始运用阶级分析方法剖析国民性，重点抨击赃官、污吏、恶绅等盘剥老百姓的现象，同时积极评价劳动群众在历史发展中的作用，开始把国民性改造的重点转向民众。他在《劳动教育问题》一文中针对一些劳工"游惰成性"的弱点，倡导建立劳工补助教育机关，加强劳工补习教育；② 在《青年与农村》一文中，他号召广大青年离开都市，到农村里去，知识阶级与劳工阶级打成一气，把现代文明传播到农村。③

毛泽东在转变为马克思主义者之后，也不再笼统地谈论国民性，而是着重运用阶级分析方法分析和清理民族性内容。如他突出剥削阶级的恶劣品性，指出"官僚、政客、武人，有私欲，无公利；有猜疑，无诚意；有卖国，无爱国；有害人，无利人"④。他把统治阶级劣性从民族性内容中清除出去，强调挖掘劳动群众的优秀品质。比如他在分析湖南自治运动的形势时，说："颇有人说湖南民智未开交通不便自治难于办好的话，我看大家不要信这种谬论。"⑤ "湖南人素来有一点倔强性、反抗性和破坏

---

① 《李大钊文集》（上），人民出版社1984年版，第334页。
② 参见《李大钊文集》（上），人民出版社1984年版，第633—634页。
③ 参见《李大钊文集》（上），人民出版社1984年版，第648页。
④ 《毛泽东早期文稿》，湖南人民出版社1990年版，486页。
⑤ 《毛泽东早期文稿》，湖南人民出版社1990年版，第518页。

性。""我觉得湖南人确有几种可爱的特性,坚苦,奋发,勇敢,团结心"。①

受唯物史观影响,五四后期马克思主义者还结合中国古代小农经济基础分析民族性格的形成机制,脱离过去主要从封建专制文化等领域探寻国民性形成根源的窠臼。如李大钊虽然在十月革命前已注意到中西民族性差异的"最要之点"乃在于"生活依据",但那时他着重批判封建专制政治的束缚和封建礼教的驯化对国民心理的摧残。随着马克思主义立场的形成,李大钊着手运用唯物史观分析国民性。他在1919年底发表的《我的马克思主义观》一文中指出,人类社会生产关系的总和构成社会经济的构造,人类社会一切精神的构造随着经济的构造变化而变化。思想、主义、哲学、宗教、道德、法制、风俗、习惯、民族性格,都与物质和经济有密切关系,由物质和经济决定。②他认为,中国的大家族制度,就是中国的农业经济组织,就是中国两千年来社会的基础构造。一切政治、法度、伦理、道德、学术、思想、风俗、习惯,都建筑在大家族制度上作它的表层构造。他还指出,孔子的学说两千余年来所以能支配中国人心,支配中国人的精神,就因为这种学说适应了两千余年来未曾变动的农业经济组织。③

同样,在20世纪20年代初,毛泽东也分析了封建经济制度对农民、工人、女子、学生、教师、车夫等社会底层群体的不良影响,提出除了"思想的解放""政治的解放",还要求"经济的解放",并号召"民众的大联合"。④

近代中国国民性改造思潮经历了从文化改良到社会革命再到文化改良这样一个循环往复的曲折过程。五四运动以前,主张国民性改造的近代知识分子普遍重视通过教育、文学和报刊等文化改良方式来改造国民性。五四运动初期,即使是激进的资产阶级民主主义者也是排斥政治方式,主张专心一意地通过国民思想人格的教化实现优良政体的变革。胡适说:"大家办《新青年》的时候,本有一个理想,就是二十年不谈政治,二十年

---

① 《毛泽东早期文稿》,湖南人民出版社1990年版,第527页。
② 参见《李大钊文集》(第三卷),人民出版社1984年版,第242页。
③ 参见《李大钊文集》(第三卷),人民出版社1984年版,第434-435页。
④ 参见《毛泽东早期文稿》,湖南人民出版社1990年版,第393页。

离开政治，而从教育思想文化等等非政治的因子上建设政治基础。"① 随着辛亥革命的爆发，一些知识分子又对资本主义民主革命寄予厚望。但随着辛亥革命的挫败，他们又由关心政治革命转向了文化革新，由注目社会结构的变革转变为着眼于主观结构的改造。实际上，先改造人再改造社会，还是先改造社会再改造人，是近代中国参与国民性改造思潮的知识分子最为纠结的重要问题。

但在唯物史观的影响下，早期马克思主义者超越了优先进行社会改造与优先进行思想文化变革的争论，李大钊就指出"不改造经济组织，单求改造人类精神，必致没有效果。不改造人类精神，单求改造经济组织，也怕不能成功"，提出"物心两面的改造，灵肉一致的改造"的国民性改造主张，并指出在物心两面的改造中，物质的改造更为根本。② 当然，他同时强调，"当这过渡时代，伦理的感化，人道的运动，应该倍加努力，以图划除人类在前史中所受的恶习染，所养的恶性质，不可单靠物质的变更"③。显然，李大钊提出了"革心"与"革命"，改造国民性与改造社会必须同步展开的新思路。

陈独秀此时也高度重视社会变革在国民性改造中的重要作用，他为革命的强权叫好，明确表示，"我敢说，若不经过阶级战争，……德漠克拉西永远是资产阶级底专有物，……便再过一万年那被压迫的劳动阶级也没有翻身的机会"，所以"非用阶级战争的手段来改造社会制度不可。……可以说除阶级战争外都是枝枝节节问题"④。在他看来，人民要想获得彻底的解放，国民性要想得到真正的解放，就必须通过阶级斗争的手段，建立无产阶级专政。

1920年底至1921年初，在马克思主义的影响下，毛泽东对于国民性改造路径的看法也悄然发生了变化，他开始质疑过去通过思想启蒙改造国民性的观点，他说，"用教育的方法"，"但教育一要有钱，二要有人，三要有机关。现在世界，钱尽在资本家的手；主持教育的人尽是一些资本家或资本家的奴隶；现在世界的学校及报馆两种最重要的教育机关，又尽在

---

① 姜义华主编：《胡适学术文集：新文学运动》，中华书局1993年版，第188页。
② 参见《李大钊文集》（第三卷），人民出版社1984年版，第251页。
③ 《李大钊文集》（第三卷），人民出版社1984年版，第251页。
④ 陈独秀：《谈政治》，《新青年》第8卷第1号，1920年9月1日。

资本家的掌握中",因此,"我觉得教育的方法是不行的"。① 尤为重要的是,他认为,"人生有一种习惯性,是心理上的一种力","要人心改变,也要有一种与这心力强度相等的力去反抗它才行。用教育之力去改变它,既不能拿到学校与报馆两种教育机关的全部或一大部到手,虽有口舌、印刷物或一二学校报馆为宣传之具,正如朱子所谓'教学如扶醉人,扶得东来西又倒',直不足以动资本主义者心理的毫末,哪有回心向善之望?"② 毛泽东此时综合权衡各种因素,认为"用平和的方法,谋全体的幸福"是"在真理上是赞成的,但在事实上认为做不到"。因此,"俄国式的革命,是无可如何的山穷水尽诸路皆走不通了的一个变计,并不是有更好的方法弃而不采,单要采这个恐怖的方法"③。毛泽东主张通过革命去改造国民性、改造社会的思想开始萌芽。

五四运动以前,近代中国国民性改造思潮以资产阶级个人本位主义的价值观为取向。个人本位主义价值观在颠覆中国传统家族本位主义价值观,唤起人的主体性和实现人的个性解放等方面发挥了重要作用,它是近代中国国民性改造难以逾越的必然环节。但近代中国的国民性改造思潮是在民族存亡的大背景下启动的,过于突出个人本位主义价值观,与民族的救亡与解放不合时宜。在十月革命和马克思主义的影响下,五四后期一些先进的知识分子开始重新审视中国的社会现实和日趋紧张的民族危机,意识到单纯的个人主义价值观存在内在缺陷,认为在中国的现实国情下,资本主义的国民性模式对于改变中国社会现状的作用有限,纯粹照搬西方近代资本主义的价值观是不切实际的,转而提倡社会主义的集体主义价值观念。

与以前突出个人解放的观点不同,这时的国民性改造思想更强调人的社会性和民族责任感,国家、集体与社会成为国民性关注的重心。如李大钊由之前强调竞争的观念,转到提倡"依互助而生存",他说:"协合与友谊,就是人类社会生活的普遍法则。"④ 他还试图打通个人解放与人类解放的关系,弥合个人主义与社会主义之间的裂缝,他说:"现在世界进化的轨道,都是沿着一条线走,这条线就是达到世界大同的通衢,就是人

---

① 以上毛泽东的观点参见《毛泽东书信选集》,人民出版社1983年版,第5页。
② 《毛泽东书信选集》,人民出版社1983年版,第6页。
③ 《毛泽东书信选集》,人民出版社1983年版,第5-6页。
④ 《李大钊全集》(第三卷),河北教育出版社1999年版,第285页。

类共同精神联贯的脉络。……这条线的渊源，就是个性解放。个性解放，断断不是单力求一个分裂就算了事，乃是为完成一切个性，脱离了旧绊锁，重新改造一个普通广大的新组织。一方面是个性解放，一方面是大同团结。这个性解放运动，同时伴着一个大同团结的运动。这两种运动，似乎是相反，实在是相成。"① 又说，"故个人与社会并不冲突，而个人主义与社会主义亦决非矛盾"②。显然，李大钊期冀从人的个性解放达致"大同团结"的社会主义，试图实现个体与社会的协调发展。

1920年前后，毛泽东也开始反省资本主义国民性改造模式是否适宜中国。1920年湖南自治运动失败后，毛泽东在致向警予的信中，明确表示"政治界暮气已深，腐败已甚，政治改良一途，可谓绝无希望。吾人惟有不理一切，另辟道路，另造环境一法"③。1920年7月，毛泽东"发现在北冰洋岸的俄罗斯"，有一枝正在盛开的既优于中国传统又超越西方资本主义的"新文化的小花"。到了1921年，他在新民学会新年大会上的发言中明确宣布："激烈方法的共产主义，即所谓劳农主义，用阶级专政的方法，是可以预计效果的，故最宜采用。"④ 这标志着毛泽东新的国民性改造目标正式浮出水面。

早期马克思主义者国民性改造目标的转换，归结为一句话就是由"树资产阶级新民"向"立无产阶级新人"转变，它反映的是马克思主义者对国民性改造的时代任务与民族革命之间的冲突的思考。此时，互助、团结、无产阶级意识的培养成为国民性改造思想的主题。这一趋势在文学上也有所显示。鲁迅就曾指出，"最初，文学革命者的要求是人性的解放，……大约十年之后，阶级意识觉醒了起来，前进的作家，就都成了革命文学者"⑤。

五四后期李大钊、陈独秀和毛泽东等人的国民性改造思想及其转变历程表明，马克思主义在中国的广泛传播，不仅加剧了近代中国国民性改造思潮的分化和演变，而且由于早期马克思主义者既是五四新文化运动的开启者（或追随者），又是"第三文明"的首倡者；既经历了五四风云的激

---

① 李大钊：《李大钊全集》（第三卷），河北教育出版社1999年版，第157－158页。
② 李大钊：《李大钊全集》（第三卷），河北教育出版社1999年版，第578页。
③ 《毛泽东早期文稿》，湖南人民出版社1990年版，第548页。
④ 《毛泽东文集》（第一卷），人民出版社1993年版，第2页。
⑤ 鲁迅：《且介亭杂文·〈草鞋脚〉小引》，《鲁迅全集》第六卷，人民出版社1979年版，第20页。

荡，又见证了十月革命的奇迹，这种多重身份和经历一定程度上使得早期马克思主义的国民性改造思潮扮演着融贯中西的重要角色。

当然，国民性改造实质上涉及的是价值观的转型和变迁，它是一项长期的复杂系统工程。在近代中国国民性改造大潮中，马克思主义虽然发挥了重要影响，但也存在时代局限。合理评估马克思主义在近代中国国民性改造思潮中的地位和作用，有利于厘清并前瞻当代中国转型期马克思主义与价值观重构的关系。

首先，国民性改造与现代化是双向驱动、相互形塑的关系，不宜过分渲染国民性改造在现代化进程中的地位和作用。近代中国国民性改造思潮虽然历经曲折与演变，但对于国民性改造的功能目标达成了基本的共识，这就是通过人的现代化（近代化）推动中国社会的现代化（近代化）。在国民性改造思潮的影响下，国民性改造是中国现代化的"前提"或"基础"的观念深入人心。越来越多的中国人认为，不论是破坏旧世界还是建设新世界，都要靠觉醒中的一代新人，离开人自身的现代化，社会的现代化就没有坚实的基础。

上述"基础说"虽然有利于人们重视对国民劣性的改造，有利于推动近代国民性改造运动的深入发展，但是，如果对"基础说"不做审慎的分析，也可能贻害后来人。对于中国这样的肇始于民族救亡的建构型后发现代化国家，"基础说"的弊端在于，易于把国民性改造与现代化仅仅看成是独立的、一前一后的两个发展阶段，忽视国民性改造与现代化进程的相互激发与促进的关系，导致从思想领域单向度推进国民性改造工程，使得国民性改造陷入难以为继的艰难境地。改革开放以来的现代化进程已经表明，由经济领域的变革带动的价值观变迁远重于思想和文化的启蒙。这也说明，国民性改造或价值观转型的本质是对社会生活实践及人们在这种实践过程中形成的社会生活关系结构转型的反映。一个社会只有确立起工业化、市场化、社会化的物质生产方式，不断实现社会关系结构变革，并将这种变革凝聚为日益完备的制度规范体系，才能为国民性的转型奠定坚实的基础。与这一弊端相关联的是，"基础说"过分夸大国民性改造之于中国现代化的重要性，似乎只有国民"现代化"了，中国现代化才有指望。这就造成对现代化的系统性、艰巨性认识不充分，过分注重主观精神的因素，而忽视客观的物质基础和经济基础，以至贻误现代化的有利时机，反过来也不利于国民性的现代变迁。

其次，要合理评估文化启蒙与社会革命在国民性改造中的地位和作用。启蒙与救亡既是近代中国国民性改造思潮拟承担的历史任务，又是困扰这一思潮的主要矛盾。虽然李大钊也曾提出"物心两面的改造"并强调"一致进行"，但随着革命形势的发展，救亡终究还是压倒了启蒙，早期马克思主义者所希望的启蒙与救亡并行不悖的局面并没有出现。正如李泽厚所指出，五四时期启蒙与救亡曾经并行不悖，但政治救亡的主题很快压倒了思想启蒙的主题。

与这种转变相呼应，一些马克思主义者对革命在国民性改造中的效果抱有十分的信心，他们相信，经过革命的洗礼，人民大众的思想枷锁将烟消云散，最终达到理想国民性。他们强烈呼吁民众自觉投身到轰轰烈烈的革命大潮中去，如凤凰涅槃般在革命的烽火中实现国民性的升华。如陈独秀在新文化运动初期还主张启蒙是最根本的救亡，"欲图根本之救亡，所需乎国民性质行为之改善，视所需乎为国献身之烈士，其量尤广，其势尤迫"①。但到了20世纪20年代，他又认为："你们要参加革命，你们要在参加革命运动中，极力要求在身体在精神上解放你们自己，解放你们数千年来被人轻视被人侮辱被人束缚的一切锁链！"②毛泽东在20世纪20年代后期也更强调革命对于国民性改造的作用，强调中国数万万贫苦农民将通过土地革命和农民政权的斗争洗礼而去掉奴性与旁观心理，"他们将冲决一切束缚他们的罗网，朝着解放的路上迅跑"③。虽然革命之于国民性改造能够发挥独特的作用，但如果过分推崇革命，就会失去对革命双重意向的适度警惕，犹如俄国思想家尼古拉·别尔嘉耶夫所说，革命既可能实现人们的解放，但稍有不慎，革命又可能创造出新的偶像和暴君来奴役人。④

二、当代马克思主义传播的"文化化"理路

当代马克思主义的传播必须伴随时代的发展而不断发展。而我们现在所处的时代与以往时代最显著的不同或特质就在于全球化的发生与形成，

---

① 《陈独秀文章选编》（上），生活·读书·新知三联书店1984年版，第132页。
② 《陈独秀文章选编》（中），生活·读书·新知三联书店1984年版，第114页。
③ 《毛泽东选集》（第一卷），人民出版社1991年第2版，第13页。
④ 参见［俄］尼古拉·别尔嘉耶夫：《人的奴役与自由》，徐黎明译，贵州人民出版社1994年版，第167页。

全球化不是一维的发展，并不仅仅局限在经济领域，而是呈现出向人类社会生活的众多领域辐射与延伸，从经济、政治到文化等的扩展过程；全球化也不局限于有限的地域范围，而是从经济发达的西方到东方的辐射发散，整个世界因全球化而发生深刻的改变，文化便是我们理解与把握这一时代特征与进程本质的钥匙。

（一）"文化化"：意识形态在全球化时代的发展诉求与选择

全球化形塑着当代世界文化的基本风貌，而文化又构成全球化的一个纬度，"我们这个时代所经历的、由全球化所描绘的巨大的转型式进程，除非从文化的概念性词汇去着手，否则就很难得到恰如其分的理解，同样，这些转型所改变的恰恰就是文化体验的构造"①。文化对于人类生存而言，它不仅仅是以产品满足我们的消费需要，更主要的是文化为人类存在与发展提供一种意义的建构与解释，"文化乃是提供了个人的意义的感受共存的"② 人类通过文化建构生活的意义。因此，"当我们以此种观点去切入复杂的联结时，我们所关心的问题就是，全球化是如何改变了意义构成的语境的：它是怎样影响人们的认同感、对地方的体验以及自我与地方的关系的，它是怎样影响人们所有的、完全是在地方定位的生活中发展而来的共享的理解力、价值欲望、神话、希望与恐惧的，所以文化的跨度跨越了全球化的外在性与内在性。"③ 这才是全球化与文化关联的本质所在。

而在全球化时代，文化与意识形态恰恰因其认同、意义与价值呈现出紧密的联结：一方面，国家意识形态因文化碰撞而面临日益挑战，随着计算机技术和信息网络的日益发达，使远距离的信息互动成本越来越低且越来越容易，这有利于增进全球范围内各民族国家之间的经济、政治、文化和社会之间的交流与合作，但信息全球化又极易冲垮民族国家的文化防线，打破了主权国家对社会思想和价值观念的垄断封锁和控制性筛选，使得思想自由已经成为不可阻挡的发展趋势，导致了多元社会思想和价值观念并存，它为社会成员在价值和信仰上的理性选择提供了多种可能性，人

---

① [英] 约翰·汤姆林森：《全球化与文化》，郭英剑译，南京大学出版社 2002 年版，第 1 页。

② [英] 约翰·汤姆林森：《全球化与文化》，郭英剑译，南京大学出版社 2002 年版，第 26 页。

③ [英] 约翰·汤姆林森：《全球化与文化》，郭英剑译，南京大学出版社 2002 年版，第 27 页。

们已经认识到，不同文化体系的冲突正在增长，而且如今比历史上任何时候都更危险，文化是一个舞台也是一个战场，各种政治的、意识形态的力量都在这个舞台上亮相、角逐、较量、争斗。国家意识形态的主导地位有可能在不同文化的冲突中，在外来价值观的冲击下处于被颠覆的危险境遇。

另一方面，国家意识形态也因文化融合而得以不断扩张。文化软实力渗透是当今时代价值影响的最重要的方式。文化的本质核心在于能够为人们提供认同感、归属感与价值感的意义系统，于是西方一些发达国家往往企冀通过文化霸权或文化帝国主义，把西方的价值观、意识形态、生活方式等施于非西方国家。可以说，以美国为代表的西方社会就是凭借着经济的强势和技术的先进、媒介的发达，通过文化工业和产品消费，来传递其价值观和生活方式，形成全球众多地方文化商品的雷同化与生活场景的趋同化。"就是在全世界的文化商品中出现了明显的趋同现象和标准化。……从服装到食品、到音乐、到电影电视、到建筑（这里仅局限在人们通常包含在'文化的'范围内的内容）莫不如是，而一个不容忽视的事实是，某些时装、品牌、品位和实践现在都开始具有全球化的倾向了，他们现在在世界各地实际上已经是随处可见了。"① 西方价值观借助文化与消费产品，通过对生活方式的全方位渗透，实行软着陆。所以正如汉斯·摩根索所言："文化帝国主义的东西，是最巧妙的，并且它能单独取得成功，也是最成功的帝国主义政策，它的目的，不是征服国土，也不是控制经济生活，而是征服和控制人心，以此为手段而改变两国的强权关系。"② 国家意识形态正是借助文化霸权而不断扩张。

可见，在全球化时代，意识形态存在的挑战与发展机遇皆是由文化交汇造就的，不仅如此，由于文化是生产关于和来自我们的社会经验的意义的持续过程，它是社会成员形成相同价值与认同的主要途径。"无论是个别行为者，还是集体行为者，在社会行为中都把价值当作取向，而价值又体现在文化的对象和制度的秩序当中。"③ 因此，"任何社会体系都需要一

---

① ［英］约翰·汤姆林森：《全球化与文化》，郭英剑译，南京大学出版社2002年版，第120页。

② ［美］汉斯·摩根索：《国际纵横策论》，卢明华等译，上海译文出版社1995年版，第90页。

③ ［德］尤尔根·哈贝马斯：《交往行为理论》，曹卫东译，上海人民出版社2004年版，第179页。

种关于意义的文化体系——它要么使它合乎时宜要么破坏它的稳定,使它更易于或更不易于产生变革,文化(及其意义和快乐)是社会实践的一种持续演进,因而它具有内在的政治性,它主要涉及各种形式的社会权力的分配及可能的再分配。"① 正是因为文化与争夺意义和社会权力的斗争纠缠在一起,所以文化虽不是意识形态本身的总和,却具有意识形态性,这便是意识形态"文化化"的内在依据。意识形态"文化化"是意识形态在当今社会发展的趋势和选择,它关系到价值观的认同、传递与影响,也关乎文化安全与文化软实力。马克思主义作为当代中国主导的意识形态,其传播也应契合意识形态在当代发展的特点。

(二)认同:意识形态"文化化"的核心与目标

意识形态"文化化"的核心是达成对其所倡导的价值观的认同。从认同的过程而言,"认同是一个'求同'和'存异'同时发生的过程。……无论是认'同'还是'求异',都必须参照特定的社会边界来确定。在特定的社会边界内部,'认同'表示的是'同';超出这个边界,'认同'实质上就变成了'求异',即彰显'个性'。由于只要社会存在边界,就必然出现内外、我他的分别。因此,认'同'与求'异'实质上就构成了'认同'这一硬币的两面。"② 价值认同实际上就是去异求同或存异求同的过程。从认同的本质来说,由于认同"是行动者对认同对象于自身的意义和价值的诠释和建构过程,本质上是精神的和文化的,所以,'社会认同'在一定程度上就是对特定社会类型的文化基质的认同,故社会认同和文化认同具有本质上的一致性"③。价值认同就是在文化基质的基础上建构价值与意义的过程。

从意识形态的角度审视认同,我们不难发现价值认同始终是意识形态力图达成的目标。其原因有三:

一是由意识形态的本性所决定。意识形态是一种观念体系,但这种观念体系却不同于别的观念体系,它的特殊性则在于它是一套有关价值、信仰或意义的观念体系。换句话说,一个观念体系只有与一定的价值信仰和

---

① [英]约翰·菲斯克:《解读大众文化》,杨全强译,南京大学出版社2001年版,第1-2页。

② 李友梅等:《社会认同:一种结构视野的分析》,上海人民出版社2007年版,第2-3页。

③ 李友梅等:《社会认同:一种结构视野的分析》,上海人民出版社2007年版,第7-8页。

理想目标及其实践的态度相联系，才能成为意识形态。对于意识形态中的知识系统和单纯的知识体系区别，加拿大学者克里斯托弗曾形象地指出："当科学观念、公理、原理作为单纯的理论体系存在时，它们是科学而不是意识形态，一旦这些理论变成一种'词尾带主义'（-ism）的抽象意义，它们就变成意识形态。科学原理一旦由单纯的客观描述性理论变成意识形态的价值规范性主张，就有了或直白或隐喻的排他性观念，同时，也就有了在人们的心灵深处建构其观念的实践意志，就是说，它已不在于描述而在于规范，在于企图影响人们的观念。"① 这种意在影响人们的价值性规范或观念就是意识形态与其他观念体系的区别之所在，它既构成了意识形态这一观念体系内在的质的规定性，也是意识形态的核心所在。"意识形态则是文化的辩护的、辩解的方面——它指的是'文化的那一部分，即积极关心建立和保卫信仰和价值的模式'。"②

二是出于意识形态的功能使然。意识形态的本性决定了意识形态的功能。意识形态的观念体系在阶级社会中往往是一个阶级特别是统治阶级的价值、信仰或意义的表达，因而意识形态的根本目的便是维护一个阶级或社会集团且往往是统治阶级的地位和利益。而要达成这样的目的，社会秩序的稳定与维护就是必要的条件。"意识形态从根本上说是对现实的思想描述形式，它的目的是使人的社会实践变得有意识和有活力。这种观念的普遍性和必然性的出现，为的是克服社会存在的冲突。"③ 社会的裂缝和伤口就是表面的社会现实下掩藏的基本的社会冲突，意识形态恰恰就生长在这一社会的裂缝之上，意识形态的功能就是用理想的崇高客体之幻象对现实的社会裂缝进行文饰与填补，将各种阶层对现实不满的痛苦与愤恨转移到对光明之未来的期许中，从而实现缓解社会矛盾、达成社会共识和整合社会的目的。"一个稳定、有序的社会，必定要由一个由主流意识形态所确定的，得到社会各阶层广泛认同的社会价值系统，使人们出于道德感来自觉地遵守现有的社会规则；否则，没有社会公认的价值系统，也就没有共同遵循的价值规范，各阶层的人们就会依据各自的价值规则自行其

---

① [加] 克里斯托弗·霍金森：《领导哲学》，刘林平等译，云南人民出版社1987年版，第92页。
② [英] 鲍柯克、汤普森编：《宗教与意识形态》，龚方震等译，四川人民出版社1992年版，第100页。
③ 俞吾金：《意识形态论》，上海人民出版社1993年版，第304页。

是，社会就会出现混乱与动荡。"①

三是源于意识形态实现合法性的诉求。"所谓的合法性，就是基于政府被民众认可的原则的基础上实施统治的正统性或正当性。"② 而"任何统治都企图唤起并维持对它的'合法性'的信仰"③。政治秩序与合法性问题是紧密相连的，哈贝马斯认为"合法性意味着某种政治秩序被认可的价值"④。合法性是统治阶级维持其政治秩序系统的稳定性的根基。韦伯也指出合法性是指任何命令（统治）服从关系中，那种促使一些人服从某种命令的动机。"如何通过影响社会成员的行为，使其服从于政治统治的需要是政治共同体的最基本的任务之一。政治合法性就是为了适应这一任务的需要而产生的。合法性并非只停留在观念层面上，其效力的发挥不可避免要指向社会成员的行为。能不能通过对社会行为的影响和约束，来使之服从于现存政治统治秩序，是合法性获得的关键所在。"⑤ 李普塞也指出"合法性完全取决于政治系统的价值与其成员的价值是否一致而定"，"任何政治系统，若具有能力形成并维护一种使其成员确信现行政治制度对于该社会最为恰当的信念，即具有统治的合法性"⑥。由此，可以看出政治合法性的核心在于能否达成社会成员的价值与其政治系统的价值一致，二者一致性愈大，合法性就愈强，政治秩序也就愈稳定。

在全球化时代，意识形态追求认同的驱动力日益加强，这是因为在全球化时代，社会认同的意义显得更为突出。一方面，"按照马克思的观点，由于全球化是资本推动的结果，资本拥有者在这个过程中占据强势地位，因此全球化在很大程度上就成为他们使自身的地方性文化、意识形态

---

① 刘明君、郑来春、陈少岚：《多元文化冲突与主流意识形态建构》，中国社会科学出版社 2008 版，第 59 页。

② 燕继荣：《政治学十五讲》，北京大学出版社 2004 年版，第 144 页。

③ [德] 马克斯·韦伯：《经济与社会》（上卷），林荣远译，商务印书馆 1977 年版，第 239 页。

④ [德] 哈贝马斯：《交往与社会进化》，张博树译，重庆出版社 1989 年版，第 184 页。

⑤ 王宏强：《论政治合法性的三个层面》，《中共济南市委党校、济南市行政学院、济南市社会主义学院学报》，2003 年第 1 期，第 92 页。

⑥ S. M. Lipset, *Some Social Requisites of Democracy: Economic Development and Political Legitimacy*, American Political Science Review V. 53 (March 1959), P86.

普遍化的过程"①。全球化时代，意识形态并没有终结，相反却是强势意识形态的扩张与同质化的时代，地方、民族与国家的认同变得日益困难。另一方面，全球化也并没有能够消解地方性，相反，从另一个角度看，"当普遍主义在使自身成为一种潮流的同时，恰恰也不经意地唤醒了在全球化过程中处于弱势地位的人们的自主意识，使他们不仅对自身利益有了较为清楚的认识，而且也使人们在比较中认识到自身所属群体的独特性成为可能，如民族国家意识、本土文化意识，并进一步认识到民族国家认同、本土文化认同在捍卫自身利益和抵制强势群体利用全球化对弱势群体的剥夺方面的积极意义，于是全球化在摧毁各种地方性社会认同的同时也成了新的地方性社会认同以及各种反对全球化的社会运动的再生产的关键机制"②。可以说，在全球化时代，全球化与地方化、普遍性与独特性一直成为"求同"与"求异"的过程的双向力量，但有一点却是毋庸置疑的，即对于一个民族与国家来说，"新的社会认同，特别是民族国家认同以及与之相关的文化认同的再生产，在很大程度上正在变为全球化条件下各个国家捍卫自身利益的最为重要和有效的武器"③。这是因为，"认同是确定群体的符号边界、实现内群体向心力的生产和再生产、确立群体的内向的合法性的必要条件"④。对于一个国家而言，它的稳定与发展，需要的是每个个体对它的向心力而非离心力，因此，越能达成社会认同的社会，向心力越大，目标一致，合力就越大。在竞争与风险的当代社会，社会认同能否达成已然关涉全球化条件下具体的社会或者组织如何实现自身的再团结以提升自身在各种新的社会竞争场域中的驾驭能力，意识形态便是社会认同达成的主要手段，"意识形态能给一个群体赋予某种身份，因此它常被用来形成共同观念、共同目标以及共同承担义务的观念。通过形

---

① 李友梅等：《社会认同：一种结构视野的分析》，上海人民出版社2007年版，第14页。

② 李友梅等：《社会认同：一种结构视野的分析》，上海人民出版社2007年版，第14页。

③ 李友梅等：《社会认同：一种结构视野的分析》，上海人民出版社2007年版，第15页。

④ ［美］曼纽尔·卡斯特：《认同的力量》，夏铸九、黄丽玲等译，社会科学文献出版社2003年版，第12页。

成'我们感'或群体团结感发挥着建构群体身份、维持群体联结的功能"①。

在当代中国,社会认同主要表现为民族、国家的认同,"民族—国家认同主要有两个基本内涵:'中国人'认同与社会主义价值体系的认同"②。对中国人的认同在排除分裂分子外已无异心,因而意识形态文化化的核心实质,归根到底,就是使人们产生和坚持现存政治制度是社会的最适宜制度之信仰的价值判断、价值选择与价值追求,达成对中国人认同与社会主义价值体系的认同。"在今天几乎每一个民族国家都高度重视意识形态建设的语境下,建构社会认同——民族国家认同——实质上就表现为国家层面的意识形态如何为理性和反思能力日益提高的民众接受并内化。"③ 这关乎意识形态"文化化"的具体理路,也关乎马克思主义大众化的当代实践。

(三)文化全景:意识形态"文化化"在当代的发展理路

1. 意识形态要契合文化媒介的特质加以传播

意识形态是文化的核心,每一种文化都传递着价值、信仰与意义。文化的传播是伴随着时代的发展、社会的进步而不断变化与发展的,意识形态的表达与宣传也必须在不断的反思中调整、改变与契合。当今文化传播的典型特点就是视觉化与感性化。美国学者弗雷德里克·詹姆逊在其著作《文化转向》一书中为我们揭示了后现代社会的两个新层面:"一是视像文化盛行,二是空间优位。在当今,文化生产领域发生了深刻的变革,传统形式让位于各种综合的媒体实验,电视的普及使整个人类生活视像化,形象取代语言成为文化转型的典型标志。"④ 当代社会空间浸透了影像文化:"所有这些,真实的,未说的,没有看见的,没有描述的,不可表达的,相似的,都已经成功地被渗透和殖民化,统统转换成可视物和惯常的

---

① [美]古特克:《哲学与意识形态视野中的教育》,陈晓端主译,北京师范大学出版社 2008 年版,第 168 页。
② 李友梅等:《社会认同:一种结构视野的分析》,上海人民出版社 2007 年版,第 9-10 页。
③ 李友梅等:《社会认同:一种结构视野的分析》,上海人民出版社 2007 年版,第 27 页。
④ [美]弗雷德里克·詹姆逊:《文化转向》,胡亚敏译,中国社会科学出版社 2000 年版,第 5 页。

文化现象。形象正以其优越的可视性表现出对文字的压制。"① 视觉文化盛行，能够以其形象吸引眼球，便是兴趣、接受、认同和消费的前奏。与形象转换相关的是后现代的空间性特征，在詹姆逊看来，"当今世界已经从由时间的定义走向由空间的定义。在后现代社会中，空间具有主宰的地位，……不仅时间具有空间性的特征，而且一切都空间化了，市场的货币形式和商品逻辑也转换为空间形式，成为结构性因素"②。文化市场与消费因其特点而日益摆脱地域国家的物理空间的限制，利用电子空间的依托而快捷方便，市场呈现为全球性，受众者广泛性，影响性不言而喻。显然，后现代的这两个特征是由现代技术作为支撑的，"无论是形象转换还是空间优位，都与现代技术密切相关，在我们这个时代，高科技和传媒真正承担着认识论的功能，我们看到，当今世界正被高科技的狂欢所占据，后现代艺术家正充分利用新的技术手段来制作各种视像制品，并且随着电子媒介和机械复制的急剧增长，视像文化已不再限于艺术领域，而成为公共领域的基本存在形态。……同时，在后现代社会中，美学也发现自身已转移到感知领域，并开始转向以感觉为核心的生产，追求视觉快感成为人们的基本需求"③。因此，如何用视觉形象吸引眼球，用视觉快感引发追逐，就成为当今时代文化传播的特点。

客观而言，文化从语言到形象的转型，固然有丧失思想深刻与理论系统之危险，但它无疑就是我们当今时代文化真实发生的变化与新的特点。空间优位是电子技术和全球化的后果，却道出了文化市场拓展的途径；视觉快感这一美学的追求，虽然有受感官操纵之弊，却道出了引发兴趣关注的方法。所以，当今时代意识形态的生产与传播要想被受众者广泛接受就需要在克服其弊端的同时，顺势而为，契合文化转型和接受者的特点，让意识形态走向感性化。可以说，"大多数民众对于一种意识形态（意义系统）的把握，一般都会根据自己的社会阅历、知识积淀以及具体的生活需求将之转化为某种可以操作或者触摸的形象化指标。如把苏联宣扬的共产主义比喻为'土豆加牛肉'；中国'大跃进'时期把共产主义解读为

---

① ［美］弗雷德里克·詹姆逊：《文化转向》，胡亚敏译，中国社会科学出版社2000年版，第5页。

② ［美］弗雷德里克·詹姆逊：《文化转向》，胡亚敏译，中国社会科学出版社2000年版，第5-6页。

③ ［美］弗雷德里克·詹姆逊：《文化转向》，胡亚敏译，中国社会科学出版社2000年版，第6页。

'敞开肚皮吃饭',虽然通俗,但大体符合大部分民众对外来的意义系统的理解方式"①。这是民众对于意识形态理论自发的转换。但现在的问题是,作为意识形态的生产者、传播者的知识分子却常常受制于意识形态是一个观念体系,抽象性、学理性、逻辑性成为其诉求,致使意识形态的话语表达难免因其观念体系和生产者的追求而具有超越于生活层面的抽象与晦涩的特点,客观上对意识形态的受众者接受意识形态的宣传、理解与把握方面造成了很大的限制,无形中增加了民众转换与理解的难度,在一定程度上致使人们远离抽象的意识形态,并易于将意识形态作为空洞的大话体系加以拒斥或反感,导致意识形态的功能无法有效实现。所以,作为意识形态生产者的知识分子,在当代文化传播视觉化的趋势下,应该自觉地将意识形态的观念体系用通俗化、口语化和生活化的语言表述与概括,做到通俗易懂,被广大民众所接受,以增强其对主流意识形态的认同。

2. 意识形态通过制度文化的构建加以强化

社会制度就是文化的刚性表达;就人的社会性生存来说,社会制度是个体生存的硬性环境,每个人的生活都受其社会制度的制约与影响,而社会制度的制定及所包含的政策等,实际上内隐着主导价值观的表达,其中与民众生活最直接相关的社会福利制度对民族—国家的认同起着至关重要的支撑作用,社会福利制度往往成为政府传递的主导价值观直抵民众心灵的最佳通道。因为"福利系统属于社会资源再分配领域,直接影响着民众的日常生活和抗风险能力,因此对于社会认同的支撑作用是显而易见的"②。"亚洲四小龙"之一的新加坡,儒家伦理价值观在其国家意识形态中占据非常重要的作用,政府对儒家伦理价值观的宣传除了学校教育之外,还通过制度加以强化。如儒家伦理重"孝道",新加坡政府就在住房制度中通过子女住房与父母住房之间远近度给予不同的补贴,从制度层面来促进孝道价值观的发扬光大,民众也极易从福利制度中接受其所倡导的"孝道"的直接教化,对意识形态所宣传的主导价值观的认同也容易达到。对此,如社会学家吉登斯所言:"个体行动者对对象世界连续性和社会活动构造抱有信任感。这种信任感的基础,在于这些行动者与他们的日

---

① 李友梅等:《社会认同:一种结构视野的分析》,上海人民出版社2007年版,第28页。

② 李友梅等:《社会认同:一种结构视野的分析》,上海人民出版社2007年版,第16页。

常生活过程里进行活动的社会情境之间，存在着某些可以明确指出的关联。"① 而关乎民众生存与切身利益的社会福利制度往往成为建立民众对政府信任、对国家认同的主要途径。以此观照中国社会，"中国共产党及其建立的中华人民共和国之所以能够在很短时间内获得治下民众的普遍认同，原因是多方面的，其中的重要因素之一就是覆盖城市和农村的社会福利制度的建设，虽然这个制度并不完善，但却是中国历史上第一个全民性的社会福利制度，大大提高了普通民众的生活质量和抗风险能力"②。从而激发了民众对新中国和中国共产党的热爱。而当下中国社会福利制度的当务之急就是解决民众的住房、医疗与教育三大关乎民生的问题，这既关乎民众对政府与执政党的认同，也关乎对国家意识形态所倡导的主导价值观的接受与强化。

3. 意识形态通过文化环境的营建加以熏陶

文化环境是文化的软性表达。"人是文化主体，同时又是文化的对象。人生存于世界上，也就意味着人在文化中。"③ 而文化从存在方式来说，它既是有形又是无形的。文化存在的有形表现在人类的物质文明中，人类所有的建筑、所有的雕塑和所有的绘画……所有被我们眼睛所能够感知的具象化的客体，都是文化的对象化的存在，它们既是人类主体的智慧、才华、情感等的折射与反映，也是人类的价值、信仰与意义的表达与追求。而文化的无形则在于文化除了其对象性的产品的表现方式外，还以另一种方式存在，它虽无形看不见却无处不在，就像空气一样弥漫与包围着我们，任何一个个体生命的思维方式、语言行为、价值判断等无不深深打上了文化的烙印，一言一行，一举一动，在显性与隐然之间，文化的气息便扑面而来，文化的密码也时时流露。文化的有形与无形共同构成了个体生命生活的文化环境，意识形态所倡导的价值、信仰与意义的表达可以采用隐性的方式融入文化环境中，通过其潜在的长期熏陶，使其价值观"润物细无声"般慢慢地渗透到人的思想深处，使其吸收、接受与认同。在这一方面，西方的基督教通过高耸入云的哥特式教堂建筑营造对上帝的

---

① [英] 吉登斯：《社会的构成》，李康、李猛译，生活·读书·新知三联书店1998年版，第133页。

② 李友梅等：《社会认同：一种结构视野的分析》，上海人民出版社2007年版，第18页。

③ [加] 麦克卢汉：《理解媒介：论人的延伸》，何道宽译，商务印书馆2009年版，第1页。

敬畏与对天堂的向往是颇为成功的范例。著名诗人海涅在《论浪漫派》中曾这样评价:"从外面来看,这些哥特式的教堂,这些宏伟无比的建筑物,造得那样的空灵、优美、精致、透明,简直叫人要把它当作大理石的布拉邦特花边了:你这才真正体验到那个时代的巨大威力,它甚至能把石头都弄得服服帖帖,石头看来都鬼气森森地通灵会意似的,连这最顽强的物质也宣扬着基督教的唯灵主义。"① 约翰·麦茜也在其《世界文学史》中说道:"中世纪的艺术天才……表现于建筑及其与建筑有关的艺术。当时的哥特式寺院,如果不能使一个近代人觉得自己的渺小,至少也可以打击他的骄傲,使他不敢对他的中世纪祖先取鄙视的态度。"② 显然,意识形态通过文化环境加以传递,这是远比至上而下的灌输、强制更为明智,也是无处不在和更为有效的方式。

4. 意识形态通过文化产品的消费加以影响

文化产品就是文化的具象表达。在市场经济的时代,文化与市场相结合形成文化市场,"文化市场经营的是文化产品,文化产品除了具有一般商品的属性如经济价值和使用价值外,还有其特殊性即它的意识形态性。一般商品如食物、衣饰、家具、化妆品、日常百货甚至包括住房,都是为了满足人们的实用物质需要,其作用仅仅在于保证人的正常生活,以及决定人的物质生存状态的优劣高下,而文化产品则不同,消费者购买或消费文化产品,不仅同样要付出经济代价,而且在观念上、精神上要受到文化产品的潜移默化的或积极或消极的影响。"③ 文化产品的特质是满足人的精神世界的需要,安顿人的身心,形塑人的价值,可以决定人怎样活着,做怎样的人。而在全球化、信息化的时代,相较于传统社会,媒体文化所提供的文化产品日益显示其重要性,"广播、电视、电影和媒体文化的其他产品都提供了诸种材料,由此,个体铸就了自身的认同感、自我感、那种有关成为男性或成为女性究竟意味着什么的概念、阶级、种族意识、民族意识、性意识,以及人们所处的社会与世界如何被划分'我们'和'他们'或'好'和'坏'等的方式。媒体形象有助于塑造某种文化和社会对整个世界的看法及其最深刻的价值观:什么是好的或坏的,什么是

---

① [德] 亨利希·海涅:《论浪漫派》,张玉书译,人民文学出版社1979年版,第16-17页。

② [美] 约翰·麦茜:《世界文学史》,由稚吾译,世界书局1935年版,第144页。

③ 方明光:《文化市场与营销》,上海人民出版社2003年版,第11页。

积极的或消极的,以及什么是道德的或邪恶的"①。信息是迅捷的,市场是广阔的,消费是自愿的,当代马克思主义的传播必须顺应时代发展,意识形态传播要从显性到隐性、从强制到引导、从单一到多样,形成全景式场域,以提高影响力。要大力发展文化产业,借助于文化产品,特别是媒介文化的产品,使意识形态所宣导的价值观通过文化消费而不断扩大其影响,在国内不断被越来越多的民众所接受与认同,以提高民族凝聚力和向心力;在国外必须通过文化产品的积极输出,抗衡文化"帝国主义"的侵蚀,增强文化市场中的竞争,以提高国家的文化软实力和影响力,从而使中国特色的社会主义道路日益凸显出其优越性和长远性。

三、当代马克思主义大众化传播的特点与方式

当代马克思主义在中国的传播环境,已经完全迥异于早期马克思主义在中国的传播场域,当代中国社会从计划经济到市场经济,从封闭到开放,从单一到多元的转变,形成经济多元化、利益多元化、生活方式多元化及价值观念多元化,再加上大众文化时代的全球化、信息化趋势,传播媒介或手段的技术化生存,也在很大程度上改变了传播主体和传播受众的生存体验和价值选择,而马克思主义理论作为时代精神的精华,在与时俱进中也获得了越来越充实的时代性和民族性内容。

(一) 当代马克思主义大众化传播要契合大众传媒的"感性化"

麦克卢汉的"媒介即信息",揭示了大众传媒对于现代人之存在的重要意义,时至今日,媒介已不单纯作为信息传播的载体和技术手段,而且潜移默化地渗透到人的日常生活之中,创造并展现着信息,在深层次上建构着人们情感、幻想、思维方式和价值观,以及对自我和世界的认知方式,形成了种种意识形态景观。尤其是随着现代印刷、影像以及多媒体等传播技术的发展,大众传媒将融入自己媒介意志的信息,以自组织的弥散传播方式,构成一股强大的支配性力量,受众成为大众传媒的操控对象,不可自拔地依赖于大众传媒、自觉地接受媒介意志。大众传媒的意识形态功能在很大程度上重新建构了主体的接收和认同方式,改变着人们的生存体验。因此,对于大众传媒的研究,必须深入到意识形态景观对主体接受

---

① [美] 道格拉斯·凯尔纳:《媒体文化》,丁宁译,商务印书馆2004年版,第1页。

和认同方式的建构层面，马克思主义媒介批判理论正是通过对现代意识形态幻象的批判和解构来呈现的。对于这一问题研究的当代价值在于，马克思主义的中国化、大众化如何瓦解意识形态景观、建构社会主义文化领导权。

大众传播的全球化形式深刻而广泛地改变着人们日常生活的经验性内容，媒介技术的发展，使地球各个角落无一例外地卷入共同的场域之中。开放空间中的传播媒介通过把人的经验活动转化符号系统，成为建构人与人之间关系的中介，传播的符号化体系成为社会发展的制度性内容。"如果说书写文字的发明是保存思想，使知识的私有成为权力的来源，那么传播工具的发明就使得人类在不断丰富思想和扩大权力的历史旋律向多声部发展，直到今天成为社会发展的经纬线和产生意义的中心。"①

用麦克卢汉的观念来说，媒介作为一切技术—工具的基础，是人的延伸，是人的感知方式得以形成的基础，同时也是现实世界在意识形态中呈现方式的基础。鲍德里亚明确地指出："铁路所带来的'信息'，并非它运送的煤炭或旅客，而是一种世界观、一种新的结合状态，等等。电视带来的'信息'，并非它所传送的画面，而是它所造成的新的关系和感知模式、家庭和集团传统结构的改变。"② 尤其是在以立体网络、数码复制和零距离传播为特征的电子媒介时代，传播模式广泛而深入地改变、建构着人类活动与人类生活世界的内在关联，重新塑造着主体的认知模式，从根本上改变了人们对于当下生活的理解与未来构想的图景。随着技术的不断发展，电子媒介不断取代传统的印刷术，使得我们的主流媒介的特性产生变革，而进一步控制了我们文化与思想的传播。本部分的第一个分析维度是"当代大众传媒与人的存在"，将揭示在现代电子媒介时代，传播模式如何呈现并建构了主体的存在方式。

因特网和虚拟现实等电子媒介的新发展改变了人们的交流习惯、思维方式和交往方式，并对人们的身份进行深层次的重新定位。人际交往中明显增强的技术性以及新型传播系统的开发，已经使技术性广泛而深入地置入了生命/生活形式之中，在科技的生命/生活形式中，人们通过技术体系去感知世界、展开社会生活。"信息内部交换效率的增加能够产生一些新

---

① 王岳川主编：《媒介哲学》，河南大学出版社2004年版，第116页。
② ［法］让·鲍德里亚：《消费社会》，刘成富、全志钢译，南京大学出版社2002年版，第132页。

的投资渠道，并提高工作领域以及休闲和消费领域的生产率，但我坚信，技术革新重构的不仅是这种效率的增加，而是身份建构方式以及文化中更广泛而全面的变化。"① 这一变化首先体现在主体存在的时空体验之中。

在《信息批判》中被表述为时间体验的"非线性""拉长""加速"，空间体验的"压缩""被拔起"②。技术的生命/生活形式使人们在时间、空间上一系列实践活动和观念感受发生了彻底的改变。汽车、收音机、电视成了多数人实际的需要。这一切使得我们这个时代的生活外在化。生活的节拍加速了，但是对新奇事物的贪婪却乘虚而入。通讯器材几乎可以把地球上某一地点的消息立刻传到另一地点。新闻界既已成为一种独立的力量，人们愈来愈以第二手的方式处理生活。"无所不闻"取代了真正的知识。这使得人们越来越依赖于技术所处理的二手信息而生活："新闻界既然正在成为一种精神的王国——正如基尔凯戈尔在一个世纪前以惊人洞察力所预言的——便能够使人们越来越多地靠第二手信息处理生活。信息通常只是半真半假的报道，而且'广见识博'也代替了实在知识。更有甚者，通俗报刊的活动范围现在已经延伸到先前视为文化要塞——宗教、艺术和哲学的领域里了。每个人都装了一脑袋袖珍文摘四次乱迸。新闻事业越是有能力和现代化，它对民众心理——尤其是像在美国这样的国家——的威胁也就越大。"③ 传媒技术的成功，造成了一套单纯依赖外物的生活方式。至于这些表象背后的东西——整体的人类自身及其对自我的认知则日益衰退。

对当下文化而言，"娱乐"已赢取我们这个时代"元媒介"的地位。尤其在大众文化语境中，由印刷机开创并延续经年的所谓"阐释时代"已然让位于由电视机开创的娱乐业时代，服从于商品符号的内在逻辑。"在电视上，话语是通过视觉形象进行的，也就是说，电视上会话的表现形式是形象而不是语言。印刷术时代步入没落，而电视时代蒸蒸日上。这种转换从根本上不可逆转地改变了公众话语的内容和意义，因为这样两种截然不同的媒介不可能传达同样的思想。随着印刷术影响的减退，政治、

---

① [美] 马克·波斯特：《第二媒介时代》，范静哗译，南京大学出版社2005年版，第25页。
② [英] 斯各特·拉什：《信息批判》，杨德睿译，北京大学出版社2009年版，第32页。
③ [美] 威廉·巴雷特：《非理性的人：存在主义哲学研究》，段德智译，上海译文出版社1992年版，第32页。

宗教、教育和任何其他构成公共事务的领域都要改变其内容，并且用最适用于电视的表达方式去重新定义。"① 而电视中所表现的不再是这个世界影像，而是这个世界应然的模型。娱乐不仅仅在电视上成为寰宇的象征，在电视之下这一意象仍然统治着一切。

法兰克福学派认为，在技术世界中，通俗化、大众化的文化已经丧失了真正的文化的本质规定性，即丧失了艺术品的创造性，呈现出商品化的趋势，具有商品拜物教的特征。霍克海默与阿多尔诺指出，文化艺术同现代技术发展所提供的大众传播媒介相结合，使得批量生产和普遍传播成为可能，它的消遣娱乐特征又消解了人们对现实的不满和内在的超越维度，虽然大众文化从表面上不具有强制性，但是，它对人的保控和统治更为深入，具有无所不在的特征，文化工业或娱乐工业——大众传媒和大众文化根本上互相勾连在一起——正悄悄地按着自己的尺度来调节、操纵和塑造人："文化用品是一种奇怪的商品。即使它不再进行交换时，它也完全受交换规律的支配；即使人们不再会使用它时，它也盲目地被使用。因此，它与广告已融合在一起。在垄断权力下边，它越是表现得荒诞无稽，它就变得越是有威力。这些动机都是有充分的经济根据的。人们要明确地生活，就不能脱离整个文化工业，为了克服消费者饱食终日、无所事事和麻木不仁、漠不关心的精神状态，就必须生产出大量的文化用品。从文化用品本身来说，它们也是需要大量生产的。广告宣传是使文化用品长生不老的灵丹妙药。但是，因为文化工业的产品，要不断地满足作为被允诺的商品的需要，所以它本身最后就与宣传推销它的广告一致起来。"② 因而在娱乐化生存体验中，人们称为逃避现实主义者。

在技术化与娱乐化的双重规定之下，主体的存在方式发生了置换，主体—客体二元对立的模式无力对于电子媒介时代人的存在做出阐释。正如约翰·莫维特所指出的，印刷媒介时代是视觉主导型主体，即理性的、自律的、稳定的独立人格主体，主体对于以文字为主要媒介的传播内容，还具有反思、鉴别和批判能力，主体还能够获得自我存在价值、意义的稳定支撑。但是在电子媒介时代，由于信息符号对语言的重构，信息高速公

---

① ［美］尼尔·波兹曼：《娱乐至死·童年的消逝》，章艳等译，广西师范大学出版社2009年版，第35页。

② ［德］霍克海默、阿多尔诺：《启蒙辩证法：哲学片断》，洪佩郁等译，重庆出版社1990年版，第152-153页。

路、传播网络和虚拟空间的进一步拓展，将人们广泛地纳入信息传播空间中，主体的分散性大大增加。在这一信息传播方式下所展开的交往实践，建构了不稳定的、多重的和分散的主体。在传统传播模式中，以信息为中介还可以区分发送者/接收者、生产者/消费者、统治者/被统治者的二元结构，但是"当大众媒介转换成去中心化的传播网络时，发送者变成了接收者，生产者变成了消费者，统治者变成了被统治者，这样，用来理解第一媒介时代的逻辑就被颠覆了"①。

可见，在现代社会中电子媒介不单纯作为传播的技术手段存在，它承载了比人们想象的还要多的文化意义，通过意识形态景观的塑造重新整合着人的各种感觉经验和内心体验，建构着人与自我、他人和世界之间的关系。媒介技术不单纯是对理性的中心化主体进行压迫和操纵的外在手段，而是通过传播模式（传播内容、传播手段）的符号化呈现，将一种新型文化植入日常生活的中心，通过消解影像与真实之间的界限对于主体身份的建构与整合。电子媒介作为现代人类生活的经纬线，不仅仅是一种以技术理性为支撑的后文化，其文化自身体制也在重新整合着主体的认知与身份，真实/虚假、自律/他律之间不但已经没有可以划分的界限，而且实际上，人们反倒认同下里巴人的文化，反倒更加接受幻象的真实性，这也是后现代性产生的大众心理基础。关于价值意义、自由解放等宏大叙事问题不是被解决了，更不是被消解了，而是被搁置了。

一言以蔽之，现代大众传媒通过向人们提供技术化和娱乐化的生存体验，承载了打造意识形态（情感、幻想、思维方式和价值观）景观的功能。

与第一媒介时代的思辨批判逻辑不同，解构主义的符号学方法在媒介批判理论中开启了新的研究路向，即分析消费社会语境下，电子传媒如何建构意识形态景观。

德波的情景社会学站在大众传媒和消费社会的场域之中，论证了超越物像的意象消费社会学，而这一意象理论，又是通向物像死亡的后现代理论的中介点，从而构成了鲍德里亚符号社会批判理论的基础。德波在《景观社会》一书中宣告，马克思所面对的资本主义物化时代而今已经过渡到"视觉表象化篡位为社会本体基础的颠倒世界"，即一个景观社会的

---

① ［美］马克·波斯特：《第二媒介时代》，范静哗译，南京大学出版社2005年版，第33页。

王国,从而证实了费尔巴哈在《基督教的本质》第二版序言中所表达的上帝之城的幻想已经取代了现实感性生活的断言:"然而,对于符号胜过实物、副本胜过原本、表象胜过现实、现象胜过本质的现在这个时代……真理被认为是亵渎神明的,只有幻想才是神圣的。事实上,神圣性正依真理之减少和幻想的增加的程度而增加。所以,最高级的幻想也就是最高级的神圣。"① 按照德波的说法,"在现代生产条件无所不在的社会,生活本身展现为景观的庞大堆聚。直接存在的一切全部转化为一个表象"②。所谓景观社会,与经典马克思主义者所批判的物化的商品社会不同,是资本主义商品生产在世界范围内的全面胜利。如果说,在商品社会,物的实现被分解为使用价值和交换价值,那么在景观社会中,则分解为现实与意象,景观社会就是一种意象社会,即人们之间的关系被意向所中介,成为一个意向统治一切的社会。

景观社会的存在图景,是建立在大众传媒社会基础之上的。20世纪四五十年代,随着电子传媒在西方的兴起,特别是电视的普及,使西方社会进入了消费时代。电视等大众传媒的发展,特别是引导时尚的广告、电影的弥漫,使得人们的消费活动成为广告符号所引导的、电子媒介所制造的产品,意向成为消费的依据。消费不再只是商品使用价值的消费,首先变成了合乎时尚的、合乎由时尚引导的身份需要的消费,凡是不能经过广告符号与意向加工的物品,也就不再具有消费的优先权。在意向统治一切的社会中,社会生产变成了意向的生产,进入大众传媒世界之后,物的消费过程,首先必须转变为符号的生产与传播过程,只有通过广告的影响,在人们心中形成一定消费意向之后,人们才会购买。就此而言,通过电子媒介所中介的符号化意向,在现实的感性世界之外,为人们构建一个景观社会。景观"愿意为一种被展现出来的可视的客观景色、景象,也意指一种主体性的、有意识的表演和做秀。德波借其概括自己看到的当代资本主义社会新特特质,即当代社会存在的主导性本质主要体现为一种被展现的图景性"③。

---

① [法]居伊·德波:《景观社会》,王昭凤译,南京大学出版社2006年版,第1页。
② [法]居伊·德波:《景观社会》,王昭凤译,南京大学出版社2006年版,第3页。
③ [法]居伊·德波:《景观社会》,王昭凤译,南京大学出版社2006年版,第10页。

在景观社会中，当物的消费以意象为中介时，物就必须将自己的意象价值表现出来，而这一过程，正是通过电子媒介的编码—解码功能来完成的。景观不仅改变了商品社会物的功能化存在，而且也重新建构了主体的深层心理，被意象统治化的心灵将自我置身于更加隐蔽的幻觉之中。如果在经典马克思主义者所谓批判的物化商品社会中，作为理性经济人的主体还具有独立性和反思性，能够察觉市场经济中深层的拜物教意识对人的操控，那么在由意象所堆砌的景观社会中，人们将自身创造出的意象，作为自我心灵的外在投射，直接与自身的存在合而为一了，景观社会将崇拜的对象从外在之物转向了自身的心灵，这是一种深层的回转和自反性。德波认为，人们不再是被自主性所支配，而是被自动的意象所支配，意象之间具有互相指涉性，这是这种意向的结构性体系，为现实的感性世界蒙上了温情脉脉的面纱。在这种情景中，无论是对商品自恋式的迷恋，还是对这一幻觉的批判和反思，由于大众媒介的符号编码和影像弥散，都全部被置入景观之中，成为人们消遣的一部分。

在景观社会中，由于开放社会空间，大众传媒对不特定受众的弥散式传播，意象的自我表现和增殖使作为"大多数"的观众在迷人性、自恋性的观看中，被去政治化和去中心化，景观最重要的原则是非干预主义，而正是这种隐性控制才是最深刻的奴役。在电子媒介时代，大众媒介不单纯是一种传播载体和技术手段，其通过对大众消费意识形态的编码和解码，在心理的深层机制上，重新建构了主体的自我认知和生存体验，形成了一种自组织的弥散空间，"大多数"的观众"在真实的世界变成纯粹影像之时，纯粹影像就变成真实的存在——为催眠行为提供直接动机的动态虚构的事物。为了向我们展示人不再能直接把握这一世界，景观的工作就是利用各种专门化的媒介，因此，看的视觉（sense of sight）就自然被提高到以前曾是触觉享有的特别卓越的地位；最抽象、最易于骗人的视觉，也最毫不费力地适应于今天社会的普遍抽象。但是景观不仅仅是一个影像的问题，甚至也不仅仅是影像加声音的问题。景观是对人类活动的逃避，是对人类实践的重新考虑和修正的躲避。景观是对话的反面，哪里有独立的表象，景观就会在哪里重建自己的法则"[①]。

在消费意识形态景观的构建之下，传统以信仰、价值为核心的意识形

[①] ［法］居伊·德波：《景观社会》，王昭凤译，南京大学出版社2006年版，第6页。

态越来越受到批评与质疑，主体也自行放弃了对社会现实的批判、对理想和意义的追求。用马尔库塞的话来说，资本主义社会具有强大的意识形态整合功能，资本主义的意识形态不仅表现在它的暴力机关、宣传工具上，更重要的是体现在它的生产方式上。在今天，消费文化与传播媒介的进一步结合，加固了资本体制在社会结构和意识形态层面的深层控制。人作为一种自由自觉的创造性的实践存在，所应具有的否定性、超越性和批判性被意识形态景观所置换、消解，人成为失去超越维度和批判维度的"单向度的人"。意识形态功能化同时被附加意识形态的缺场，即意识形态的终结论甚嚣尘上。如果说，"印刷资本主义的革命以及由它释放出来的文化凝聚力与对话关系，只是我们现在居住的这个世界的一个作用有限的先驱"①，那么在电子媒介时代，信息高速公路和虚拟网络则造成了更大的生存悖论："一方面是个人与个人以及群体与群体之间的异化状态和心理距离，另一方面是那种天涯若比邻的电子幻觉，我们正是在这里才开始触及今日世界上各种文化进程的核心问题。"② 马克思的意识形态批判理论为我们今天瓦解和洞穿扑朔迷离的意识形态景观、揭示消费社会中人之存在的本质提供了支撑。

　　意识形态作为情感、思想和价值观念的特定表达方式，根植于人的现实生存土壤，它或显性或隐性，或自觉或无意识地引导着社会生活过程，是无法被剥离于所处时代本身的。马克思颠覆了意识形态观念论的前提和基础，即"意识在任何时候都只能是被意识到了的存在，而人们的存在就是他们的现实生活过程。如果全部意识形态中，人们同他们的关系就像在照相机中一样是倒立呈像的，那么这种现象也是从人们生活的历史过程中产生的，正如物体在视网膜上的倒影是直接从人们生活的生理过程中产生一样"③。意识形态之虚幻迷离的根本原因在于，它将存在包含在了自身当中，将存在、现实的生活过程和人的感性活动视为意识的内在性，从而以观念的形式对社会现实进行建构，就有了种种意识形态之幻象。因此如果无法突破意识形态的藩篱，就无法真正地深入社会现实那一度，那么

---

① 汪晖、陈燕谷主编：《文化与公共性》，生活·读书·新知三联书店1998年版，第523页。

② 汪晖、陈燕谷主编：《文化与公共性》，生活·读书·新知三联书店1998年版，第523-524页。

③ 《马克思恩格斯选集》（第一卷），人民出版社1995年版，第72页。

就无法真正洞穿社会生活和历史进程的本质。而马克思主义的根本意义则在于，将存在从意识中剥离出来，意识内在性的洞穿以及意识形态幻象的破灭，为意识形态批判或建设找到通达社会现实的路径和根据。

马克思在《德意志意识形态》中将媒介（语言）作为"意识"或者精神的物质载体："'精神'从一开始就很倒霉，受到物质的'纠缠'，物质在这里表现为震动着的空气层、声音，简言之，即语言。语言和意识具有同样长久的历史；语言是一种实践的、既为别人存在因而也为我自身而存在的、现实的意识。语言也和意识一样，只是由于需要，由于和他人交往的迫切需要才产生的。"[①] 媒介（语言）作为一种对象性的实践活动，是在人与人之间之间进行社会交往、展开物质生产活动的现实基础上产生的，而语言这种最具有社会特征的、普遍的媒介物，同时具有反映人们的生活过程的意识形态功能。我们无法分离开语言与意识、传播手段与传播关系，它们共同组成了传播模式，一方面呈现了人们的实际生活过程，而同时建构着人的实践活动方式。

葛兰西将意识形态物质性问题阐述得更加深入，结合当时的情境，提出了革命必须掌握这些意识形态的规训机构，后来阿尔都塞称作"意识形态国家机器"。正是通过这些国家机器，资产阶级展开了反对教会的斗争，剥夺了封建等级的意识形态功能，并通过意识形态物质机器中立化的方式掩盖了统治关系，获得自己的文化领导权。葛兰西与阿尔都塞关于意识形态物质性的分析，在方法论上将意识形态及其传播媒介联系起来了，就为分析其他媒介形式的意识形态功能提供了重要的方法论，并开启了大众文化研究的先河。

在电子传媒时代，大众传媒通过消费文化景观的建构，使意识形态的强制性变得更加隐蔽，并以合理化、普遍性的、价值中立的面貌出现，面对这一社会现实，葛兰西所提出的马克思主义"文化领导权"则凸显其现实意义。文化领导权即"文明的领导权"，是民众同意的领导权，而不是意识形态的强制推行，更不是对于某种政治文化的愚忠。在社会主义革命取得成功之前，必须取得文化领导权，但是在革命成功之后，并不意味着领导权永远掌握在自己的手里，它仍然处于不断被认同的过程中。在文化领导权的结构中，不是统治与被统治的关系，而是以民众的接受为前提的，其实质在于，强调主体在历史演进中的重要作用，强调人的主体性的

---

① 《马克思恩格斯选集》（第一卷），人民出版社1995年版，第87页。

生成对于社会变革的重要意义。

葛兰西所指称的"文化""是一个人内心的组织和陶冶,一种同人们自身的个性的妥协;文化是达到一种更高的自觉境界,人们借助于它懂得自己的历史价值,懂得自己在生活中的作用,以及自己的权利和义务"①。但是这一文化自觉的产生都不可能通过自发演变,因此,必须通过某种方式触动人们的精神世界,诉诸于道德/伦理的力量,使人们认识到普遍解放的要求。因此,革命领导权的实现,要通过加强政党的培养和组织功能,促进平民百姓的文化启蒙和知识分子化来实现。葛兰西认为,在夺取文化领导权的过程中,应当注意发挥先进的无产阶级政党的职能。"政党之完成这个职能,依赖于自己的基本职能,这个职能归结起来是培养自己的干部、一定社会集团(作为'经济'集团发生和发展的)分子,直到他们变成熟练的政治知识分子、领导者、各种形式活动的组织者和整体社会公民社会和政治社会有组织发展所具有的职能的执行者。"② 在此基础上,更为重要的是对全体民众进行普遍的文化启蒙和知识分子化,即"要不断地提高人民中越来越广泛的阶层的智力水平,换言之,要赋予群众中无定向分子以个性。这意味着要努力培养出一种新型的知识分子的精英,这种精英直接从群众中产生出来,而还同群众保持着接触,可以说,变成女服胸衣上的鲸骨制品。"③ 在葛兰西的革命实践中,他也积极地倡导精神道德革命,认为在现实世界革命化之前,首先要创造出革命者。

中国共产党能够以暴力形式摧毁旧的国家机器,其精神和道德的力量获得了包括知识分子在内的中国民众的广泛支持,可以说,通过文化领导权获得了新中国成立的稳定的民众基础。在新中国成立后的改革发展中,社会主义的道德理想、精神价值起到重要的凝聚作用,这些正是通过有效的文化宣传等活动来巩固的。在"文革"及其一系列重大事件之后,中国社会主义的文化领导权开始重新建构。随着改革开放、市场经济的深入展开,以及全球化、网络化的迅速普及,大众传媒逐渐成为公众获取信息的首要渠道。大众传媒在市场经济运作之下,被植入不同的目的和利益关怀,使社会主义文化领导权被重新阐释、表达和传播,进而分解了一体化

---

① [意]葛兰西:《葛兰西文选(1916—1935)》,毛韵泽等译,人民出版社1992年版,第12页。
② [意]葛兰西:《狱中札记》,葆煦译,人民出版社1983年版,第428页。
③ [意]葛兰西:《实践哲学》,徐崇温译,重庆出版社1990年版,第22页。

的社会主义精神理想和价值追求。特别是20世纪90年代之后，媒介日益被单纯地理解为价值中立的传播手段（技术性）、娱乐文化运作的载体（娱乐性），在商业利益和市场经济驱动下，排挤了大量具有思想性、精神性、理想性的文化作品，在迎合大众趣味的同时，也在潜移默化地改变着人们对于世界和自我的接受和认知方式。但是，从前文的分析中我们看到，大众传媒承载着构建意识形态景观的功能，其隐性地界定着、支配着新的文化领导权，将消费主义、享乐主义作为一种普世化的价值观，植入新的文化领导权中。就此而言，如何在瓦解意识形态景观的同时，建构新的社会主义文化领导权，成为马克思主义大众化所面临的重要问题和突破口。

（二）当代马克思主义的传播要契合传播对象的"层次化"

当代中国马克思主义的大众化传播，需要契合传播主体及受众多元化的特点进行"层次化"要求，对不同的群体实行不同的标准，才能在潜移默化中实现大众化传播和渗透，实现对马克思主义的信仰和认同。

就马克思主义传播的主体而言，无论是作为宏观层面的政治组织，还是中观层面的大众传媒，最终都要落实到微观层面，即由现实的个体来完成，在中国早期马克思主义传播过程中，先进的知识分子承担并发挥了重要作用。知识分子在马克思主义传播过程中具有双重身份：既是马克思主义传播的受众，又是意识形态的生产者和传播者。这一双重身份说明知识分子在马克思主义传播过程中具有独特的枢纽性地位和作用。

近代中国所处的独特历史境遇和社会危机，赋予知识分子双重社会角色，即思想文化传播的社会载体和国家政治实体中不可或缺的领导精英，就此而言，中国知识分子在历史舞台上发挥着学术与政治的双重功能。十月革命以后，马克思主义经过革命知识分子的桥梁作用，逐步传播到中国，推动了三部分知识分子，即具有初步共产主义思想的知识分子、革命的资产阶级知识分子和资产阶级知识分子，在政治、思想上的联合。在马克思主义传入中国及马克思主义中国化确立初期，无论持哪种政治主张和精神信仰的知识分子，其地位和意识形态均在不同程度上受到了马克思主义的冲击、影响和形塑。马克思主义在中国的早期传播正是依靠先进的精英阶层知识分子，经历了由精英到大众的传播过程。作为马克思主义在中国早期传播的主要力量，知识分子承担起了救亡图存和启蒙祛魅的双重任务。

新中国成立后，知识分子作为意识形态的生产者和传播者，发挥其在学界研究、学校教育、大众推广等方面的作用,在马克思主义意识形态的传播、维护和创新,马克思主义中国化与中华民族共有精神家园建设,以及中国传统文化的现代转换、中国文化软实力的提升等方面扮演着重要角色,继续发挥着学术与政治的双重功能。

改革开放30余年,是当代中国社会思潮碰撞最为活跃的时期。其间,中国开启了现代化进程,同时在全球化、信息化的时代背景下,由市场经济体制引起了中国社会阶级阶层变动、社会价值观变迁和消费社会及大众文化的兴起等一系列巨变。它们对当下知识分子政治—社会—文化生态环境的影响与变化,在很大程度上改变了知识分子的生存境遇及其精神状态。中国知识分子的思想观念、精神气质和价值信仰发生了改变,既继承了中国传统士大夫的某些精神特质,又受到马克思主义中国化的形塑,同时还经受了近现代西方知识分子意识的激荡。思想解放的文化氛围、西方社会思潮的涌入以及价值选择多元化的冲击,无疑动摇了知识分子作为马克思主义坚定信仰者和传播者的主要角色,社会价值观的世俗化转型、学术市场化趋势以及成果量化的评估机制给知识分子带来的身份和角色焦虑,使知识分子开始出现了分化,并由此做出了自我认同和定位的调整。知识分子作为马克思主义传播的主体,在当代传播环境和场域中出现了角色分化,受众的利益需求和价值选择也日趋多元化,这也使早期马克思主义传播依靠从精英到大众的传播路线受到了挑战。

以资本和形而上学为建制的现代文明的确立,使人类的物质生产方式发生了根本性转变,由此带来了精神生产方式以及精神产品从内容到表现形式上的重大改变。以文化工业为特征,以现代传媒为手段,以市场经济为导向,以市民大众为对象的大众文化成为当代社会的主要文化形态,深刻影响着人类的日常生活以及精神生活领域。资本增殖驱动、商业运作逻辑上升为支配文化行为的主导力量,现代科技改变着文化的内在构成和运作方式,知识的祛魅使高雅文化与大众文化之间的界限日渐消解,过去由知识精英所掌握的知识话语的神圣光环被剥离了。现代传媒技术的发展,使文化借助某种媒介转化为物质的存在形态,被大批量生产出来并加以广泛传播,最终形成了文化工业。大众文化追逐商业价值,其标准化、程式化和可复制性,经由大众传媒的广泛传播及其全球覆盖技术使得大众文化的市场突破了狭小的地域的限制,形成全球规模的文化市场。随着消费社会的来临,电子媒介的兴起冲击了纸质媒介,图像或影像逐渐取代了文字成为主导的文化传播符号,电影、电视、广告、摄影、形象设计、视觉表演等充斥在人们的精神文化生活中，其娱乐性表达和感官刺激带给人们一种全新的文化体验和生活追求。丹尼尔·贝尔在《资本主义文化矛盾》中指出："目前居'统治'地位是视觉观念。声音和景象，尤其是后者组织了美学，统率了观众。在一个大众社会里，这几乎是不可避免的。"① 面对大众文化的全面渗透，知识分子扮演的启蒙角色越来越难以把握和引领这个时代的精神实践，并出现了知识分子及其文化资本在社会地位上的失势。

首先，社会角色的隐退。"角色"在社会学中是指与人们的某种社会地位、身份相一致的一整套权利、义务的规范和行为模式，它是人们对具有特定身份的人的行为期望。两千多年前的柏拉图主义传统为知识分子确立了特殊的社会角色，作为高居世俗生活之上的智者，承担着"立法者""裁判者"和"引导者"的角色，公众赋予知识分子这种特殊身份和地位。然而，在电子媒介时代，知识分子的话语权已经让位给诸多的大众文化产品，无法引起公众兴趣的文化产品被束之高阁，或者边缘化，知识分子群体自身遭遇到了信任危机，很难对公众舆论进行全面的引导。

其次，批判精神的消解。"独立之精神，自由之思想"作为一代中国知识分子共同追求的学术精神和价值取向，在大众化的今天遭遇到危机。在以技术创新为新经济增长点的经济机制中，科学为资本增殖进步服务，科学知识从属于资本的原则，在一定程度上科学丧失其自身独立性，从而带来知识的商品化和市场化。知识的提供者和使用者之间的关系，越来越具备商品的生产者和消费者所具有的形式，即价值形式。"无论现在还是将来，知识为了出售而被生产，为了在新的生产中增殖而被消费：它在这两种情形中都是为了交换。它不再以自身为目的，它失去了自己的'使用价值'。"② 进而，在商业利益的驱动下，一部分知识分子放弃了对社会现实的批判和反思，对真理信念的追求，成为迎合大众趣味、市场需求、经济利益的现实主义者。

再次，体制文化资本的贬值。大众文化是一种平民文化，不同性别、职业、阶层、受教育程度、趣味的人，都有权利、有可能参与大众文化的

---

① [美] 丹尼尔·贝尔：《资本主义文化矛盾》，赵一凡、蒲隆、任晓晋译，生活·读书·新知三联书店1989年版，第154页。
② [法] 让-弗朗索瓦·利奥塔尔：《后现代状态：关于知识的报告》，车槿山译，生活·读书·新知三联书店1997年版，第3页。

生产、传播和消费。大众文化主体的多元化、多层次化使其在一定程度上实现了文化的大众化和共享化,扩大了文化的受众群落与传播空间。文化不再是少数精英分子的专有财富,而是普罗大众共同享有的资本。同样的,在高等教育领域也呈现出"大众化"的趋势,高等教育从精英教育走向大众教育,满足不同层次的人接受教育的需求。高等教育的大众化使得体制化文化资本的权力日益下降,知识分子的学术资格不再具有至高无上的权威性。

基于上述知识分子角色的分化、生存境遇的根本性转变,当代中国知识分子在市场文化的解构、侵袭下,逐渐从庞大的国家主流话语和知识分子精英文化中分裂出来,昔日整体划一的价值信念和文化信仰等话语体系经历了"剧烈的动荡和改造",中国知识分子迅速"分化为诸多拥有不同的价值观念、立场、利益份额以及话语方式的群体"①。知识分子的分化现已成为中国社会最重要的文化景观,并对社会的各个领域产生了深远的影响,尤其对作为主流意识形态的马克思主义传播产生了消解后果。

知识分子群体分化的现实表明,早期中国马克思主义从精英到大众的单一传播模式,在大众文化背景下的今天已经失效了。从马克思主义传播内容来看,以往存在着过于抽象化、概念化、体系化的特点,致使受众面有限;从马克思主义传播的载体来看,带有计划经济时代的烙印,由上自下的灌输,媒介方式较为单一,信息传播的时空有限;从马克思主义传播的效果来说,虽然宣传力度很大,但是没有很好地从政党的指导思想转化为大众的价值认同。就此而言,马克思主义的大众化(而非精英引领大众化),即直接面对普罗大众的马克思主义大众化在此种意义下成为真正迫切的当下要务。因而必须正视和面对大众文化的时代特征,把握其时代本质和症候问题,颠覆传统由传播主体到传播受众的自上而下、精英到大众的线性模式,探寻马克思主义面向普罗大众的传播路径及其模式。

因而,面对知识分子与普罗大众的内部分化及其利益诉求、价值选择多元化的趋势,以及主体性日益增强的特点,当代马克思主义大众化的传播模式需要实现从"主体—客体"向"主体—主体"的转变,建立以交互传播为主的新框架。现代传播关系中人文精神的缺失根本上源于传播关系中把受众当作客体,受众成为传播者根据自己意志塑造的"物"。传播

---

① 朱大可、张闳主编:《21世纪中国文化地图》,广西师范大学出版社2003年版,第1页。

主体和受众之间的关系作为主体间性的交往关系,是一种平等尊重的"主体—主体"关系,是主体间的对话,传播主体只有把受者也当作"主体",尊重受众的个体主体性与利益需求的合理性,给个体发展以充分的空间,才能最终达到视域的融合,形成认同与共识。

作为当代中国马克思主义大众化的主导者和引领者的中国共产党,它是坚定的马克思主义政党,坚持以马克思主义为指导,以共产主义的实现为奋斗目标;它是中国工人阶级的先锋队,是代表中国先进生产力的发展要求,代表中国先进文化的前进方向,代表中国最广大人民的根本利益;它是中国的执政党,领导中国的建设和发展,维护中国社会主义的存在,坚持和维护社会主义主流意识形态的长盛不衰。在当代马克思主义大众化的传播过程中,它应该明晰一种理论或学说要得到广泛传播和价值认同,必须满足广大人民群众的切身利益和需要。五四时期的救亡图存,新中国成立初期的快速建设社会主义,马克思主义得到很好传播的一大原因是将国家利益与个人需要两者很好地契合。所以,当代中国马克思主义的传播,中国共产党应总结以往的经验与教训,力求使当代中国繁荣富强、社会和谐的目标与个体自由、全面发展的需求相契合,以得到大众真正的价值认同。

由此,对于普罗大众,中国共产党应该明晰他们对马克思主义的接受和信仰并不是严格意义上的信仰,而更多的是一种社会性的信任和信赖,是对中国共产党执政合法性的认同,对社会主义发展成果的认同,对社会主义国家的信任,对国家和民族的自豪感。因此,在马克思主义大众化传播过程中,一是要改变党自身的形象,加强自身的建设。当前党内存在严重的腐败现象,在群众心目中造成极坏的影响,让群众对自身主人翁地位产生怀疑,对党不信任,认为党不仅没有代表自己的根本利益,也没有自觉维护自己的合法利益,甚至对党的执政合法性也产生怀疑。由此,当前的迫切任务是改善和提升党员自身的形象,加强党的组织建设、作风建设、思想建设和执政能力建设,严厉惩治贪污腐败,继续坚持群众路线,改善党群关系。二是关注民生,解决社会重大热点、难点问题。如住房保障,医疗卫生保障,就业和再就业问题,教育问题和社会分配不公、贫富悬殊的问题。三是继续加强和推进社会主义建设,发展生产力,提高人民的生活水平和生活质量,满足人民的物质文化需要,提高国家总体实力和国际竞争力,增强人民对国家和民族的自豪感,最大程度地满足广大人民群众的利益和需要,从而提高广大普通群众对中国共产党执政合法性和执政能力的肯定和认同,也就实现了其对社会主义和马克思主义的认同与接受。

对于知识分子,中国共产党要依据知识分子群体的特点,不强求知识分子对马克思主义的坚定信仰,但要尽可能发挥其意识形态生产者和传播者的作用。为此,一是关注其生存状况,提高其经济收入,解决其学术研究的后顾之忧。二是尊重其思想自由和批判精神。"坚持贯彻'双百方针',贯彻学术争鸣的原则。学术上的自由争鸣乃是学术存在和发展的根本条件,决不是方法上、技巧上的问题,也决不是枝节之论。真理是由争论确立的,马克思列宁主义也是在争论中成长、发展、壮大起来的;同样,马克思列宁主义的指导作用也不是靠行政命令来实施的,而是通过争论和说理的途径来实施的"①。因此,允许有不同的声音和不同的观点,同时进行积极引导而非野蛮管制和禁锢,才能使马克思主义的发展、壮大具有精神发展的内在动力。三是支持和鼓励其学术研究,积极为国家发展和意识形态建设建言献策。知识分子有学术研究的内在动力、追求和使命,应激发他们的社会良心和社会责任,团结一切可以团结的力量,克服群体内部多元化造成的力量分散的不足,群策群力,充分发挥其在国家建设和发展中的思想库、智囊团的作用。四是支持知识分子在意识形态战场上的争夺。通过创造丰富多彩的精神文化产品,满足群众的精神文化需要;通过潜移默化的价值引导和精神塑造,维护马克思主义主流意识形态的地位,扩大马克思主义的影响力和竞争力。

综上所述,当代马克思主义的传播要契合马克思主义传播的内在规律,即从形式上要契合时代传播媒介的特点;从内容上要使政党意识形态转变为国家意识形态,使国家利益与与个人发展需要相契合,是其价值认同的关键所在;从主体角度,要重视知识分子作为意识形态的生产者和传播者的作用;从载体角度,探讨如何通过文化产品,从第一媒介时代向第二媒介时代、从印刷文化向电子文化、从精英政治向大众文化转变;从受众角度,要根据分层理论,依据不同对象采用不同方式、满足不同需要。

---

① 俞吾金:《意识形态论》,上海人民出版社1993年版,第370页。

参考文献

［1］马克思恩格斯选集（第一至四卷）．北京：人民出版社，1995．
［2］马克思恩格斯全集（第 1 卷）．北京：人民出版社，1972；（第 3 卷）．北京：人民出版社，1960；（第 4 卷）．北京：人民出版社，1958；（第 37 卷）．北京：人民出版社，1971；（第 46 卷·下）．北京：人民出版社，1980．
［3］列宁选集（第一卷）．北京：人民出版社，1995．
［4］毛泽东选集（第一至四卷）．北京：人民出版社，1991．
［5］毛泽东文集（第一至八卷）．北京：人民出版社，1993．
［6］毛泽东早期文稿．长沙：湖南人民出版社，1990．
［7］毛泽东书信选集．北京：人民出版社，1983．
［8］邓小平文选（第一至四卷）．北京：人民出版社，1993．
［9］江泽民文选（第一至三卷）．北京：人民出版社，2006．
［10］中共中央文献研究室，中国外文出版发行事业局编．习近平谈治国理政．北京：外文出版社，2014．
［11］习近平．干在实处　走在前列：推进浙江新发展的思考与实践．北京：中共中央党校出版社，2006．
［12］中共中央文献研究室编．建国以来重要文献选编（第一至二册）．北京：中共中央文献出版社，1992．
［13］中国共产党第十七次全国代表大会文件汇编．北京：人民出版社，2007．
［14］江泽民论有中国特色社会主义（专题摘编）．北京：中共中央文献出版社，2002．
［15］胡锦涛．高举中国特色社会主义伟大旗帜，为夺取全面建设小康社会新胜利而奋斗．北京：人民出版社，2007．
［16］李大钊．李大钊文集（上）．中国李大钊研究会，编注．北京：人民出版社，1984．

[17] 中国共产党第十五次全国代表大会文件汇编．北京：人民出版社，1997.

[18] 瞿秋白文集（文学编　第一卷）．北京：人民文学出版社，1985.

[19] 张岱年．中国古典哲学概念范畴要论．北京：中国社会科学出版社，1987.

[20] 罗荣渠．现代化新论．北京：北京大学出版社，1993.

[21] 何中华．重读马克思．济南：山东人民出版社，2009.

[22] 韦政通．伦理思想的突破．北京：中国人民大学出版社，2005.

[23] 王天一，夏之莲，朱美玉编著．外国教育史（上册）．北京：北京师范大学出版社，1993.

[24] 张一兵．神会马克思．北京：中国人民大学出版社，2004.

[25] 俞吾金．实践诠释学．昆明：云南人民出版社，2001.

[26] 王礼湛，余潇枫主编．思想政治教育学．杭州：浙江大学出版社，1989.

[27] 李辉．现代思想政治教育环境研究．广州：广东人民出版社，2005.

[28] 武克全主编．现代化扩展中的世界与中国．上海：学林出版社，1999.

[29] 陈独秀文章选编（上、中册）．北京：生活·读书·新知三联书店，1984.

[30] 恽代英文集（下卷）．北京：人民出版社，1984.

[31] 胡适口述，唐德刚译注．胡适口述自传．桂林：广西师范大学出版社，2005.

[32] 胡绳．中国共产党的七十年．北京：中共党史出版社，1991.

[33] 吴玉章回忆录．北京：中国青年出版社，1978.

[34] 刘京林．大众传播心理学．北京：中国传媒大学出版社，2005.

[35] 杨匏安文集．广州：广东人民出版社，1986.

[36] 蔡和森文集（上）．长沙：湖南人民出版社，1979.

[37] 卢家楣．情感教学心理学．上海：上海教育出版社，1993.

[38] 王德峰编选．国性与民德：梁启超文选．上海：上海远东出版社，1995.

[39] 余习广．位卑未敢忘忧国："文化大革命"上书集．长沙：湖南人民出版社，1989.

[40] 沙莲香．传播学：以人为主体的图象世界之谜．北京：中国人民大学出版社，1990.

[41] 徐耀魁主编．西方新闻理论评析．北京：新华出版社，1998.

[42] 俞吾金．意识形态论．上海：上海人民出版社，1993.

[43] 朱大可，张闳主编.21世纪中国文化地图．桂林：广西师范大学出版社，2003.

[44] 王岳川主编．媒介哲学．开封：河南大学出版社，2004.

[45] 李友梅，肖瑛，黄晓春．社会认同：一种结构视野的分析——以美、德、日三国为例．上海：上海人民出版社，格致出版社，2007.

[46] 汪晖，陈燕谷主编．文化与公共性．北京：生活·读书·新知三联书店，1998.

[47] 方明光．文化市场与营销．上海：上海人民出版社，2003.

[48] 高军，王桧林，杨树标主编．五四运动前马克思主义在中国的介绍与传播．长沙：湖南人民出版社，1986.

[49] 李廷举，吉田中主编．中日文化交流史大系·科技卷．杭州：浙江人民出版社，1996.

[51] 董光璧．二十世纪中国科学．北京：北京大学出版社，2007.

[52] 虞和平．中国现代化历程，第一卷：前提与准备．南京：江苏人民出版社，2001.

[53] 王栻主编．严复集．北京：中华书局，1986.

[54] 刘建军．中国现代政治的成长：一项对政治知识基础的研究．天津：天津人民出版社，2003.

[55] 段治文．中国现代科学文化的兴起（1919—1936）．上海：上海人民出版社，2001.

[56] 陈赟．困境中的中国现代性意识．上海：华东师范大学出版社，2005.

[57] 萧功秦．与政治浪漫主义告别．武汉：湖北教育出版社，2001.

[58] 郝敬之．整体马克思．北京：东方出版社，2002.

[59] 姜义华，吴根梁，马学新编．港台及海外学者论近代中国文化．重庆出版社，1987.

[60] 俞吾金．意识形态论，修订版．北京：人民出版社，2009.

[61] 郁建兴．马克思国家理论与现时代．上海：东方出版中心，2007.

[62] 李德顺. 价值论. 北京：中国人民大学出版社，2007.

[63] 王海峰. 干部国家：一种支撑和维系中国党建国家权力结构及其运行的制度. 上海：复旦大学出版社，2012.

[64] 童世骏主编. 意识形态新论. 上海：上海人民出版社，2006.

[65] 王永贵，等. 我国意识形态建设视阈中的马克思主义大众化研究. 北京：科学出版社，2014.

[66] 陈占安. 马克思主义大众化的历史经验. 北京：北京出版社，2012.

[67] 白亚锋. 马克思主义大众化研究. 北京：中国农业科学技术出版社，2011.

[68] 高宣扬. 布迪厄的社会理论. 上海：同济大学出版社，2004.

[69] [日] 日本共产党中央委员会编. 日本共产党的六十年（上）. 段元培，等，译. 李永生，校. 北京：人民出版社，1986.

[70] [日] 佐藤正夫. 教学论原理. 钟启泉，译. 北京：人民教育出版社，1996.

[71] [英] 怀特海. 科学与近代世界. 何钦，译. 北京：商务印书馆，1959.

[72] [英] 卡西尔. 人论. 甘阳，译. 上海：上海译文出版社，1985.

[73] [英] 罗蒂. 后哲学文化. 黄勇，编译. 上海：上海译文出版社，1992.

[74] [英] 吉登斯. 社会的构成. 李康，李猛，译. 北京：生活·读书·新知三联书店，1998.

[75] [英] 艾瑞克·霍布斯鲍姆. 资本的年代：1848—1875. 张晓华，等，译. 南京：江苏人民出版社，1999.

[76] [英] 约翰·菲斯克. 解读大众文化. 杨全强，译. 南京：南京大学出版社，2001.

[77] [英] 戴维·米勒，韦农·波格丹诺. 布莱克维尔政治学百科全书. 邓正来，译. 北京：中国政法大学出版社，2002.

[78] [英] 约翰·汤姆林森. 全球化与文化. 郭英剑，译. 南京：南京大学出版社，2002.

[79] [英] 约翰·B. 汤普森. 意识形态与现代文化. 高铦，等，译. 南京：译林出版社，2005.

[80] [英] 斯各特·拉什. 信息批判. 杨德睿，译. 北京：北京大学出版社，2009.

[81]　[美] 约翰·麦茜. 世界文学史. 由稚吾, 译. 北京: 世界书局, 1934.

[82]　[美] 埃德加·斯诺. 西行漫记. 董乐山, 译. 北京: 生活·读书·新知三联书店, 1979.

[83]　[美] L.J. 宾克莱. 理想的冲突: 西方社会中变化着的价值观念. 马元德, 等, 译, 北京: 商务印书馆, 1986.

[84]　[美] 丹尼尔·贝尔. 资本主义文化矛盾. 赵一凡, 蒲隆, 任晓晋, 译. 北京: 生活·读书·新知三联书店, 1989.

[85]　[美] 威廉·巴雷特. 非理性的人: 存在主义哲学研究. 段德智, 译. 上海: 上海译文出版社, 1992.

[86]　[美] 利普塞特. 政治人. 刘钢敏, 等, 译. 北京: 商务印书馆, 1993.

[87]　[美] 郭颖颐. 中国现代思想中的唯科学主义 (1900—1950). 南京: 江苏人民出版社, 1995.

[88]　[美] 汉斯·摩根索. 国际纵横策论. 卢明华, 译. 上海: 上海译文出版社, 1995.

[89]　[美] 克利福德·格尔茨. 文化的解释. 韩莉, 译. 南京: 译林出版社, 1999.

[90]　[美] 列文森. 儒教中国及其现代命运. 郑大华, 任菁, 译. 北京: 中国社会科学出版社, 2000.

[91]　[美] 刘易斯·科塞. 理念人: 一项社会学的考察. 郭方, 等, 译. 北京: 中央编译出版社, 2001.

[92]　[美] 曼纽尔·卡斯特. 认同的力量. 夏铸九, 黄丽玲, 等, 译. 北京: 社会科学文献出版社, 2003.

[93]　[美] 詹姆斯·R. 汤森, 等. 中国政治. 顾速, 等, 译. 南京: 江苏人民出版社, 2003.

[94]　[美] 道格拉斯·凯尔纳. 媒体文化. 丁宁, 译. 北京: 商务印书馆, 2004.

[95]　[美] 迈克尔·阿普尔. 意识形态与课程. 袁振国, 徐辉, 等, 译. 上海: 华东师范大学出版社, 2004.

[96]　[美] 迈克尔·阿普尔. 官方知识: 保守时代的民主教育. 曲囡囡, 刘明堂, 译. 上海: 华东师范大学出版社, 2004.

[97]　[美] 马克·波斯特. 第二媒介时代. 南京: 南京大学出版

社，2005.

[98] [美] 曼纽尔·卡斯特. 网络社会的崛起. 夏铸九, 等, 译. 北京: 社会科学文献出版社, 2006.

[99] [美] 古特克. 哲学与意识形态视野中的教育. 陈晓端, 主译. 北京: 北京师范大学出版社, 2008.

[100] [美] 尼尔·波兹曼. 娱乐至死·童年的消逝. 章艳, 等, 译. 桂林: 广西师范大学出版社, 2009.

[101] [美] 利昂·P. 巴拉达特. 意识形态: 起源和影响. 张慧芝, 张露璐, 译. 北京: 世界图书出版公司, 2010.

[102] [德] 亨利希·海涅. 论浪漫派. 张玉书, 译. 北京: 人民文学出版社, 1979.

[103] [德] 伽达默尔. 科学时代的理性. 薛华, 等, 译. 北京: 国际文化出版公司, 1988.

[104] [德] 霍克海默, 阿多尔诺. 启蒙辩证法: 哲学片段. 洪佩郁, 等, 译. 重庆: 重庆出版社, 1990.

[105] [德] 雅斯贝尔斯. 什么是教育. 邹进, 译. 北京: 生活·读书·新知三联书店, 1991.

[106] [德] 卡尔·曼海姆. 意识形态与乌托邦. 黎鸣, 李书崇, 译. 北京: 商务印书馆, 2000.

[107] [德] 李博. 汉语中的马克思主义术语的起源与作用: 从词汇—概念角度看日本和中国对马克思主义的接受. 赵倩, 等, 译. 北京: 中国社会科学出版社, 2003.

[108] [德] 尤尔根·哈贝马斯. 交往行为理论. 曹卫东, 译. 上海: 上海人民出版社, 2004.

[109] [俄] 尼古拉·别尔嘉耶夫. 人的奴役与自由. 徐黎明, 译. 贵阳: 贵州人民出版社, 1994.

[110] [加] 克里斯托弗·霍金森. 领导哲学. 刘林平, 等, 译. 昆明: 云南人民出版社, 1987.

[111] [加] 麦克卢汉. 理解媒介: 论人的延伸. 何道宽, 译. 北京: 商务印书馆, 2009.

[112] [法] 阿尔都塞. 保卫马克思. 顾良, 译. 北京: 商务印书馆, 1994.

[113] [法] 让-弗朗索瓦·利奥塔尔. 后现代状态: 关于知识的报告.

车槿山,译.北京:生活·读书·新知三联书店,1997.

[114] [法]让·鲍德里亚.消费社会.刘成富,全志刚,译.南京:南京大学出版社,2002.

[115] [法]居伊·德波.景观社会.王昭凤,译.南京:南京大学出版社,2006.

[116] [意]葛兰西.葛兰西文选(1919—1935).毛韵泽,等,译.北京:人民出版社,1992.

[117] [意]葛兰西.狱中札记.葆煦,译.北京:人民出版社,1983.

[118] [意]葛兰西.实践哲学.徐崇温,译.重庆:重庆出版社,1990.

后　　记

在社会日益多元化，世界进入全球化的新的历史条件下，中国马克思主义教育如何才能实现大众化的需要，是我们面临的严峻而紧迫的挑战。2010年1月，我作为主持人申报的教育部人文社会科学重点研究基地2009年度重大研究项目——"中国马克思主义教育与传播研究——马克思主义大众化的重要课题"（项目批准号为：2009JJD720024）获准立项，在随后的几年里，我和团队的同道们集中相当精力对此课题进行了较深入的探究。除发表的研究论文外，此著作可谓系统呈现的研究成果。

本项目分为五个子课题，我负责统一筹划、制订整体思路和写作计划，以及最后统稿。子课题分别由钟明华教授、谭毅副教授、郭文亮教授、李辉教授、林滨教授负责。有一批年轻教师在课题研究中发挥了骨干作用，如童建军、黄寿松、沈成飞、户晓坤、罗嗣亮。此外，参加课题研究工作的还有柳媛、朱跃、夏银平、吴炜、肖扬东、罗晓辉、罗佳、白翠红、蔡晓斌、邓小艳等。由于课题组同道认真诚恳的态度、严谨的科学精神和忘我的投入，使得本研究在中国马克思主义大众化的探索路上，迈出了较扎实的一步，但我们深知：路漫漫，其修远兮！

本书出版首先要衷心感谢教育部及中山大学马克思主义哲学与中国现代化研究所的课题立项与资助；衷心感谢学术界各位前辈同仁，感谢他们的研究对我们的启迪；感谢团队同仁的精诚合作。此外，我要特别感谢中山大学出版社社长徐劲、总编辑周建华等同事，正是他们的支持和努力才使得本书得以顺利出版。

  由于我们的研究能力有限,种种疏漏谬误在所难免,本书参阅、引用学人的著作和观点,行文中已尽量注明出处,如由于技术或其他原因有所疏漏,敬请学界同仁谅解并批评指正!

李 萍

2015 年 8 月于东湖陋居